# Sinnlich träumen

Gayle Delaney

# Sinnlich träumen

## Wie Sie Ihre erotischen Träume – und die Ihres Partners – verstehen und deuten lernen

Aus dem Englischen von
Elke vom Scheidt

SCHERZ

Die Originalausgabe erschien unter dem Titel «Sexual Dreams»
bei Fawcett Columbine, New York.
Einzig berechtigte Übersetzung aus dem
Englischen von Elke vom Scheidt

Erste Auflage 1995

Schutzumschlag von Gerhard Noltkämper.

# Inhalt

# Die träumende Psyche

Dieses Buch über sexuelle Träume handelt von jenen erfreulichen, manchmal auch quälenden, verwirrenden, peinlichen und verstörenden Träumen, die wir alle haben und von denen wir selten jemandem erzählen. Es erörtert, wie Sie Ihre sexuellen Träume deuten und sich zunutze machen können. Ihre Träume können Ihnen zu einem erfüllteren Sexualleben verhelfen, weil Sie im Traum viel ehrlicher zu sich selbst sind als im Wachzustand. Die Bildersprache Ihrer Träume kann Ihnen sagen, was Sie über sich und Ihre Beziehungen wissen müssen.

Ich werde die sexuellen Träume nicht in eine komplizierte psychosexuelle Theorie pressen. Nur zu oft wurden sexuelle Träume willkürlichen Deutungen unterworfen, die eher die Autorität eines Analytikers stärkten, als dazu beitrugen, daß die Träumer ihre Sexualität besser verstanden.

Analytiker haben häufig Träume anhand vorgefaßter Meinungen darüber interpretiert, was gewisse Bilder bei männlichen oder weiblichen Träumern bedeuten. Wenn wir zumindest einige unserer Vorurteile abbauen, was ein sexuelles Traumbild ist, was Männlichkeit oder Weiblichkeit ausmacht und wie die männliche und weibliche Psyche angelegt sind, können wir wesentlich wirkungsvoller auf das hören, was unsere Träume uns zu sagen haben. Indem wir lernen, uns den Traum selbst anzuschauen und nicht traditionelle Formulierungen, laufen wir weniger Gefahr, willkürlich Sex in einen Traum hineinzulesen, die direkte sexuelle Information in gewissen offenkundig sexuellen Träumen zu übersehen oder die reiche Metaphorik vieler sexueller Bilder zu unterschätzen.

Ich habe eine praktische Methode der Traumdeutung entwikkelt, die ich Trauminterview nenne. Sie wird Ihnen helfen, direkt mit Ihrer eigenen Traumsprache zu kommunizieren. Diese Methode zeigt Ihnen, inwiefern Ihre Traumbilder Metaphern sind, die ein neues Licht auf wichtige Dinge in Ihrem täglichen Leben werfen. Indem Sie lernen, sich selbst über Ihre Traumerfahrungen zu interviewen, lernen Sie auch, Ihre sexuellen Träume zu erforschen und zu benutzen, um solche falschen Vorstellungen, Ängste und Hemmungen zu erkennen und durchzuarbeiten, die Sie daran hindern, Ihr sexuelles, zwischenmenschliches und kreatives Potential voll auszuleben.

Unsere sexuellen Träume faszinieren uns. Manchmal machen sie uns verlegen, manchmal wecken sie die schönsten Gefühle in uns. Sie können aber auch sehr erschreckend sein.

Liebespartner im Traum können sinnliche, sexuelle Euphorien auslösen, die uns an wunderbare sexuelle Erlebnisse unserer Vergangenheit erinnern oder uns plötzlich klarmachen, was uns fehlt und wozu wir fähig sind. Solche Träume kommen nicht aus heiterem Himmel. Wir träumen sie zu einer bestimmten Zeit unseres Lebens, und sie können uns in der Tat viel nützen, wenn wir lernen, sie zu verstehen. Manche unserer scheinbar nicht-sexuellen Träume handeln in Wirklichkeit doch von sexuellen Themen. Solche Träume versuchen weniger, ihre sexuellen Inhalte zu verbergen, als daß sie sexuelle Themen aus neuen Perspektiven zeigen; wir müssen nur die bedeutungsvolle metaphorische Sprache der Träume richtig verstehen lernen und sie uns dann zunutze machen.

Michael beispielsweise träumte, er habe Klavierstunde. Sein Lehrer wies ihn an, die Tasten nicht zu «erstürmen», sondern eher zu liebkosen und das Klavier als ein überaus sensibles Instrument zu behandeln, dem auf diese Weise wunderschöne Musik zu entlocken sei. Nachdem er die Bilderwelt und die Gefühle in diesem Traum beschrieben hatte, erinnerte sich Michael daran, daß seine Frau kürzlich gesagt hatte, beim Sex fühle sie sich mehr wie ein militärisch-strategisch wichtiger Punkt, den er erstürme, als wie das sinnliche, zarte sexuelle Wesen, als das sie sich selbst empfinde. Michael war bewußt, daß seine Frau sich nach langsamerer, sensiblerer Berührung sehnte und ihn auch darum gebeten hatte.

Das Wunderbare an Träumen ist ihre Fähigkeit, uns eine Erfahrung aus erster Hand zu liefern. Michaels Traum vermittelte ihm das *Erleben*, es dem Lehrer gleichtun zu wollen, indem er lernte, das Klavier mit mehr Raffinesse und Zartheit zu berühren. Schließlich spürte Michael wieder sein eigenes Verlangen, seine Frau wie ein Maestro zu berühren und nicht wie ein anstürmender Soldat, der einen Hügel erobert.

Unsere Träume können uns zeigen, wie ein erfüllteres Sexualleben zu erreichen wäre, indem sie uns bildhaft unsere einschränkenden Einstellungen, unsere Konflikte und unser Potential vor Augen führen. Irene war jahrelang über das Verlangen ihres Freundes nach Fellatio verstört gewesen. Einen Penis in den Mund zu nehmen, ließ ihr die Lust vergehen und machte sie würgen. Sie fühlte sich unter Druck gesetzt und reagierte sehr abwehrend, obwohl sie seiner Forderung häufig nachkam. Dennoch war sie neugierig, wie es möglich ist, daß manche Frauen so etwas genießen. Da sie das Problem wirklich erforschen wollte, brachte ich ihr bei, eine Serie von Träumen hervorzurufen oder zu «inkubieren».

Einen Traum zu inkubieren oder sich selbst anzuregen, in einer bestimmten Nacht von einem speziellen Thema zu träumen, ist nicht schwer: Ich wies Irene an, auf ein Blatt Papier den Wunsch um Einsicht in ihr «Problem» zu schreiben und die Frage beim Einschlafen immer aufs neue zu wiederholen.

Ehe sie eines Abends schlafen ging, schrieb Irene die folgende Frage in ihr Traumjournal: «Gibt es irgendeine Möglichkeit, wie ich Fellatio tatsächlich genießen könnte?» Irene träumte daraufhin, sie sei nackt mit einem Mann zusammen, und zwar in einem romantischen Schlafzimmer mit Satin und Spitzen. Er lag auf dem Rücken und fragte: «Würdest du das für mich tun?» Sie wußte, was er meinte, aber zum ersten Mal fühlte sie sich nicht dazu verpflichtet. Sie wußte, ihr Liebhaber würde sie auch dann noch mögen, wenn sie sich weigerte. Ihre alte Abwehr gegenüber einer solchen Forderung war verschwunden. Statt dessen fühlte sie sich zum Spielen aufgelegt und hatte Lust, ihrem Liebhaber dieses Vergnügen zu verschaffen. Sehr langsam begann sie seinen Penis zu lecken, als sei er ein süßer Lutscher! Nachdem sie mit der Zunge jede Falte und Kurve nachgezogen hatte, beschloß sie, nur die Spitze seines Penis in den Mund zu nehmen. Seine Lustseufzer entzückten sie. Sie mußte nicht würgen. Im Gegenteil, sie genoß es, ihm Lust bereiten zu können. Nach diesem Traum begann Irene Freude an dem zu haben, was ihr früher so widerstanden hatte.

Wie es für gute Traumarbeit typisch ist, halfen Irenes Träume ihr, den Konflikt zu verstehen (d. h. ihre Angst, Zuneigung zu verlieren, wenn sie nein sagte), der hinter einigen ihrer Zwangsgefühle und ihrem Abscheu vor Fellatio stand. Zudem verschafften ihre Träume ihr die unmittelbare Erfahrung, Fellatio zu genießen, und boten ihr die Chance, ihre Beziehung zu verbessern, indem sie ihre psychischen Grenzen besser verstand und eine neue innere Einstellung und andere Verhaltensweisen entwickelte und ausprobierte. Die träumende Psyche gibt sich nicht damit zufrieden, nur das Symptom zu behandeln, sondern wird Sie beständig dazu anleiten, die Gründe hinter dem sichtbaren Problem zu erforschen. Wenn Sie den Ursprung eines Symptoms oder Konflikts erst einmal begriffen haben, sind Sie viel besser in der Lage, eine Strategie zum Auffinden einer befriedigenden Lösung zu entwerfen.

Während wir träumen, scheinen wir in einen metaphorischen Zustand von Wahrnehmung und Ausdrucksmöglichkeiten einzutreten, der weniger defensiv, offener und der Synthese förderlicher ist als der Wachzustand. In unseren Träumen verwenden wir diese gesteigerten Fähigkeiten, um die wichtigen Ereignisse des vorangegangenen Tages noch einmal zu betrachten, und zwar aus einer Perspektive, die unsere ganze Lebensgeschichte miteinbezieht. Unsere sexuellen Traumbilder bieten uns die Gelegenheit, unsere innersten sexuellen Gefühle mit einer Reife und Unmittelbarkeit zu betrachten, die wir selten erreichen, wenn wir wach sind.

Unsere sexuellen Träume unterscheiden sich im allgemeinen in mehrfacher Hinsicht von unseren sexuellen Phantasien. Unsere sexuellen Phantasien sind gewöhnlich erotisch erregend, sie entfalten sich auf vorhersehbare Weise, und sie folgen einem ziemlich unkomplizierten Handlungsfaden. Unsere sexuellen Träume dagegen sind manchmal erotisch überhaupt nicht erregend; oft gibt es alle möglichen Überraschungen, Brüche und Wendungen im Ablauf; der Handlungsfaden kann sehr kompliziert sein. Die meisten Menschen evozieren sexuelle Phantasien, um sich zu erregen, während unsere Träume ungebeten kommen und uns manchmal ziemlich schockieren. Wir können einige unserer sexuellen Konflikte identifizieren, indem wir uns fragen, ob eine gegebene Phantasie uns von irgendeiner hemmenden Schuld oder Scham befreit. So diente die Phantasie einer meiner Klientinnen, von einer Gruppe gutaussehender Feuerwehrleute zum Sex gezwungen zu werden, dazu, ihre Schuldgefühle darüber zu lindern, daß sie sich sexuelle Befriedigung wünschte – sie wurde ja dazu gezwungen. Sie gab ihr auch das Gefühl, viel Zeit zu haben, um zum Orgasmus zu kommen, da sie sich vorstellte, daß jeder der Feuerwehrmänner Sex mit ihr hatte, bis sie ihren Höhepunkt erreichte, so daß sie sich nicht zur Eile getrieben fühlte, wie es im wachen Leben oft der Fall war.

Eine solche Phantasie kann überaus lustvoll sein, während ein Traum, in dem man zum Sex gezwungen wird, selten, falls überhaupt jemals, lustvoll ist. Meistens sind sexuelle Träume komplexer als Phantasien, denn sie erforschen und bewerten die Existenz und die Ursachen von sexuellen oder emotionalen Konflikten. Wie Sie in späteren Kapiteln sehen werden, signalisieren Träume, in denen man zum Sex gezwungen wird, häufig tiefe Konflikte, Schuldgefühle und manchmal sexuellen Mißbrauch. Unsere Träume erzählen eine Bildergeschichte darüber, wie wir unsere Sexualität und unsere sexuellen Beziehungen empfinden. Sie gehen viel weiter als Phantasien; sie zeigen uns Probleme an, wie wir dazu gekommen sind, und sie vermitteln uns das nötige Verständnis, mit dem wir uns aus unseren Schwierigkeiten herausarbeiten können.

Die Studenten in unserem Traumzentrum und die Klienten in meiner Traumberatungspraxis sind durchwegs heterosexuell. Ich möchte jedoch anmerken, daß die Träume der Homosexuellen, mit denen ich gearbeitet habe, sich nicht signifikant von denen Heterosexueller unterscheiden, außer in der vorhersagbar größeren Häufigkeit des Auftretens gleichgeschlechtlicher Partner. Sowohl Hetero- als auch Homosexuelle träumen davon, Sex mit Partnern des gleichen und des anderen Geschlechts zu haben, beide Gruppen träumen davon, in der Öffentlichkeit nackt zu sein, beim Sex gestört zu werden, mit überraschenden und berühmten Geschlechtspartnern Sex zu haben oder in romantischen Träumen schrecklich verliebt zu sein. Beide Gruppen benutzen sexuelle Träume, um sexuelle und nicht-sexuelle Konflikte zu erforschen, und beide reagieren oft bestürzt, wenn sie von Sex mit jemandem träumen, der nicht ihrer sexuellen Orientierung entspricht.

Im ersten Teil dieses Buches werden wir sexuelle Leidenschaften betrachten, wie sie sich in den sexuellen Träumen von Frauen und Männern manifestieren. Wir werden diskutieren, was jedes Geschlecht daraus lernen kann, wenn es die erotischen Träume des anderen Geschlechts versteht. Sie werden sehen, daß ich von Anfang an ein sexuelles Vokabular benutze, das viele Ebenen umfaßt: die höfliche, die klinische, die bildhafte, die vulgäre und die alltägliche Ebene. Wenn ich den Traum eines Klienten erzähle oder einen Klienten zitiere, dann benutze ich seine eigenen Worte. Für die Darlegung verschiedener Themen benutze ich jeweils die Ebene, die mir am angemessensten erscheint. Wenn Sie einmal darauf achten, wie Sie auf die Worte reagieren, die zur Beschreibung von Sexualorganen oder Sexualakten benutzt werden, erfahren Sie vielleicht etwas über Ihre eigenen Ebenen von Behagen oder Unbehagen beim Denken, Lesen und Reden über das, worum es beim Sex eigentlich geht. Die meisten meiner

Klienten, meine Freunde und ich und auch die meisten meiner Berufskollegen fühlen sich unbehaglich, wenn sie bildhaft über Sex reden. Einige Wörter wirken zu klinisch, andere zu vulgär. Ich hoffe, dieses Buch wird Sie ermutigen, sich Ihr eigenes sexuelles Vokabular zu erarbeiten und es zu benutzen, um Ihre sexuellen Träume niederzuschreiben und mit Ihren Freunden sowie mit Ihrem Partner über sexuelle Themen zu sprechen. Ein einfacher Grund dafür, daß die meisten von uns ein eingeschränktes Sexualleben führen, besteht darin, daß wir nicht wissen, wie wir über das reden sollen, was wir uns wünschen und brauchen.

Wir werden in diesem Teil häufige sexuelle Träume und ihre Deutung erforschen, damit Sie lernen, wann Ihre symbolischen Träume sexuelle Inhalte betreffen und wann sie andere Aspekte Ihres Lebens behandeln. Ich werde erklären, wie man die Trauminterview-Methode zur Traumdeutung benutzt, und sie mit den Träumen von Klienten und Studenten illustrieren.[1]

Weiter werden wir jene oft überraschenden Träume betrachten, die uns eine neue oder verbesserte Sex-Technik lehren. Im letzten Abschnitt dieses Teils werden Sie erfahren, wie Sie die Problemlösungsfähigkeit Ihrer Träume anregen oder inkubieren können, um die unangenehmen, problematischen oder unentwickelten Teile Ihrer Sexualität besser zu verstehen und zu lösen.

Der zweite Teil, «Intime Leidenschaften», wird untersuchen, wie Ihre sexuellen Träume dazu beitragen können, daß Sie Blokkierungen in der Intimität mit Ihrem Partner erkennen und etwas dagegen tun. Wie der reale Sex spiegelt auch der Sex im Traum gewöhnlich wider, wie wir uns innerlich fühlen und in welcher realen (und nicht idealen) Beziehung wir zu unserem Partner stehen. Wenn Sie träumen, daß Ihre Frau Ihren Penis verachtet, ist es vermutlich Zeit, sich darüber klarzuwerden, daß sie Sie in wichtigen Hinsichten verachtet und Sie das nicht voll erkannt haben. Sie würden einen solchen Traum nicht träumen, wenn Sie das Thema bereits erfolgreich miteinander bearbeitet hätten. Es ist fast unmöglich, ohne vertrauensvolle Intimität und gut funktionierende Kommunikation beständig guten Sex zu erleben.

In einem wichtigen Kapitel über die Träume von Erwachsenen, die als Kinder sexuell mißbraucht wurden, werden wir typische Muster dieser verstörenden Träume analysieren, die viele von uns (Therapeuten eingeschlossen) oft nicht als Alarmsignale für Kindesmißbrauch und manchmal für Mißbrauch jüngeren Datums durch unethische Therapeuten erkennen.

Dann werden wir uns darauf konzentrieren, wie Sie Ihre Träume und Alpträume zu Verbündeten machen können, um einschränkende Vorstellungs- und Verhaltensmuster zu durchbrechen und so ein weniger konfliktbeladenes Sexualleben und eine reichere Intimität mit Ihrem Partner zu erlangen.

Der dritte Teil, «Kreative Leidenschaften», wird den Zusammenhang zwischen Sexualität und Kreativität erforschen. Gibt es einen Zusammenhang zwischen der Qualität Ihres Sexuallebens und Ihrer Kreativität? Manche Menschen sind in Perioden der Abstinenz oder Ruhe produktiver. Andere behaupten, ihre Kreativität werde gesteigert, wenn sie eine gute sexuelle Beziehung hätten. Da die Bedeutung der Sexualität individuell sehr unterschiedlich ist und auch im Laufe des Lebens eines jeden Menschen schwankt, ist dieser Zusammenhang nicht immer gleich deutlich. Gewisse Menschen sehen keine Verbindung zwischen ihren sexuellen und ihren kreativen Aktivitäten. Doch manche Menschen, die die Bedeutung ihrer Sexualität unterschätzt hatten, waren freudig überrascht bei der Entdeckung, daß ihre Träume ihnen helfen können, unerwartete Quellen von Kreativität wie auch von Sexualität anzuzapfen.

# Erster Teil
# Sexuelle Leidenschaften

# 1 Die sexuellen Träume von Frauen – und was Männer darüber wissen sollten

Ich bin im Bett in meinem eigenen Zimmer. Ich weiß, daß meine Augen geschlossen sind. Ich spüre ein elektrisierendes Gefühl an meinem Körper auf und ab wandern. Ich sage zu mir: «Oh, er ist zurück.» Ich weiß, daß ich eine sexuelle Empfindung haben werde, wie ich sie schon mehrfach hatte. Ich freue mich darauf. Ich weiß, daß ich träume. Ich liege auf dem Rücken. Bald spüre ich das Gefühl von Cunnilingus. Ich sehe meinen Liebhaber nicht, aber ich spüre seine Anwesenheit. Ich fühle mich, als würde ich aufwachen. Ich sage mir, daß ich weiterschlafen und weiterträumen werde. Wieder bin ich kurz vor dem Aufwachen. Ich sage, nein, ich werde diesen Traum beenden. Dann träume ich, daß ich einen Orgasmus habe. Als ich aufwache, sind die Empfindungen in meinem Körper und meinem Geist noch ganz frisch.

Seit fast zwanzig Jahren höre ich mir nun Träume wie den von Felicitas oben an und nenne das Arbeit! Weil meine gesamte Praxis darauf ausgerichtet ist, Menschen beizubringen, wie sie ihre Träume verstehen und zur praktischen Problemlösung benutzen können, hatte ich Gelegenheit, mit Tausenden von Träumern zu arbeiten. Felicitas' offenherzige Beschreibung ihrer sexuellen Träume ist recht selten und überaus erfrischend.

Wie viele Ihrer eigenen sexuellen Träume haben Sie sich erlaubt, im Gedächtnis zu behalten, niederzuschreiben oder in lebhaften Einzelheiten einem Freund zu erzählen? Wie haben Sie sich dabei gefühlt? Es hat mir Spaß gemacht, mit den sexuellen Träumen vieler Menschen zu arbeiten, und meine eigenen genieße ich im allgemeinen. Doch manchmal verspüre auch ich Scheu, wenn ich mich daran erinnere oder sie einer Freundin erzähle. Diese durchgehende soziale Verlegenheit und Schüchternheit in sexuellen Dingen beeinflußte unweigerlich die Resultate der wenigen durchgeführten Umfragen, weil die Probanden, die zu Interviews bereit sind und sich gestattet haben, sich an erotische Träume zu erinnern, noch immer dazu neigen, heikles Material zurückzuhalten.

Ein Beispiel: Jahrelang galt die allgemein akzeptierte Annahme über die Unterschiede zwischen den Träumen von Männern und Frauen, daß Männer offener sexuelle Inhalte und Bilder in ihren Träumen aufweisen als Frauen. Dies war eine von vielen Feststellungen in einer klassischen, wegweisenden Studie von Hall und Van de Castle aus dem Jahre 1966. Sie analysierten die Häufigkeit verschiedener Traumbilder und -aktionen in 1000 Träumen, die zu Hause von 200 College-Studenten aufgezeichnet worden waren.[1] Eine Untersuchung der University of Arizona im Jahre 1978 wies darauf hin, daß diese Feststellung möglicherweise durch die Tatsache verzerrt worden war, daß sowohl die männlichen wie die weiblichen Teilnehmer der Untersuchung ihre Träume einem männlichen Dozenten mitgeteilt hatten oder von Männern interviewt worden waren. Als das Team aus Arizona eine Studie über den Trauminhalt von dreißig männlichen und dreißig weiblichen Studenten durchführte, wurden die Interviews sowohl von Männern wie auch von Frauen aufgenommen. Diese Forscher stellten fest, daß die Gleichgeschlechtlichkeit von Student und Interviewer zu ausführlicheren Berichten über sexuelle Inhalte führte, und: «Insgesamt unterschieden sich die von männlichen und weiblichen Probanden berichteten Träume weder in ihrer Intensität noch im Maße des sexuellen Inhalts.»[2] Eine weitere Untersuchung analysierte die Häufigkeit manifest sexueller Inhalte in den Träumen von 123 Studenten. Auch sie fanden keine signifikanten Unterschiede zwischen den Träumen von Männern und Frauen in diesem Bereich.[3]

Wenn wir unser Widerstreben, sexuelle Träume zu erforschen, überwinden, so kann das überaus lohnend sein. Im Traum offenbaren wir, was wir hinsichtlich der wichtigsten Themen unseres Lebens wirklich fühlen und denken. In der Bildersprache des Traums versuchen wir, manchmal wörtlich, manchmal metaphorisch, Dinge zu klären, indem wir uns ansehen, wie unsere gegenwärtige Erfahrung mit unserer bisherigen Lebenserfahrung zusammenhängt. Sexuelle Träume bieten uns die Chance, die Auswirkungen früherer Erlebnisse und gegenwärtiger Konflikte in unserem Sexualleben zu verstehen. Erotische Träume können uns auch zeigen, was wir uns wirklich wünschen, was wir vermissen und was wir vielleicht bereits besitzen, ohne es zu merken.

Wenn wir Offenheit in sexuellen Dingen verweigern, verpassen wir viele Gelegenheiten, hinderliche Ängste und falsche Vorstellungen abzuschütteln, und wir tragen zu einer allgemeinen Atmosphäre von Heimlichtuerei und Scham bei, die nicht nur unseren Genuß einschränkt, sondern tatsächlich die Entwicklung destruktiven Sexualverhaltens fördert. Die schrecklichen Geheimnisse von Inzest und Vergewaltigung sind da am schwersten aufzudekken, wo die Gesellschaft die offene Diskussion über Sexualität ablehnt.

Mit unseren sexuellen Realitäten zurechtzukommen, ist eine wichtigere Aufgabe, als es zunächst den Anschein haben mag. Die meisten Menschen verhalten sich noch immer so, als könnten nur andere Leute durch sexuelle Kontakte getötet, mit chronischen Krankheiten infiziert oder für immer zu Ansteckungsquellen gemacht werden. Leute, die durchaus bei Verstand sind, können sich verrückt benehmen, wenn es um Sex geht. Intelligente, selbstbehauptende und unerschrockene Menschen handeln wie schüchterne Feiglinge, wenn über den Schutz vor Krankheiten oder törichten emotionalen Risiken in sexuellen Beziehungen gesprochen wird. Ehrliche Menschen lügen in bezug auf ihre sexuelle Gesundheit und ihr Sexualverhalten. Anständige Menschen brechen Herzen und zerstören Ehen und Familien wegen unzulänglich verstandener sexueller Unzufriedenheit und Anziehungen.

Die Arbeit mit Ihren sexuellen Träumen verschafft Ihnen unmittelbaren Zugang zur komplexen (und fortwirkenden!) Struktur früherer Erfahrungen, Überzeugungen, Einstellungen und Gefühle, die darüber bestimmen, wie Sie sich selbst und Ihre Sexualität empfinden und wie Sie Ihre Partner auswählen und mit ihnen in Beziehung treten. Der erste Schritt zum Anzapfen dieser wertvollen Quelle besteht darin, mit weniger Unbehagen an sexuelle Träume zu denken und darüber zu sprechen.

Wenn Sie die Träume meiner Klienten und die Träume lesen, die das Publikum bei meinen Vorträgen in Fragebögen eintrug[4], werden Sie vermutlich auch an eigene sexuelle Träume erinnert werden. Wenn Sie sich darüber ein paar Notizen machen, haben Sie sie bei der Lektüre der Kapitel 3 und 4 über die Beobachtung und Deutung Ihrer eigenen sexuellen Träume bereits zur Hand.

## *Angenehme sexuelle Träume bei Frauen*

Wie eine Studentin schrieb: «Sexuelle Träume sind wundervoll. Sie sind frei und leicht und fühlen sich herrlich an. Sie können nicht zu einer Schwangerschaft führen, nicht zu Schuldgefühlen, weil man jemanden betrogen hat, sie können keine Krankheiten übertragen, und sie sind irgendwie befriedigend.» Das ist doch ein Blick auf die Sonnenseite erotischer Träume!

Ihre angenehmen sexuellen Träume können Sie zu neuen Ebenen sexueller Lust führen und Sie von unnötigen Hemmungen befreien helfen. Sie können Sie an eine sexuelle Vitalität erinnern, die Sie vielleicht haben verkümmern lassen, und sie können die Metapher einer lebenssprühenden, konfliktfreien Sexualität benutzen, um neues emotionales oder künstlerisches Wachstum auszulösen oder anzukündigen. Heißen Sie Ihre angenehmen sexuellen Träume willkommen, zeichnen Sie sie auf, genießen Sie die Lust, die sie bieten, und fragen Sie sich, ob sie neue Entwicklungen in Ihrem Leben signalisieren.

*Der frühere Liebhaber*

Einer der Lieblingsträume von Frauen ist ein Treffen mit einem früheren Freund, oft dem schönsten Liebeserlebnis und/oder besten Liebhaber im Leben der Träumerin:

> Nach all diesen Jahren ist Leo plötzlich wieder da, auf der anderen Straßenseite. Wir sind in Wien, es ist Herbst. Wir treffen uns und küssen uns. Wir sind in einer wunderschönen Hotelsuite. Kein Wort wird gesprochen. Er liebkost und küßt mich überall. Er dringt in mich ein, und ich fühle wieder, wie es ist, leidenschaftlich zu lieben und geliebt zu werden. Von irgendwo ertönt ein Hornkonzert von Mozart.

Oder:

> Ich treffe zufällig einen alten Freund, einen großartigen Liebhaber, und es kommt zu einem romantischen Dinner, bei dem wir uns gegenseitig unser Leben erzählen. Dann hebt er mich hoch und trägt mich ins Bett.

Oder:

> Ich habe eine Begegnung mit einem früheren, sehr intelligenten, sehr einsichtigen und sehr männlichen Liebhaber. Die Szene ist nicht ausgeprägt sexuell, aber wir sind zutiefst verbunden und sehr erregt.

Oder:

> Eine Woche lang hatte ich spektakuläre sexuelle Träume, deren Intensität sich steigerte. Der Gnadenstoß war ein Traum, in dem der Brennpunkt ein unglaubliches Gefühl von sehr liebevollem, sehr intensivem körperlichen Kontakt mit meinem früheren Freund war; das war wichtiger als das, was wir tatsächlich miteinander taten oder wo wir waren.

Die stärkere Betonung von Erotik und emotionaler Verbundenheit als der explizit sexuellen Akte in angenehmen sexuellen Träumen ist bei Frauen sehr häufig. Oft beschreiben Frauen die sexuellen Handlungen eher nebenbei, wenn sie ausführlich und begeistert eine köstliche Intimität oder das Gefühl schildern, zutiefst verstanden, akzeptiert oder geliebt zu werden. Viele Frauen haben mir erzählt, sie hätten sich im Traum auf eine Weise und in einer Tiefe geliebt gefühlt, wie sie sie im wachen Leben nie gekannt hätten. Manchmal helfen diese Träume den Träumenden, etwas zu erkennen, was sie vermißt haben, was sie in ihrem Leben nicht zu schaffen wußten, was sie sich in ihren Beziehungen vielleicht zu geben unfähig oder zu erhalten unwürdig fühlten. Wie Sie sehen, sollten Sie auch Ihre süßesten Träume nicht als bloße Wunscherfüllung abtun. Sie können diese Träume als Signal benutzen, das Ihnen auf dem Weg zu einem erfüllteren Leben Hilfe und sogar Inspiration bringt.

Bill Domhoff, Soziologieprofessor an der University of California in Santa Cruz, hat Fragebogen über die sexuellen Träume von 273 Studenten ausgewertet.[5] Diese Studenten sind zwanzig bis dreißig Jahre jünger als die meisten meiner Klienten, dennoch scheinen ihre Träume ähnlichen Mustern zu folgen. Die beiden nächsten Träume betonen beispielsweise die Schönheit der Umgebung und die zärtlichen, erotischen Gefühle mehr als die spezifischen Handlungen, die damit verbunden sind.

> Mein gegenwärtiger Liebhaber und ich gingen zusammen durch den Wald und kamen an einen schönen See. Wir schwammen zusammen, und das war überaus erotisch. Am Ufer erschien ein altes Ehepaar und lud uns zum Abendessen ein. Meine Mutter war da, und wir aßen, bis wir vollkommen befriedigt waren.

Auf Domhoffs Bitte, ihren denkwürdigsten erotischen Traum zu beschreiben, erzählte eine andere Studentin:

Bevor ich tatsächlich mit meinem jetzigen Ehemann schlief, hatte ich einen (erotischen) Traum über ihn. Er war besonders denkwürdig, weil die Leidenschaft und der erotische Inhalt mit so viel Zärtlichkeit verbunden waren.

Teresa, eine fünfzigjährige Klientin von mir, träumte:

Ich war mit Jim im Bett. Wir liebten uns, und ich empfand mich selbst als wunderbar offen. Ich hielt nichts zurück, ich war bereit, meine ganze emotionale Nacktheit zu riskieren. Zum ersten Mal in meinem Leben war ich zu Intimität fähig. Jim war in mir, und ich spürte die Freude der Hingabe, die nichts mit Unterwerfung zu tun hatte, sondern eher mit meiner totalen Bereitschaft, meinen Selbstschutz, meine Zurückhaltung aufzugeben. Ich fühlte mich vollkommen sicher, mich selbst verlieren zu können, ohne in irgendeiner Weise die Integrität meines Seins zu gefährden. Das war die erotischste Erfahrung meines Lebens.

### *Ausführliche Liebesakte*

In den Lieblingsträumen mancher Frauen kommen ausführliche Liebesakte vor:

Ein junger Mann mit einem riesigen, harten Penis liegt auf einem Bett in einem Zimmer mit drei Wänden. Die vierte Seite steht der Welt offen. Wir lieben uns. Ich bin oben und genieße es sehr. Wir haben unsere Orgasmen, und ich entspanne mich auf ihm. Einen Augenblick später sagt er: «Das war nicht genug für mich.» Also machen wir es noch einmal, und diesmal mit noch mehr Lust.

Oder:

Ich bin mit einem früheren Liebhaber zusammen, dem besten. Er liebt es, meinen Körper zu liebkosen, und er liebt es, wenn ich seinen liebe. Wir sind beide extrem sinnlich. Ich küsse und lecke seinen Penis und sauge daran, und plötzlich sind seine Lippen überall, seine Hände liebkosen mich am ganzen Körper. Ich habe mehrere Orgasmen, während er mit den Fingern und dann mit seinem Penis in mich eindringt. Wir rollen und rollen herum, und es geht immer weiter. Als ich aufwache, fühle ich mich unglaublich befriedigt und erregt zugleich.

Eine Studentin träumte:

Ich wurde am ganzen Körper von einem Mann, nach dem ich mich jahrelang gesehnt hatte, geküßt und geleckt. Wir liebten uns stundenlang in allen möglichen Stellungen, die ich noch nie ausprobiert hatte!

### *Sensible, einfühlsame Liebhaber*

Die Häufigkeit, mit der Frauen beschreiben, wie köstlich es ist, mit einem Liebhaber zusammenzusein, der es genießt, ihr Lust zu bereiten, ist auffallend. Wenn sie über diese Traumliebhaber sprechen, heben sie oft den Gegensatz zu anderen Liebhabern hervor, die das Vorspiel für etwas ganz anderes als «den Sexualakt» halten und eher als *Vorarbeit*[6] betrachten, als Preis für den Zugang zur Vagina der Frau. Die meisten Frauen klagen, es sei nicht sonderlich erregend, von einem Mann «befummelt» zu werden, der eben die Zeit opfert, sie genügend zu erregen, oder der ihr einen Gefallen tun, ihren Forderungen nachkommen oder ihr eigentlich zeigen will, was für ein geschickter Liebhaber er ist. Manchmal kann eine Frau, die einen geduldig sein wollenden, pflichtbewußten oder mit seiner Sexualität protzenden Mann zum Partner hat, ihm einen Traum von einem fabelhaften Liebhaber erzählen und ihm dadurch helfen zu begreifen, daß es für beide sehr viel schöner wäre, wenn er sich mit ihrer Lust identifizieren könnte.

### *Wenn die Frau die Initiative ergreift*

Träume, in denen die Frau die Kontrolle hat, können sowohl befriedigend als auch vertrauensbildend sein. Viele Frauen würden beim Sex gern eine aktivere Rolle übernehmen, zögern aber, weil sie scheu sind oder weil sie fürchten oder wissen, daß ihre männlichen Partner das nicht begrüßen würden. Träume, in denen die Frau die Initiative ergreift, können ihr helfen, sich ihres eigenen sexuellen Verlangens bewußter zu werden, und das kann ihre Sexualität wesentlich verbessern. Manchmal dienen diese Träume als Metapher für den Wunsch der Frau, überhaupt mehr Kontrolle über ihr Leben im allgemeinen und ihre Beziehungen zu haben.

> Mein Freund und ich liebten uns. Es war sehr erotisch und sinnlich. Ich war diejenige, von der die Initiative ausgegangen war. Ich war stark beteiligt und hatte die Kontrolle. Ich hatte Vertrauen in meine Sinnlichkeit und meine Fähigkeiten im Bett.

> Da war dieser Typ, in den ich verzweifelt verliebt war und den ich sexuell *sehr* anziehend fand. Ich traf ihn in einer Garage. Langsam zog ich ihm die Hose herunter und brachte ihn mit oralem Sex fast bis zum Höhepunkt. Dann hatten wir auf einem Schreibtisch in der Garage wilden Verkehr, bis wir beide in Ekstase waren.

> Ich ging mit meiner Mutter und ihrer besten Freundin an einen Ort, wo wir Verkehr mit männlichen Prostituierten hatten, eine nach der anderen. Ich verirrte mich, und bevor ich an die Reihe kam, war ich in einem Korridor, von dem aus ich hören, aber nichts sehen konnte. Das war der aufregendste Teil. Ich spürte, daß meine Orgasmen extrem intensiv sein würden, da die Männer «Profis» waren und da ich erregt und mit meiner Mutter in einem Bordell war.

### *Sex mit mehreren Männern*

Träume, in denen Frauen Sex mit einem oder mehreren Männern erleben, sind nicht ungewöhnlich. Hier drei Beispiele:

> Einige Männer aus dem College oder aus der Firma zwangen alle Frauen, sich bis auf die Unterwäsche auszuziehen und vor sie zu stellen. Sie bewerteten uns, und ich gewann. Ich war der Inbegriff der erotischen Frau. Seither, ob Sie es glauben oder nicht, achte ich beim Einkauf von Unterwäsche immer darauf, daß sie seidig und sexy ist. Nicht, daß ich je wollte, daß dieser Traum wahr wird, aber für alle Fälle ... ich bin bereit!

> Ich war in einem Zimmer mit mehr als einem Mann. Alle liebkosten meinen ganzen Körper. Obwohl mir die Situation ein bißchen peinlich war, wurde ich von sexueller Lust überwältigt.

> Im wachen Leben lag ich gegen halb vier Uhr morgens im Lastwagen meines Freundes, weil er noch irgendwo anhalten mußte, ehe wir zu mir nach Hause fuhren. Ich schlief in seinem Lastwagen für ungefähr zwanzig Minuten ein und hatte diesen Traum: Zwei der Burschen, die mit meinem Freund arbeiten, kamen zu dem Lastwagen und machten etwas mit mir, das ich Cunnilingus nenne. Es war himmlisch. Natürlich kann ich mir nicht wirklich vorstellen, mir zu wünschen, daß das tatsächlich passiert, aber im Traum ist es toll und ganz ungefährlich!

Während einige Frauen träumen, daß sie es genießen, durch Körperkraft genommen oder anfangs einem gewissen Zwang unterworfen zu werden, werden Träume von Vergewaltigung oder gewaltsam erzwungenen sexuellen Aktivitäten häufiger als Alpträume erlebt.

Das unterscheidet, unter anderem, sexuelle Träume von sexuellen Phantasien. Eine Frau kann es genießen, in ihrer Phantasie zum Sex mit einem oder mehreren unangenehmen Männern gezwungen zu werden. Solche Phantasien dienen oft dazu, das Gefühl der Frau zu kitzeln, sie sei in Gefahr, und können auch ihre Schuldgefühle wegen ihres Verlangens nach Sex lindern helfen, die sie vielleicht daran hindern, den Sex zu genießen. Die Traumerfahrung einer solchen Szene jedoch ist völlig anders. Gewöhnlich spürt die Träumerin all die Ängste und Schrecken, die sie im Wachzustand bei einer solchen Erfahrung empfinden würde. Solche Träume drücken starke Konflikte und Ängste aus, und die Träumerin wird davon nicht erregt, sondern in Angst und Schrekken versetzt.

### *Den Sex genießen*

Zeit ist ein weiteres wichtiges, wenn auch subtiles Element in den angenehmen sexuellen Träumen vieler Frauen. Selten habe ich eine Frau sagen hören, sie hätte in aller Eile fabelhaften Sex gehabt, und das ist nicht überraschend. Mit Ausnahme des selten berichteten erotischen «Schnellschusses» im Traum scheinen Träume von in aller Ruhe genossener Lust viele Frauen von dem Druck im wirklichen Leben zu befreien, sich zu beeilen und in fünf bis fünfzehn Minuten einen Orgasmus zu «schaffen» – ehe ihr Partner die Geduld oder seine Erektion verliert oder die Kinder aufwachen. Manchmal beleuchten diese Träume durch den Kontrast die Mängel eines Liebhabers oder der sexuellen Zeitplanung und des Stils eines Paares, manchmal helfen sie der Träumerin aber auch zu erkennen, daß sie sich von ihrem selbstauferlegten Bedürfnis befreien muß, sich zu beeilen und zu gefallen, und daß sie lernen muß, sich selbst Zeit zu gönnen.

Kathrine träumte eines Nachts nach miserablem Sex mit ihrem ausgesprochen sexkundigen Ehemann ein Gegenmittel gegen ihre den Orgasmus verzögernde Angst:

> Ich war in einem sehr hübschen Schlafzimmer mit weißen Spitzen und Blumen. Fünf gutaussehende Männer, die im Traum

eindeutig freundlich waren und bei denen ich mich sicher fühlte, erklärten mir, sie würden mit mir Liebe machen, so lange ich das wollte. Ich bräuchte mich nicht zu beeilen. Sie würden dafür sorgen, daß ich einen Orgasmus hätte, und wenn es die ganze Nacht dauere. Sie bestanden fast darauf, daß ich sie das in einer ziemlich zwingenden, aber freundlichen Weise tun ließ. Ich war erregt und entzückt bei dieser Aussicht. Ich hätte mich entziehen können, wenn ich mich stark gewehrt hätte, aber ich machte freudig mit.

Beim Aufwachen fühlte sich die in sexuellen Dingen gehemmte Kathrine wollüstig unartig und hatte sich eine Phantasie geschaffen, die sie danach benutzte, um sich leichter entspannen zu können, indem sie so tat, als habe sie alle Zeit der Welt, den Orgasmus zu erreichen.

### *Berühmte oder fremde Traumliebhaber*

Davon zu träumen, Berühmtheiten zu küssen oder mit ihnen zu schlafen, kann eine sehr befriedigende Art sein, einen Abend zu verbringen. Manche Frauen träumen von Begegnungen mit Männern wie Warren Beatty, Richard Gere, Robert Redford, Placido Domingo oder Tom Cruise. Andere träumen nur sehr selten von ihrem bevorzugten romantischen Helden.

Träume von Sex mit unbekannten attraktiven Männern stehen sehr hoch auf der Liste der bevorzugten sexuellen Träume einiger Frauen. Eine Probandin schrieb: «Manchmal schlafe ich mit Leuten, die ich kenne. Beim Aufwachen habe ich deswegen jeweils Schuldgefühle. Aber wenn ich es mit Leuten mache, die ich nicht kenne, ist es einfach toll!»

Wie Sie in Kapitel 4 sehen werden, hängt die Deutung sexueller Traumbegegnungen mit berühmten oder völlig unbekannten Männern davon ab, was die Träumerin in bezug auf den Traumliebhaber denkt und fühlt. Wenn sie gelernt hat, vorschnelle

Schlußfolgerungen zu vermeiden, und zuerst eine gute Beschreibung des berühmten oder fremden Traumliebhabers gibt, entdeckt sie oft, daß sein Aussehen und Verhalten oder sein augenscheinlicher Persönlichkeitsstil sie an jemanden oder an ein in ihrem Leben wichtiges Thema erinnern. Zu anderen Zeiten entdeckt sie, daß der attraktive, berühmte Traumliebhaber als nächtliche Aufplusterung ihres Egos dient – die Erfüllung des Wunsches, von einem solchen Mann begehrenswert gefunden zu werden.

### *Frauen mit Frauen*

Heterosexuelle Frauen sind oft überrascht über Träume, in denen sie mit anderen Frauen schlafen. Hier einige Beispiele:

> Obwohl ich mich als ausschließlich heterosexuell betrachte, war ich in meinem letzten erotischen Traum mit einer anderen Frau zusammen. Sie war älter und hat mich während des ganzen Traums berührt. Obwohl wir keinen Sex hatten, waren ihr Aussehen und ihre Liebkosungen überaus erotisch.

> Ich war in einem Bus, und eine Frau, die ich nicht kannte, befummelte mich. Das war seltsam, weil in dem Bus andere Leute waren, die zusahen, und einer davon war ein Mann, in den ich zur Zeit des Traums verknallt war. Jedenfalls machte die Frau sich über mich her, und ich war wirklich verwirrt. Nach einer Weile machte ich mit, aber dann merkte ich, daß ich mir vorstellte, mit diesem Mann zusammenzusein. Ich wachte ganz plötzlich auf und fühlte mich wahrhaftig seltsam. Ich nehme an, es war meine eigene Homophobie, die bewirkte, daß ich mich wegen des Traums schämte. Aber je länger ich darüber nachdachte, desto mehr kam ich zu dem Schluß, daß es doch nicht so seltsam ist, einen lesbischen Traum zu haben, obwohl ich mich als heterosexuell betrachte.

> Ich träumte, ich läge auf meiner guten Freundin Sylvia und küsse sie. Das war seltsam, weil es sich gut anfühlte, obwohl es mich nicht zu Frauen hinzieht.

> Ich hatte in einem Traum Sex mit einer älteren Frau. Ich hatte Schuldgefühle und schämte mich.

Eine Studentin, die sich als vorwiegend heterosexuell betrachtete, berichtete:

> Ich träumte von meinem ersten Freund, und wir schliefen verrückt und leidenschaftlich miteinander, als er sich plötzlich in eine lesbische Freundin verwandelte, die sich zur Zeit des Traums zu mir hingezogen fühlte. Das schockierte mich eigentlich, aber irgendwie war ich auch fasziniert und erregt über die Verwandlung.

Fast jede heterosexuelle Frau, mit der ich je gearbeitet habe, hat mir erzählt, sie habe schon einen angenehmen Traum gehabt, in dem sie mit einer anderen Frau schläft. Oft lösen solche Träume bei der Träumerin Angst aus, vielleicht unerkannte und unwillkommene lesbische Neigungen zu haben. Während die Traumerfahrung selbst außerordentlich lustvoll sein kann, wird die Erinnerung daran im Wachzustand oft verurteilt, und die Träumerin wertet den Traum dann als unangenehm.

Ähnlich ergeht es meinen wenigen lesbischen Klientinnen; sie reagieren oft ebenso ängstlich auf sexuelle Träume, in denen Männer vorkommen. Solche Träume können viele verschiedene Bedeutungen haben. Sie können eine verdrängte Anziehung signalisieren, aber auch Metaphern für andere Bereiche im Leben der Träumerin sein. So könnte der Traum einer heterosexuellen Frau, mit einer anderen Frau lustvollen Sex zu haben, beispielsweise die wachsende Selbstakzeptanz der Träumerin oder ihren Wunsch repräsentieren, mehr wie die Frau in ihrem Traum zu werden oder von dieser akzeptiert zu werden.

*Feuchte Träume mit Orgasmus*

Im Traum Orgasmen zu haben, ist sowohl bei Männern als auch bei Frauen völlig normal. Das Kinsey Institute schätzt, daß 40 Prozent aller Frauen mindestens einen nächtlichen Orgasmus hatten; am höchsten liegt die Rate bei Frauen in den Vierzigern.[7] Wenn es Frauen leichterfällt, über sexuelle Dinge zu sprechen, werden wir möglicherweise feststellen, daß ein wesentlich höherer Prozentsatz diese Erfahrung gemacht hat. In meiner Praxis berichten mir Frauen in den Fünfzigern und Sechzigern, sie genössen zum ersten Mal in ihrem Leben feuchte Träume. Es ist noch nicht klar, welche Faktoren das Auftreten solcher Träume vermehren oder vermindern. Einige Männer und Frauen berichten, daß das Fehlen von sexueller Erleichterung im Wachzustand die Häufigkeit nächtlicher Orgasmen steigert, doch bei anderen ist das nicht der Fall. Wenn Sie sich entschließen, ein Traumjournal zu führen (wie in Kapitel 3 beschrieben), werden Sie Ihr eigenes Muster erkennen und sehen können, welche Faktoren die Häufigkeit Ihrer feuchten Träume beeinflussen.

> Ich schwamm mit einem Delphin in klarem Wasser. Ich spürte nur, wie er an meinem Bauch entlangstrich, und ... Nun, Sie verstehen.

> Ich saß auf der Wippe meiner Kindheit. Die Erfahrung wurde sexuell erregend und endete mit einem überwältigenden nächtlichen Orgasmus.

Diese Träume machen anschaulich, daß orgasmische Träume unerwartete Stimulierung liefern können. Bei meinen Klientinnen, die größtenteils in den Dreißigern und Vierzigern sind, sind wundervolle Traumliebhaber häufig daran beteiligt, nächtliche Orgasmen hervorzurufen, die manchmal als multipel erlebt werden. Dr. Lonie Barbach, Sexualpsychologin und Autorin mehrerer sehr guter Bücher über Sexualität, hat mir erzählt, daß sie Frauen kennt, die im wachen Leben nicht zum Orgasmus fähig sind, ihn im Schlaf aber erleben können.

Meine Klienten und unsere Studenten im Dream Center haben oft berichtet, einige ihrer orgasmischen Träume seien luzide Träume. (Ein luzider Traum ist einer, bei dem Ihnen bewußt ist, daß Sie träumen, während Sie schlafen und den Traum haben.) Felicitas' Traum, der dieses Kapitel eröffnete, war ein solcher Traum. Monika schrieb über ihre Erfahrungen mit orgasmischen Träumen:

> Alle meine sexuellen Träume, die im Orgasmus kulminieren, sind luzide Träume. Die Orgasmen sind schnelle, intensive Ganzkörperempfindungen und sehr lustvoll. Die «Kundalini» (Energie) beginnt zu steigen, und ich überlasse mich ihr einfach, manchmal mit einem Partner, den ich heraufbeschwöre, manchmal allein. Manchmal schaue ich mich im Traum nach irgendeinem nichtsahnenden Mann um, dem ich mich dann nähere, um ihn zu verführen.

Ich habe nie eine Frau von einem orgasmischen Traum erzählen hören, der nicht lustvoll war, obwohl ich mir Umstände vorstellen kann, die unangenehme Träume erzeugen könnten.

## *Unangenehme sexuelle Träume bei Frauen*

Wenn Frauen es lieben, von Sex in schöner Umgebung mit Männern zu träumen, die den Unterschied zwischen Überrumpelung und Verführung kennen, die sich Zeit nehmen und sowohl emotional als auch physisch ganz auf die Frau eingestellt sind, die den gesamten Liebesakt genießen und denen es große sexuelle Lust bereitet, auch ihrer Partnerin Lust zu verschaffen, dann können Sie sich wohl vorstellen, wovon Frauen nicht gerne träumen.

*Gewalt und Bedrohung*

An der Spitze der Liste stehen Träume, bei denen sich die Träumerin gezwungen, bedroht oder verpflichtet fühlt, mit jemandem Sex zu haben. Wenn derjenige ein Vater, Bruder oder anderes Familienmitglied ist, erwacht die Träumerin gewöhnlich sehr bestürzt. Diese Träume können ihr helfen, eine Vielfalt von Dingen zu entdecken – von dem Gefühl, von einem älteren Kollegen bei der Arbeit «ausgequetscht» zu werden, bis zu Erinnerungen an tatsächlichen sexuellen Mißbrauch in der Kindheit. Die Deutung solcher Träume werden wir in späteren Kapiteln untersuchen.

Frauen beschreiben Träume, in denen sie von großen männlichen Spinnen und von gefährlichen oder verrückten Männern oder Vampiren gejagt oder sexuell in die Ecke gedrängt wurden:

> Im Zimmer war ein kalter, schrecklicher Vampir. Er packte mich und wollte aus meiner Halsschlagader trinken. Es war erotisch, aber ich hatte entsetzliche Angst. Ich war gelähmt vor Angst, doch ein Teil von mir wollte sich nicht rühren. Es war, als stünde ich unter seinem Bann. Ich erwachte frierend und zitternd.

*Sex mit unerwünschten Partnern*

Träume von unerwünschten Partnern treten in zwei Hauptvariationen auf: unangenehme Träume, Sex mit einem früheren Ehemann oder alten Freund zu haben, sowie Träume von Sex mit einem Mann oder einer Frau, den oder die die Träumerin alles andere als attraktiv findet.

> Ich hatte Geschlechtsverkehr mit dem Sänger Prince. Es war ekelhaft. Ich mag ihn überhaupt nicht.

Und:

> Mein Exmann und ich waren im Bett. Wir hatten Sex, und es

war gräßlich. All der alte Groll und das Gefühl von Verpflichtung waren wieder da.

### *Scham, Schmerz und Widerwille beim Sex*

Einige Frauen träumen, daß ihnen beim Sex ihr eigener Körpergeruch oder ihr Aussehen peinlich ist. Andere beschreiben, wie sie zu Akten gezwungen werden, die sie schmerzhaft, unangenehm oder widerwärtig finden, etwa Analverkehr oder Fellatio.

> Ich war mit meinem Mann zusammen. Er steckte mir einen Finger in den After. Es fühlte sich schrecklich an. Er war aufdringlich, ein unerwünschter Eindringling. Ich wurde wütend und sagte, er solle mich in Ruhe lassen. Es brachte mich auf, daß er das tat, ohne mich zu fragen.

Ein häufiger unangenehmer und/oder frustrierender Traum ist der, im Bett guten Sex mit einem erwünschten Partner zu haben, vielleicht dem Ehemann oder einem Fremden, und dann kommt plötzlich die Mutter, der Vater oder ein halbwegs freundlicher Fremder dazu. In solchen Träumen repräsentiert der Störer oft Einstellungen, die sich in Wahrheit tief im Herzen der Träumerin befinden und sie davon abhalten, sich bei ihrem Liebhaber erwachsen oder frei zu fühlen. So träumte beispielsweise Kim:

> Ich bin mit meinem Freund beim Vorspiel. Gerade will er in mich eindringen, und ich fühle mich sehr sexy. Da kommt meine Mutter ins Zimmer, sagt hallo und benimmt sich, als sei das die normalste Situation der Welt. Ich bin so verlegen, daß ich nicht weitermachen kann, und der Traum endet. Ich fühle mich sehr frustriert.

Die Leute, die die Liebenden im Traum stören, sind im typischen Fall völlig unbekümmert und scheinen gar nicht zu bemerken, in welche Verlegenheit sie die Träumerin bringen. Die Träumerin selbst ist diejenige, die mit den peinlichen Gefühlen kämpfen muß, gewöhnlich solchen, die ähnlichen Gefühlen beim wachen Sex entsprechen.

Auch Träume, in denen die Träumerin an einem unangenehm öffentlichen Ort Sex haben soll oder keinen geschützten Platz finden kann, gehören zu den unerfreulichen. Cindy träumte:

> Mein Exmann und ich waren im Schlafsaal eines College. Es gab viele Kojen in dem Raum, so wie man sich etwa die Umgebung eines Klosterdormitoriums vorstellt. Mein Exmann fing an mich zu küssen und gab mir zu verstehen, er wolle gleich hier mit mir Sex haben, wo doch noch andere Leute im Raum schliefen! Ich war nicht erregt. Ich fühlte mich unter Druck gesetzt, und es war mir sehr peinlich, daß er mir diesen Vorschlag in aller Öffentlichkeit machte. Ich war beleidigt, daß er so etwas anregen konnte.

Szenarien, in denen der Sex an öffentlichen Orten oder vor den Augen anderer stattfindet, sind bei sexuellen Phantasien oft überaus lustvoll, in sexuellen Träumen dagegen werden sie fast immer als entsetzlich peinlich beschrieben.

## *Was Frauen aus ihren sexuellen Träumen lernen können*

Stark lustvoll erotische Träume können schlicht eine Widerspiegelung des gegenwärtigen wollüstigen Sexlebens oder des gewünschten Sexlebens einer Frau sein. Träume von früheren, aber viel besseren oder romantischeren Liebhabern können der Frau helfen, zu erkennen, daß sie sich nach etwas sehnt, was in ihrer gegenwärtigen Beziehung fehlt, und daß eine weitere Verleugnung ihrer Wünsche sie ein Stück ihres Lebens kostet. Träume von phantastischem Sex können der Träumerin auch helfen, Verlegenheit und unerwünschte Hemmungen, die noch aus der Kindheit stammen, zu überwinden. Träume, in denen sie von einem bewunderten Helden oder ihrem gegenwärtigen Partner fabelhaft geliebt wird, können einer unsicheren Frau zu der Überzeugung verhelfen, daß solche Gefühle und Beziehungen für sie tatsächlich möglich sind.

Angenehme sexuelle Träume scheinen kürzer zu sein und weniger Handlung zu haben als sexuelle Träume, die mit irgendeiner Peinlichkeit oder einem Konflikt verbunden sind. Die häufigeren, konfliktbeladenen erotischen Träume sind vielleicht weniger lustvoll, aber man kann mehr aus ihnen lernen. Träume von einem sexuellen Konflikt können sowohl sexuelle als auch zwischenmenschliche Probleme diagnostizieren und der Träumerin, die sie zu deuten versteht, unschätzbare Einsichten vermitteln. Doch auch wenn die Träumerin wenig Erfahrung im Deuten hat, kann sie ihre angenehmen und unangenehmen sexuellen Träume benutzen, um unbefangener über sexuelle Themen nachzudenken, sie mit einer engen Freundin, einer Therapeutin oder einem Liebhaber zu besprechen.

Die sexuelle Revolution ist alles andere als vollendet. Wir haben noch einen langen Weg vor uns, bis wir uns in unserer Sexualität wohl fühlen und die Freude reiferer, weniger gehemmter und kreativerer sexuellen Intimität entdecken. Unsere stark aufgeladenen und angenehmen sexuellen Träume können eine Beziehung wiederbeleben, die unter zu großer Vertrautheit oder zu vielen täglichen Ablenkungen gelitten hat, wenn die Träumerin die Anregung des Traums aufzunehmen und ihr zu folgen vermag.

So wie Träume uns an Leidenschaft erinnern können, sind sie, wenn wir es zulassen, auch in der Lage, uns zu neuen Ebenen der Sinnlichkeit zu führen, die sowohl die Lust als auch die Unbefangenheit steigern und dem Liebesakt neue Anmut und Intensität verleihen.

## *Was Männer über die sexuellen Träume von Frauen wissen sollten*

Warum es für Frauen vorteilhaft ist, ihre sexuellen Träume verstehen zu lernen, liegt auf der Hand. Was aber kann ein Mann dabei gewinnen? Er kann eine Menge über die Befriedigung des weiblichen sexuellen Verlangens lernen und viel über die unzulänglich geäußerten Bedürfnisse, Ängste und Wünsche von Frauen erfahren. Oft träumen wir von den intimsten und wichtigsten Themen unseres Lebens, ehe wir sie im Wachzustand zu erkennen und darüber zu sprechen vermögen. So kann ein einfacher Traum, in dem die Träumerin auf besonders befriedigende Weise Lust empfindet, einer gelegentlich unzulänglichen Kommunikation aufhelfen, praktische Informationen liefern und gleichzeitig die Angst der Träumerin verringern. Eine Frau, die sich nach mehr Romantik, langsamerem Vorgehen oder mehr Überraschung und Erregung sehnt, wird entweder von ihrer Frustration träumen oder von Szenen, in denen diese Sehnsüchte wenigstens teilweise gestillt werden. Indem er solchen Träumen Aufmerksamkeit schenkt, kann ein kluger Liebhaber seine Geliebte behalten. Tatsächlich bewirkt schon der einfache Akt, sich den Traum einer Frau aufmerksam anzuhören, daß sie das Gefühl hat, der Mann interessiere sich für ihr Innenleben – ihre Gefühle, Wahrnehmungen und Anliegen. Jemand, der kein Interesse hat, die Träume einer Frau zu hören, verliert gewöhnlich Punkte.

Oft kann der Mann durch solche Träume ein klareres Bild davon bekommen, wie seine Partnerin ihn im Bett wirklich erlebt. Als Rebecca träumte, sie sei mit einem wütenden, tobenden Gorilla im Bett, gestand sie sich und ihrem Mann zum ersten Mal ein, daß sie sich vor ihm und seinem Zorn fürchtete und einen großen Teil des Tages damit zubrachte, ihm zu entkommen. In ihrem Traum sagte sie dem Gorilla, er solle aus dem Bett verschwinden und seine Wut mitnehmen. Ihr Mann sah die Niederschrift des Traumes seiner Frau an der Wand hängen und machte gerade noch rechtzeitig eine Therapie mit, um seine Ehe zu retten.

Wenn ein Mann in der Lage ist, den Träumen seiner Herzensdame mit freundlicher Offenheit und sanfter Akzeptanz zu lauschen, dann fühlt sie sich sicher genug, ihn einzubeziehen, wenn sie emotionale und zwischenmenschliche Konflikte untersucht, die gutem Sex im Wege stehen. Nachdem Julian Sarahs Traum gehört hatte, in dem ihre Mutter sie gnadenlos kritisierte, sie sei zu fett, gewann er ein neues Verständnis für Sarahs große Empfindlichkeit gegen jede Kritik an ihrem Körper. Er gab sich besondere Mühe, sowohl ihren Körper zu loben als auch Sarah klarzumachen, daß die Besessenheit der Mutter bezüglich fünf Pfund Übergewicht ihrer Tochter ein Problem der Mutter und nicht der Tochter war. Sarah war Julian für sein Verständnis und seine Anteilnahme dankbar, und sie stellte fest, daß sie sich nun beim Sex mit ihm viel wohler und sicherer fühlte.

Mit anderen Worten, ein Mann, der die sexuellen Träume von Frauen im allgemeinen und seiner Partnerin im besonderen erforscht, kann zu dem Typ von emotional und physisch einfühlsamem Liebhaber werden, für den die meisten Frauen morden würden.

# 2 Die sexuellen Träume von Männern – und was Frauen darüber wissen sollten

Die meisten Männer beschreiben ihre bevorzugten sexuellen Träume mit Begriffen wie «unerwartet», «verwegen» und «stark genital erotisch». Dies ist ein auffallender Kontrast zu den Berichten der meisten Frauen, die ihre erotischen Träume als romantisch und zeitlos schildern. Männer beschreiben fabelhafte bekannte und unbekannte Traumgeliebte (manchmal Filmstars, manchmal Arbeitskolleginnen), die willig und eifrig zu allem bereit sind – also extrem ungehemmt.

Der stärkste Gegensatz, den ich zwischen den sexuellen Lieblingsträumen von Männern und Frauen gefunden habe, ist dieser: Frauen genießen es, von Männern zu träumen, die sich Zeit lassen, denen es leidenschaftliche Lust bereitet, der Frau die Art von sexueller Aufmerksamkeit zu erweisen, nach der sie sich sehnt. Männer dagegen schwelgen in Entzücken, wenn sie vom Zusammensein mit Frauen träumen, die sofort zugänglich, leicht erregt und zu allem bereit sind. Männer genießen weniger Träume mit einer geduldigen, sensiblen, zärtlichen Frau, die weiß, wie sie Lust verschaffen kann, als Träume von einer ungehemmten Partnerin, die eifrig und bereitwillig an der sexuellen Aktivität teilnimmt. Eine Frau habe ich nie sagen hören, wie ungehemmt ihr Traumliebhaber war, und auch nicht, er sei sofort verfügbar gewesen. Solche Eigenschaften sind im Traum oft vorhanden, aber sie werden nicht als Teil der Überraschung und Lust der Erfahrung erwähnt. Träumende Frauen scheinen das für selbstverständlich zu halten! Und einen Mann habe ich nie sagen hören, er hätte es besonders genossen, mit einer sensiblen Frau zusammenzusein, die es verstand, sich Zeit zu lassen, und dafür sorgte, daß er vor dem Verkehr wirklich erregt genug war. Es ist klar, daß wir in unseren bevorzugten Träumen manchmal das bekommen, was wir uns im wachen Leben wünschen.

Männer dazu zu bringen, über die Details ihrer sexuellen Träume zu reden, ist oft, als wolle man ihnen einen Zahn ziehen. Zunächst einmal interessieren sich Männer mit geringerer Wahrscheinlichkeit genügend für ihre Träume, um sich viele davon zu merken. Sie nehmen sie häufig auch weniger ernst als Frauen. Außerdem sind die Männer, die ich kenne, nur viel widerstrebender bereit, solche intimen Erfahrungen mitzuteilen, trotz all ihrer humorigen Kommentare wie: «Sexuelle Träume? Mann, da gab's ein paar heiße Sachen!»

Neben den Träumen meiner Probanden werden wir in diesem Kapitel auch Träume von Bill Domhoffs Studenten erörtern. Die 101 Männer, die den Fragebogen während der Vorlesung in zehn bis fünfzehn Minuten ausfüllten, waren größtenteils zwischen neunzehn und einundzwanzig Jahre alt – zehn bis zwanzig Jahre jünger als die meisten meiner Klienten und Vortragsbesucher, die meine Fragebogen über sexuelle Träume ausfüllten.[1]

## *Angenehme sexuelle Träume bei Männern*

### *Das Traumbild der willigen Frau*

Die meisten Männer erinnern sich gewöhnlich an weniger und kürzere Träume als Frauen. Daher ist es nicht überraschend, daß die Männer viel kürzere Berichte über ihre sexuellen Träume niederschrieben als die Frauen, etwa: «Tollen Sex im Auto gehabt»; «In ein Zimmer mit vielen Frauen gekommen, die alle bereit waren, mit mir Sex zu haben»; oder: «Bin mit einer schönen Frau zusammen, die mir gegenüber sexuell sehr aktiv ist.»

Einige junge Männer allerdings gingen mehr ins Detail. Hier ein paar repräsentative Beispiele:

Ich führte ein intellektuelles Gespräch mit einer weiblichen Angestellten und Freundin. Auf einmal umarmte ich sie und war «total» darin vertieft, ihre Gesäßbacken zu massieren. Sie ging vollkommen mit. Dann wachte ich auf.

Oder:

Ich hatte nie zweimal denselben sexuellen Traum. Mein Unbewußtes probiert gern alles aus, vermute ich. Meine liebsten Träume sind die, in denen etwas Verblüffendes passiert, etwa wenn sich eine Frau an einem öffentlichen Ort unerwartet über mich hermacht.

Oder:

Ich war in einem büroähnlichen Raum mit einer Gruppe von Leuten, die mit mir in der Bank arbeiten. Wir warteten alle darauf, daß jemand etwas fertigstellte, damit wir alle zusammen masturbieren konnten. Endlich war es soweit, und nur zwei Frauen waren tatsächlich völlig begeistert von der Idee. Eine fing an, sich auszuziehen und sich selbst zu berühren. Das andere Mädchen redete bloß darüber, wie überwältigend es werden würde. Die anderen standen einfach auf und gingen ihren Tätigkeiten nach. Ich konnte mich nicht entschließen, ob ich masturbieren sollte oder nicht, weil dieser andere Typ, der neben mir saß, es nicht tat. Aber das Mädchen machte es bis zum Schluß, und ich war wirklich erregt.

Ein anderer Mann hatte einen stark erotischen Traum von der willigen, eifrigen, ungehemmten Frau:

Ich hatte Sex mit einer Dämonin. Extrem wild. Feuer. Schweiß. Ich fühlte mich, als würde mir das Leben aus dem Körper gesogen und durch Feuer ersetzt. *Ekstase.*

### *Sex in der Öffentlichkeit*

Während Frauen Träume von Sex in der Öffentlichkeit gewöhnlich als unangenehm und peinlich beschreiben (im Gegensatz zu ihrer Lust an solchen Szenen bei wachen Phantasien), berichten Männer häufig, sie hätten die Erfahrung genossen, wie dieser Student:

> Ich war bei einem Treffen in meinem Haus mit einer Menge Freunden aus meiner Heimatstadt. Es gab da eine Frau, die ich nicht kannte. Ich war neugierig, also redete ich mit ihr. Dann wollte sie Sex, und so machten wir es, gleich da vor allen anderen.

### *Romantik und Emotionen*

Auch Männer berichten manchmal, daß ihr bevorzugter Traum einer ist, in dem die Emotionen wichtiger sind als die sexuellen Einzelheiten. Hier zwei Beispiele:

> Ich bin mit einer gutgebauten, sexy Frau zusammen. Eine Menge erotischer Spannung baut sich auf. Sie will mit mir schlafen, und ich reagiere. Wir reden nicht darüber. Durch Liebkosungen steigt die Spannung langsam. Wir schlafen miteinander. Wir empfinden viel Liebe und Respekt und Hingezogensein zueinander. Die Frau gibt mir Lust, sie initiiert die Aktion. Es ist eine sehr besondere, lustvolle, bewegende Zeitspanne. Das Lustvollste ist, von ihr begehrt zu werden.

> Ich treffe eine besondere Frau. Wir fühlen uns beide zueinander hingezogen. Es gibt eine Menge Küsse, Schmusen, sexuelle Energie. Manchmal, wenn ich das träume, haben wir Sex, manchmal nicht. Aber das besondere Gefühl ist so warm, süß, schön und liebevoll. Es ist fast spirituell.

### *Küsse*

Küsse und Romantik sind nicht das erste, wovon Männer schwärmen, wenn sie ihre sexuellen Träume erzählen, aber sie können an zweiter oder dritter Stelle stehen. Im Traum dieses jungen Mannes sind sie sehr wichtig:

> Das Interessanteste an dem Traum ist vielleicht, daß ich im Traum so verliebt bin und alles empfinde, was ich auch normalerweise empfinden würde. Es ist nur begrenzt erotisch. Ich stehe mit der Frau an einer Straßenecke, und ich küsse sie im strömenden Regen. Der Regen, der Kuß – sehr erotisch.

Beachten Sie, daß dieser Träumer seinen Traum zuerst nur als «begrenzt erotisch» beschrieb, nach der Schilderung der Szene aber als «sehr erotisch», nachdem er (vermutlich) die darin enthaltenen Gefühle noch einmal durchlebt hatte. Dachte er ursprünglich, weil der erinnerte Traum nichts Bildhafteres enthielt als Küsse, wäre er nicht als sehr erotischer Traum qualifiziert? Wie viele andere Probanden (sowohl Männer als auch Frauen) berichteten wohl aus den gleichen Gründen nicht von solchen Träumen?

### *Frühere Geliebte, berühmte und unbekannte Geliebte*

Während Frauen häufig von schönen Träumen mit ehemaligen Liebhabern berichten, erwähnte von den Männern, die den Fragebogen ausfüllten, nur einer einen positiven Traum von einer früheren Geliebten, in diesem Falle seiner ehemaligen Frau, die er immer noch sehr liebte und zutiefst vermißte.

Frühere Forschungsarbeiten legten nahe, daß Frauen mehr von vertrauten Gestalten träumten, Männer häufiger von Fremden. Nach meiner Erfahrung träumen Frauen häufiger als Männer von früheren Partnern, während beide Geschlechter oft von unbekannten Geliebten träumen.

Bei den Studenten waren unter den berühmten Traumgeliebten Mary Lou Retton, Kim Basinger und Joan Collins. Die älteren Probanden schrieben von kurzen Träumen, in denen Bernadette Peters, Jodie Foster und Tina Turner vorkamen und in denen der Sex unverblümt und befriedigend war. In meiner privaten Praxis aber sind Träume mit berühmten Traumgeliebten eher komplexer und oft konfliktreicher als die von Personen, die unsere Fragebogen beantwortet haben. Männer wie Frauen berichten gewöhnlich von störenden Unterbrechungen und peinlichen Begleitumständen in diesen Träumen, wenn sie sich die Zeit nehmen, sich an alle Details der Traumhandlung zu erinnern und davon zu sprechen.

### *Verführung durch ältere Frauen*

Etliche Studenten träumten, auf angenehme Weise von älteren, sexuell anziehenden Frauen verführt zu werden. So träumte etwa der junge Mann, der vom Personal der Bank träumte, auch, er werde von seiner Französischlehrerin bis zum Orgasmus verführt. Einer träumte, er sei «williges Objekt von Fellatio bis zum Orgasmus durch eine recht schöne ältere Frau» gewesen.

Die älteren Frauen in den Träumen dieser Männer üben keinen Zwang oder auch nur Druck aus. Sie sind verführerisch, sie können die Initiative übernehmen, und sie sind erfahren und erotisch sehr motiviert. Während Frauen oft von Träumen berichten, in denen sie auf sanfte und angenehme Weise von einem starken (nicht gewalttätigen) Mann zum Sex gedrängt werden, habe ich noch nie von einem Mann gehört, er sei im Traum auch nur sanft von einer starken Frau zum Sex gezwungen worden.[2]

### *Erotik und Sinnlichkeit*

Ein paar Träume aus Domhoffs Umfrage lassen darauf schließen, daß die neue Generation junger Männer sich vielleicht mehr für Vorspiel und Sinnlichkeit interessiert als ihre Väter:

> Ich war mit meiner inzwischen ehemaligen Freundin zusammen, und wir hatten ein ausgedehntes Vorspiel – oralen Sex, Saugen an den Brüsten etc. Ich wachte auf, als wir im Traum mit dem Verkehr begannen.

Und:

> Ich hatte Sex mit einem schwarzen Mädchen, das ich im Unterricht gesehen hatte. Ihre Lippen waren sehr sinnlich und weich. Sie war so fleischig und fest, ich fand sie wunderschön. Ich erinnere mich an ihre Lippen, ihre Augen und die Leidenschaft, die ich empfand.

Und:

> Ich schlief mit meiner Freundin, und wir waren *sehr* erregt – ganz heiß und verschwitzt. Mein Penis in ihr war riesig. Ich konnte das ganze Innere ihrer Vagina fühlen. Während ich in sie und aus ihr glitt, fand ich eine Stelle, an der es ihr wirklich gefiel. Ich liebkoste sie sanft mit meinem Penis, stundenlang, wie es mir vorkam. Sie wurde fast wahnsinnig. Irgendwann fing sie an, ihre Vaginalmuskeln und ihre Schenkel zusammenzupressen. Da begann es, sehr intensiv zu werden . . .

### *Männer mit Männern*

Im Unterschied zu heterosexuellen Frauen haben mir heterosexuelle Männer nie von angenehmen erotischen Traumbegegnungen mit dem eigenen Geschlecht berichtet. Tatsächlich habe ich von diesen Männern überhaupt nur sehr wenige Berichte über homosexuelle Begegnungen in Träumen gehört. Das ist höchst verdächtig. Masters und Johnson haben festgestellt, daß die sexuellen Phantasien von hetero- und homosexuellen Männern und Frauen sich bemerkenswert ähnlich sind. Sie berichten, daß homosexuelle Begegnungen die vierthäufigste sexuelle Phantasie heterosexueller Männer sind. Bei heterosexuellen Frauen sind lesbische Begegnungen die fünfthäufigste Phantasie. Bei homosexuellen Männern und Frauen sind phantasierte heterosexuelle Begegnungen die dritthäufigsten.[3] Vielleicht fühlen sich die meisten heterosexuellen Männer zu unbehaglich, um von solchen nächtlichen Träumen zu berichten oder sich auch nur daran zu erinnern. Falls andererseits heterosexuelle Männer im Unterschied zu heterosexuellen Frauen nicht oft solche Träume haben, wie wäre dann dieser ausgeprägte Unterschied zwischen Männern und Frauen und zwischen Phantasien und Trauminhalt zu erklären?

### *Feuchte Träume mit Orgasmus*

In den oben besprochenen Träumen erwachen die Männer manchmal frustriert unmittelbar vor dem Höhepunkt. Bei feuchten Träumen jedoch erwacht der Träumer, während er einen Orgasmus hat. Wie der Student, der träumte:

> Ich war von mindestens fünf Frauen umgeben. Sie alle streichelten und leckten und saugten überall an mir. Ich hatte einen Orgasmus.

Der Orgasmus eines anderen Studenten wurde durch einen Märchentraum ausgelöst:

> Eine wunderschöne Frau, eine Prinzessin, liegt in einem Schloß in einem riesigen Bett. Ich sehe ihren nackten Körper dort liegen und habe von dem bloßen Anblick einen Orgasmus.

Viele der feuchten Träume, die ich gehört habe, umfassen Szenen, in denen eine oder mehrere erregte Frauen dem Mann Lust bereiten. Vielleicht ist es so, daß feuchte Träume, in denen Männer eine Frau nur berühren oder ansehen, unter jüngeren Träumern häufiger sind. Männer erleben den Gipfel nächtlicher Orgasmen in den Zwanzigern (Frauen in den Vierzigern). Einer meiner Klienten jedoch, der in den Fünfzigern ist, hatte folgenden feuchten Traum, nachdem er unmittelbar vorher genußvoll mit seiner Frau geschlafen hatte:

> Ich hatte Sex mit einer Frau, die ein nasses T-Shirt anhatte. Ihre Brustwarzen waren wunderbar. Wumm! Ich hatte einen Orgasmus.

Obwohl einige Leute sich Sorgen machen, daß mit ihnen vielleicht etwas nicht stimmt, wenn sie feuchte Träume haben, sind diese normal, gesund und gewöhnlich sehr lustvoll. Der Psychiater und Neurologe Allan Hobson nimmt an, daß unser Nervensystem durch Erektionen im REM-Schlaf und feuchte Träume die Bereitschaft jenes zentralen Kreislaufs garantiert, der unserem Sexualverhalten zugrundeliegt.[4] Martin Cole vom Institute for Sex Education und Research in Birmingham, England, berichtet, daß häufigeres Masturbieren normalerweise zu einer geringeren Anzahl feuchter Träume führt, daß aber eine Gruppe von Männern mit vorzeitiger Ejakulation sowohl oft feuchte Träume hatten wie auch als Erwachsene häufig masturbierten. Cole gelangt zu folgender Annahme: «Diese Information scheint die Auffassung zu unterstützen, daß es die niedrige Schwelle bei Ejaculatio praecox ist, die zu einer großen Anzahl feuchter Träume führt, und nicht die niedrige Masturbationsrate.»[5] Forscher schätzen, daß 80 Prozent der Männer und 40 Prozent der Frauen wenigstens einen nächtlichen Orgasmus erlebt haben.[6] In einer Studie an 625 männlichen traumatischen Paraplegikern gaben 56 Prozent an, sexuelle Träume zu haben. Davon hatten 20 Prozent Träume über Vorspiel, Intromission, Ejakulation und Orgasmus; 19 Prozent hatten

Träume von Ejakulation, aber nur 2 Prozent hatten Träume von Ejakulationen, bei denen das Ejakulat tatsächlich bemerkt wurde.[7] Nicht alle orgasmischen Träume sind feuchte Träume. Tatsächlich wurden bei dieser Studie vier Patienten gefunden, die ohne irgendeine Art von Orgasmus ejakulierten.

Die meisten unserer Träume treten während der REM-Phasen (rapid eye movements – schnelle Augenbewegungen) unseres Schlafes auf. Binnen sieben bis acht Stunden Schlaf durchlaufen wir drei bis fünf Zyklen verschiedener Schlafstadien. Jeder Zyklus dauert etwa neunzig Minuten und gipfelt in einer Phase, in der sich unsere Augen hinter den geschlossenen Lidern rasch bewegen, unsere Muskelaktivität gewöhnlich stark gehemmt ist und unsere Gehirnwellen Frequenzen von besonders niedriger Spannung mit Ausbrüchen von Alpha- und «Sägezahn»-Wellen aufweisen. Diese REM-Phasen dauern von nur wenigen Minuten zu Beginn der Nacht bis zu einer halben Stunde oder mehr in der siebten oder achten Stunde unseres Schlafes. Im REM-Schlaf werden unser Atem und unser Herzschlag unregelmäßig, und wenn wir in diesem Stadium geweckt werden, erinnern wir uns höchstwahrscheinlich an einen Traum.

Während der REM-Perioden passiert noch etwas Interessantes: Männer haben während 90 Prozent dieser Zeit eine Erektion[8], und Frauen erleben regelmäßig ein gewisses Maß an vaginalem vaskulärem Blutandrang, klitoraler Schwellung und erhöhter Gleitfähigkeit. Verursachen diese Erektionen bzw. der Blutandrang unsere sexuellen Träume, oder sind sie deren Folge? Bei einer großangelegten Studie, die 10 000 Traumberichte untersuchte, um festzustellen, wovon normale Menschen wie häufig träumen, fanden Hall und Van de Castle, daß nur 12 Prozent der Träume in ihrer Stichprobe offene sexuelle Interaktionen enthielten.[9]

## *Unangenehme sexuelle Träume bei Männern*

Immer, wenn ich Frauen nach ihren unangenehmsten sexuellen Träumen frage, sind sie rasch mit zwei oder mehr Beispielen bei der Hand. Wenn ich Männer nach ihren schlechten oder unbehaglichen Sexualträumen frage, sehen sie mich oft verdutzt an und sagen: «Was meinen Sie? Einen unangenehmen sexuellen Traum? Ich wußte nicht, daß es so etwas gibt! Ich meine, wenn in einem Traum Sex vorkommt, dann muß er doch gut sein.» Nur eine einzige Frau antwortete in einem ähnlichen Sinn. Was ersehen wir daraus? Daß Männer mehr Spaß haben? Daß Frauen Sex viel konfliktreicher erleben und daher sexuelle Traumbilder benutzen, um sowohl sexuelle als auch andere Formen von Konflikt auszudrücken? Daß Männer sich nicht leicht an solche Träume erinnern und, wenn sie es doch tun, nur zögernd davon berichten?

Der Sexualpsychologin Dr. Lonie Barbach zufolge beladen Männer den Sex einfach nicht mit so viel konflikthaften Emotionen wie Frauen, und daher ist anzunehmen, daß die sexuellen Träume von Männern im allgemeinen weniger mit Konflikten behaftet sind. Dr. Loma Flowers meint, daß Männer im wachen Leben weniger verletzlich durch Angriffe und Zwang in heterosexuellen Situationen sind und daß daher die meisten Männer wohl in ihren Träumen Konflikte nicht durch heterosexuelle Bilder darstellen würden.

Männer mögen weniger unangenehme Sexträume haben, aber sie können dennoch von etlichen berichten. Hier ein paar der «unangenehmsten sexuellen Träume», die wir bei unserem Vortragspublikum gesammelt haben:

Meine Exfrau schläft mit jemandem.
Ich befinde mich plötzlich nackt in der Öffentlichkeit.

Ich bin nackt, aber die Frau ist bekleidet. Ich bin bereit, aber sie entzieht sich mir dauernd und verschwindet.

> Ich habe Sex mit einer Frau. Es funktioniert gut. Dann verwandelt sie sich vor meinen Augen in einen Mann (oder in ein Tier).

Wie zu erwarten, betonen einige Träume den emotionalen Gehalt mehr als die physischen Handlungen:

> Im Stich gelassen oder gedemütigt zu werden, wenn ich sexuell mit einer Frau intim werde.

Und:

> Oft träume ich, mit einer Frau Sex zu haben, aber aus der Situation entkommen zu wollen. Das Problem ist, daß ich das nicht kann, ohne die Gefühle meiner Partnerin zu verletzen oder mich selbst bloßzustellen.

Und:

> Festzustellen, daß die Frau, die ich begehre, immer unerreichbar oder auf diese oder jene Art unzugänglich ist.

### *Unattraktive Partnerinnen*

Wie die Frauen berichteten auch die Männer in diesen Umfragen von Sex mit unerwarteten Partnerinnen, wobei einige der Traumliebhaberinnen häßlich und unattraktiv waren. Männer erzählten auch von frustrierenden Träumen, in denen eine potentiell gute sexuelle Begegnung durch einen Freund oder durch das Erscheinen einer Mutter auf der Szene unterbrochen wurde. Ein paar Männer beschrieben Träume, in denen sie sich mit der Freundin oder Ehefrau eines Freundes in kompromittierender Lage befanden. Einige entschieden sich dafür aufzuhören, andere nicht. Einige verheiratete oder anderweitig gebundene Männer schrieben, wie sie im Begriff waren, mit einer anderen Frau Sex zu haben, und sich entscheiden mußten, ob sie ihre Partnerin nun betrügen wollten oder nicht. Wie in den Träumen von Männern und Frauen aus meiner Praxis fielen die Entscheidungen für beide Alternativen.

In den Umfragen und in meiner Praxis bin ich nicht auf Träume gestoßen, in denen ein Mann vergewaltigt oder auf andere Weise zum Sex gezwungen wurde, ein auffallender Kontrast zu den Träumen von Frauen. Vielleicht werden solche Träume verschwiegen, denn ich würde annehmen, daß Männer, die in der Kindheit sexuell mißbraucht wurden, eine Gruppe bilden, die wahrscheinlich solche Träume hat.

Bei unseren Umfragen schrieben mehrere Männer, daß sie es genossen hätten, sexuell dominiert zu werden. Einer träumte davon, sich Pippi Langstrumpf zu unterwerfen, ein anderer, «der Sexsklave meiner Exfreundin zu sein und ihr auf Verlangen oralen Sex zu geben». Da niemand offen über Sado-Maso-Aktivitäten berichtete, werden wir auf neue Forschungen warten müssen, um zu sehen, wie die Träume solcher Personen aussehen.

## *Was Frauen aus Männerträumen lernen können*

Männer können ihre Träume benutzen, um ihre sexuellen Konflikte zu identifizieren und zu bearbeiten und um neue Bereiche potentieller Lust zu erforschen, aber auch Frauen können in verschiedener Weise davon profitieren. Im allgemeinen ist Frauen gar nicht bewußt, wie sehr ihre sexuellen Hemmungen ihre männlichen Liebhaber bekümmern. Indem sie von dem Entzücken ihrer Liebhaber über Träume von ungehemmten, begeisterten Frauen lesen oder hören, können die Partnerinnen neue Ideen und Einsichten gewinnen und sich vielleicht dazu entschließen, auf der von gewissen Träumen geschaffenen Welle zu reiten. Einige Frauen erleben eine neue Ebene von Permissivität und Aufforderung ohne Verpflichtung, wenn sie den heißen Träumen eines Partners lauschen.

Sich die sexuellen Träume Ihres Liebhabers anzuhören, kann

nicht nur dazu beitragen, daß Sie aufgeschlossener werden, sondern Sie vielleicht auch lehren, mehr Neugier an den Tag zu legen, statt zu richten. Auch Männer können in sexuellen Belangen scheu sein. Wenn Sie Ihrem Liebhaber zeigen, daß Sie sich dafür interessieren, was er fühlt und sich wünscht, und daß Sie ihn nicht zurückweisen werden, wenn er Ihnen sein Innenleben enthüllt, dann werden Sie einen glücklicheren und höchstwahrscheinlich auch zu größerer Intimität bereiten Partner gewinnen. Möglicherweise werden Sie der erste Mensch im Leben Ihres Partners sein, mit dem er so private Traumerinnerungen und die dadurch ausgelösten Gedanken und Gefühle teilt. Träume können Ihnen Einblick in die unausgesprochenen Gefühle und Besorgnisse Ihres Partners in bezug auf Sexualität und Intimität verschaffen. Die Offenheit, die entsteht, wenn Sie Träume mit einem Liebhaber teilen, kann sehr erregend sein, wenn beide das wollen und keiner den anderen bedrängt oder richtet. Ich würde jedoch vorschlagen, daß Sie mit dem Versuch, sich Träume mitzuteilen, erst beginnen, nachdem Sie den zweiten Teil dieses Buches gelesen haben. Die Intimität der Traummitteilung kann einige sehr empfindliche Stellen aufdecken und erfordert Zartgefühl und Takt, vor allem, wenn Sie beginnen, die Bedeutung sexueller Träume zu interpretieren.

Wie Sie in Kapitel 4 sehen werden, bedeuten die Träume Ihres Partners, in denen er Sex mit jemand anderem hat, häufig nicht, daß er tatsächlich ein Verhältnis mit einer anderen Frau hat oder dies auch nur ernsthaft wünscht. Wenn er jedoch mit anderen Frauen Affären hat, dann wird er vermutlich in dieser oder jener Form davon träumen. Er träumt vielleicht von der anderen Frau oder ihr ähnlichen Frauen oder Szenen, die die Konflikte schildern, die er wegen seines Verhaltens möglicherweise empfindet. Nur eine sorgfältige Untersuchung des Traumes mit einiger Aufrichtigkeit seinerseits wird die Bedeutung solcher Träume enthüllen. Vergessen Sie nicht, daß es in einer Zeit um sich greifender sexuell übertragener Krankheiten gut ist, so viel wie möglich über die sexuellen Aktivitäten Ihres Partners zu wissen. Gespräche über Träume können die Diskussion dieses heiklen Themas erleichtern.

Wenn Sie wissen, wie Sie Ihren Liebhaber zur Offenheit veranlassen können, ohne ihn zu bedrohen, werden Sie feststellen, daß seine Träume dazu beitragen, ihn selbst seine sexuellen Wünsche, Ängste und Konflikte entdecken zu lassen und Ihnen dann mitzuteilen. Wenn Sie daraufhin in der Lage sind, Ihr inneres Traumleben mit Ihrem Partner zu teilen, werden Sie sehr viel größere Chancen haben, eine lebenssprühende sexuelle und emotionale Beziehung zu entwickeln.

# 3 Träume erinnern und aufzeichnen

## *Der Aufbau eines Traumtagebuchs*

Wenn ich Leute frage, was sie über sexuelle Träume wissen möchten, dann lautet eine der häufigsten Antworten: «Sagen Sie mir, wie ich mehr davon haben kann!» Wenn Sie Ihre sexuellen Träume untersuchen oder sich einfach an mehr davon erinnern möchten, dann versuchen Sie, ein Traumtagebuch zu führen. Die Niederschrift Ihrer Träume unmittelbar nach dem Aufwachen ist der sicherste Weg, sich an die vier oder fünf oder mehr Träume zu erinnern, die Sie jede Nacht haben. Das Aufzeichnen Ihrer Träume schützt diese davor, in Vergessenheit zu geraten, wohin die meisten Träume zu verschwinden scheinen, sobald Sie aus dem Bett aufstehen. Wenn Sie Ihre Träume schriftlich festhalten, können Sie sie ganz nach Wunsch erforschen und genießen.

Allein der Vorgang, vor dem Schlafengehen ein Blatt Papier neben Ihr Bett zu legen, um morgens Ihre Träume aufzuzeichnen, wird Ihr Erinnerungsvermögen verbessern. Wenn Sie tatsächlich die Träume, an die Sie sich erinnern, niederschreiben, fördert das Ihr Gedächtnis noch weiter. Versuchen Sie, gleich beim Aufwachen zurückzudenken – «Wo waren meine Gedanken gerade?» –, statt sich mit dem zu beschäftigen, was Sie an diesem neuen Tag zu tun vorhaben. Selbst wenn Ihre Erinnerung nur das magere Fragment eines Traumes ist, schieben Sie sie nicht beiseite; schreiben Sie sie nieder. Das hilft Ihnen, sich an das Erinnern zu gewöhnen, und führt manchmal auch dazu, daß Ihnen beim Schreiben der Rest des Traumes wieder einfällt. Den besten Erfolg erzielen Sie, wenn Sie bei Ihrem Tagebuch noch einen weiteren sehr wichtigen

Schritt unternehmen. Reservieren Sie sich *vor dem Einschlafen* fünf Minuten Zeit, um sich an das Wichtigste zu erinnern, was Sie während des Tages getan und gefühlt haben. Das verbessert Ihr Gedächtnis, und später können Sie mit Hilfe dieser «Tagesnotizen» den Kontext im Wachzustand rekonstruieren, der die Träume ausgelöst hat. Das wird Ihnen bei der Deutung von größtem Nutzen sein. Machen Sie sich nur kurze Notizen, damit das Aufschreiben nie mühsam wird, denn so werden Sie es häufiger tun und davon profitieren.

Ross Campbell und Robert Hoffman von der Carleton University in Ottawa haben zu diesem Gedanken kürzlich eine aufschlußreiche Untersuchung durchgeführt. Drei willkürlich gebildete Gruppen von Träumern nahmen an der Studie teil. Gruppe 1 notierte einfach morgens, ob sie geträumt hatte. Gruppe 2 tat dasselbe, schrieb jedoch zusätzlich so viel von den Träumen nieder, wie sie noch im Gedächtnis hatte. Gruppe 3 tat dasselbe wie Gruppe 2, führte aber zusätzlich abends vor dem Einschlafen ein Journal über die Tagesereignisse.

Campbell und Hoffman stellten fest, daß Personen, die ein abendliches Journal über die Tagesereignisse führten, das Auftreten von Träumen vermerkten und morgens ihre Träume niederschrieben, sich an mehr Träume erinnerten als Personen, die nur das Auftreten von Träumen festhielten oder diese Träume aus der Erinnerung schilderten.[1]

Ehe das Erinnern von Träumen trainiert wird, sind Frauen darin gewöhnlich besser als Männer. Raymond Martinetti untersuchte neunzig männliche und weibliche Studenten und stellte fest, daß die Frauen sich an mehr Träume erinnerten, ein stärkeres Phantasieleben und eine positivere Einstellung zu diesem Phantasieleben hatten. Männer hatten höhere Werte auf der Verdrängungsskala. Wie viele erfahrene Träumer, die sich an ihre Träume erinnern, denkt auch Martinetti, daß eine positive Einstellung zu Phantasieprozessen und vergangene introspektive Erfahrungen die Wahrscheinlichkeit erhöhen, daß man sich an seine Träume erinnert.[2] Eine andere Studie kam zu der Feststellung, daß das

Erinnern eine Korrelation mit dem Interesse an Träumen aufweist und daß Frauen häufiger als Männer über ihre Träume nachdenken und mit anderen darüber diskutieren.[3] Männer scheinen auf eine Weise sozialisiert zu werden, die das Erinnern nicht gerade fördert, aber ich habe festgestellt, daß unsere männlichen Studenten und Klienten selten länger als ein paar Wochen Tagebuch zu schreiben brauchen, um sich jede Woche an mehr als genug Träume zu erinnern, mit denen wir arbeiten können. Übrigens ist es nicht nötig, sich jeden Tag an einen Traum zu erinnern. Das ist zwar interessant, aber nicht erforderlich. Ein Traum in der Woche oder sogar im Monat kann so viele Informationen bieten, daß die meisten Leute mehr als genug damit zu tun haben, die daraus resultierenden Einsichten in ihr Leben einzubauen. Der Trick besteht darin, sich zu entspannen, das Erinnern von Träumen zu genießen und die Träume, die Sie zu analysieren beschließen, gut zu verwenden.

Wenn Sie diesen Vorschlägen folgen, führt das gewöhnlich zu einer reichen Erinnerung, möglicherweise sogar dazu, daß Ihnen so viele Träume im Gedächtnis bleiben, daß Sie nicht die Zeit aufwenden möchten, sie alle niederzuschreiben. Entscheiden Sie, wie viele Träume Sie jede Woche aufzeichnen wollen, und verzichten Sie auf den Rest. Wenn Sie sich mit dem Traumtagebuch überfordern, versiegt Ihre Erinnerung vielleicht plötzlich, und Sie sind zwar der unbequemen Aufgabe ledig, haben aber auch keine erinnerten Träume mehr.

Ich habe keine Forschungsarbeiten finden können, die die Frage untersuchen, wie man die Erinnerung an sexuelle Träume verbessert. Rosalind Cartwright, eine unserer kreativsten Traumforscherinnen, und ihr Kollege Carl Browman sind jedoch durch einen glücklichen Zufall auf eine Möglichkeit dazu gestoßen. Sie stellten fest, daß Träume mit sexuellem Inhalt gehäuft auftraten, nachdem die betreffenden Personen sich vor dem Schlafengehen körperlich bewegt hatten.[4] Wenn Sie also bewußt Ihre Träume stimulieren wollen, so versuchen Sie, eine Runde zu schwimmen oder einmal um den Häuserblock zu joggen, ehe Sie zu Bett gehen.

Wie man sich denken kann, haben einige Träumer berichtet, das Anschauen von Sexfilmen oder anderen Stimulanzien vor dem Einschlafen scheine die erotischen Bildvorstellungen in den Träumen der betreffenden Nacht zu vermehren.

Hier die Instruktionen zum Aufbau des Traumtagebuchs, das wir im Dream Center verwenden. Benutzen Sie als Tagebuch ein leeres, gebundenes Heft oder linierte lose Blätter und ein passendes Klemmbrett, das Sie jeden Abend an Ihr Bett legen. Wenn Sie häufig reisen, verwenden Sie vielleicht lose Blätter, die Sie später in ein Ringbuch heften können.

Der Aufbau des Tagebuchs zielt auf Kürze, Einfachheit, Klarheit und Flexibilität. Wenn Sie Ihr Traumtagebuch durchsehen, ein wichtiger Teil der Traumstudien, werden Sie rasch erkennbare Daten und andere Kennzeichnungen am Rand zu schätzen wissen.

*Datum*

*Tagesnotizen* – Schreiben Sie vor dem Einschlafen drei oder vier Zeilen darüber, was Sie während des Tages getan und gefühlt haben. Zum Beispiel:

> Heute zu spät zur Arbeit gekommen. Mit dem Kollegen Joachim wegen nichts Krach gehabt. Viel Arbeit erledigt, war aber noch in Gedanken beim Streit von heute morgen mit meiner Frau Tara.

*Titel des Traums* – Schreiben Sie alle Details Ihres Traums auf, die Sie noch wissen, ganz gleich, wie kurz oder unbedeutend sie erscheinen. Schreiben Sie ein großes # an den Rand und lassen Sie genug Platz, um über den Eintrag in Großbuchstaben den Titel des Traums zu beschreiben.

*Kommentar* – Wann immer Sie Zeit haben, schreiben Sie alle Ihre Gedanken oder Gefühle zu dem Traum nieder und vermerken Sie alle Assoziationen oder Deutungen, an denen Ihnen liegt. Malen Sie eine Zickzacklinie an den Rand, um Ihren Traumkommentar zu kennzeichnen.

Wenn Sie sich an mehr als einen Traum erinnern, datieren Sie eine weitere Seite und beginnen Sie den nächsten Traumbericht neben einem weiteren Zeichen (#) am Rand. Dann haben Sie genug Platz, um spätere Kommentare zu vergangenen Träumen anzufügen, indem Sie weitere Seiten in Ihr Buch mit losen Blättern oder Ihr gebundenes Buch einheften.

Der Schlüssel zu reicher Erinnerung ist, sich die Zeit und Mühe zu nehmen, das Tagebuch gewissenhaft zu führen. Sie brauchen nicht jeden Tag hineinzuschreiben, aber versuchen Sie, es mindestens dreimal in der Woche zu tun. Ihre Träume werden lebhafter und haften Ihnen besser im Gedächtnis, je mehr Sie sie beachten und je mehr Sie in Ihr Tagebuch schreiben. Wenn Sie aufwachen und sich zwingen, jeden Morgen wenigstens eine Zeile zu schreiben, werden Sie das übliche Widerstreben gegen die Mühe überwinden, den Stift zur Hand zu nehmen. Wenn Sie wissen, daß Sie beim Erwachen eine Zeile über Ihre Stimmung niederschreiben werden, selbst wenn Sie sich an keinen Traum erinnern, stellen Sie möglicherweise fest, daß Ihnen mehr Träume einfallen, da Sie auch dann etwas aufschreiben müssen, wenn Sie es vergessen! Indem Sie Ihre erotischen Träume aufzeichnen und wieder durchsehen, werden Sie wahrscheinlich aufschlußreiche Muster und Entwicklungen von Themen entdecken, die Sie sonst nicht bemerken würden. Wie oft beispielsweise haben Sie ausschließlich erfreuliche Träume? Wann haben Sie frustrierende oder unangenehme sexuelle Träume, und was verursacht die Probleme im Traum? Gibt es wiederkehrende Themen wie Zwang, Unterbrechung, Mangel an Intimität? Gibt es bestimmte Leute, die immer wieder in Ihren sexuellen Träumen auftauchen? Halten Sie Ausschau nach Träumen, die sich sexuell anfühlen, aber keine offenkundig sexuellen Bilder enthalten. Diese Träume bieten Ihnen Hinweise darauf, wie Sie scheinbar nicht-sexuelle Bilder benutzen, um sexuelle Themen zu behandeln. Welche Themen haben Ihre unangenehmen sexuellen Träume? Fragen Sie sich, ob sich diese Themen in Ihren Beziehungen widerspiegeln. Vermutlich werden Sie überrascht sein, wie viele Ihrer Träume offenkundig sexuelle Bilder enthalten, und Sie werden eine bessere Vorstellung davon bekommen, wie Sie erotische Bilder benutzen, um Ihrem wachen Verstand Bedeutungen zu übermitteln.

Vielleicht möchten Sie Ihre sexuellen Träume und Ihre Gedanken darüber in einem separaten Notizbuch festhalten, oder, wenn Sie bereits ein Traumtagebuch führen, möchten Sie vielleicht nur am Rand neben jeden sexuellen Traumeintrag ein Zeichen machen. Wenn Sie Ihre sexuellen Träume in Ihre Eintragungen anderer Träume und Ihre Notizen zu Ihren täglichen Aktivitäten einfügen, werden Sie nützliche Informationen über den zwischenmenschlichen und emotionalen Kontext Ihres Lebens zum Zeitpunkt Ihrer Träume gewinnen. Ihr sexuelles Traumtagebuch bringt Ihnen den größten Nutzen, wenn Sie nicht nur Ihre erotischen Träume darin aufnehmen, sondern auch Ihre Kommentare dazu und Ihre Gedanken über Ihre Sexualität sowie Ihre gegenwärtigen und vergangenen sexuellen Erfahrungen. Sie könnten das Tagebuch beginnen, indem Sie die Themen aller sexuellen Träume auflisten, an die Sie sich erinnern können. Wenn Sie die Zeit aufbringen wollen, beschreiben Sie zwei oder mehr dieser Träume detailliert. Versuchen Sie ungefähr abzuschätzen, wann Sie sie gehabt haben und was zu dieser Zeit in Ihrem Leben vor sich ging.

# 4 Geht es wirklich um Sex? Die Deutung der sexuellen Träume

Wie können wir feststellen, wann ein Traum nicht-sexuelle Bilder als Metapher benutzt, um sexuelle Themen zu behandeln, wie es bei dem Mann der Fall war, der träumte, er solle sensibler Klavier spielen, und dann erkannte, daß er dieses Szenario als Metapher für die Verbesserung seines sexuellen Verhaltens mit seiner Frau benutzt hatte? Wie können wir feststellen, ob ein Penis bloß ein Penis oder die Repräsentation von Macht oder Kreativität ist?

Wie können wir häufige sexuelle Träume verstehen, einschließlich unangenehmer wie der, in denen wir nackt sind oder in aller Öffentlichkeit oder mit unerwarteten, unfreundlichen oder unpassenden Partnern oder mit Partnern mit überraschenden sexuellen Vorlieben Sex haben? Ich glaube, die Antwort lautet in jedem Falle: Bitten Sie den Träumer – oder sich selbst, wenn Sie mit Ihrem eigenen Traum arbeiten –, jedes der Traumbilder und die damit assoziierten Gefühle zu beschreiben. Dann werden Sie und der Träumer Bescheid wissen. Ihre peinlichsten Träume drehen sich oft nicht um das, was Sie fürchten. Ich bekomme sehr viele Briefe von Leuten, die schrecklich unter Schuldgefühlen leiden, wenn sie aus einem Traum erwachen, der sie schockiert, weil sie darin lustvollen Sex mit einem Elternteil, einer Schwester oder einem Bruder hatten. Oft sind jedoch die Bilder in solchen Träumen Metaphern für Themen, die als solche keinerlei Schuld- oder Schamgefühle auslösen würden.

Vielleicht sind Sie so verwirrt über Ihre sexuellen Träume, daß Sie nicht den Wunsch verspüren, sie zu deuten. Ich möchte Sie gern von der Verlegenheit und Schuld befreien, die Sie vielleicht empfinden, wenn Sie sich an solche Träume erinnern, und Ihnen bei der Entdeckung helfen, daß diese neue Türen zu Einsicht und Reife öffnen können. Viele Leute fühlen sich schon getröstet, wenn sie erfahren, daß wir alle schockierende sexuelle Träume haben. Wenn Sie glauben, Ihre sexuellen Träume seien peinlicher als die aller anderen Menschen, dann lesen Sie weiter. Wenn Sie bereit sind herauszufinden, was Ihre Träume bedeuten, dann krempeln Sie jetzt die Ärmel hoch; Sie haben das richtige Kapitel erreicht.

Nehmen wir an, Sie träumen, Sie hätten Sex in einem Flugzeug. Nehmen wir weiter an, daß drei andere Personen, die dieses Buch lesen, ebenfalls geträumt haben, sie hätten Sex in einem Flugzeug. Sagen wir, Sie fliegen gern, Träumer Nummer zwei hat schreckliche Angst vor dem Fliegen, Träumer Nummer drei ist ein Pilot der Luftwaffe, Träumer Nummer vier ein Geschäftsmann, der im Waschraum beim Sex mit jemandem erwischt wurde, und zwar in einer Maschine der Alitalia über dem Mittelmeer. Können Sie sich vorstellen, daß Sex im Flugzeug für jeden dieser Träumer dieselbe Bedeutung hat? Ehe wir diese Träume deuten können, müssen wir feststellen, was jede der Personen in bezug auf Flugzeuge und Sex in der Luft denkt und fühlt. Repräsentieren Flugzeuge beispielsweise die Erregung von Reisen an exotische Orte, die Mühsal und Erschöpfung von Geschäftsreisen oder die Angst, etwas zu tun, das für Sie schreckenerregend ist? Träumer Nummer zwei, der Angst vor dem Fliegen hat, könnte das Bild von Sex in einem Flugzeug benutzen, um eine analoge Angst vor Sex auszudrücken oder die vielleicht unerkannte Angst darzustellen, weil er/sie sich in der gegenwärtigen Liebesbeziehung sehr unsicher fühlt. Träumer Nummer vier könnte träumen, an einem so öffentlichen Ort beim Sex erwischt zu werden, weil er/sie zu dieser Zeit des Lebens das Gefühl hat, sein oder ihr abenteuerliches Sexleben könne allzu bekannt werden. Dieselbe Träumerin könnte aber solche Bilder auch benutzen, um ihren eigenen Konflikt hinsichtlich ihrer sexuellen Rebellion auszudrücken und dabei das Prickeln von Sex in der Luft als Bild für ihr neugefundenes Interesse an Sexualität benutzen, und zwar in dem Kontext, daß sie die Regeln des

Anstands bricht und ihnen eine lange Nase dreht. Handelt ein solcher Traum nun von Erregung, von Arbeit, von Angst, von Verlegenheit oder von Rebellion?

Wir müssen auch wissen, was der Träumer über seinen oder ihren spezifischen Traumpartner denkt und fühlt und wie der Liebesakt vor sich geht. Ein Traum, in dem der Sex wunderbar funktioniert, bedeutet etwas ganz anderes als einer, in dem die Träumerin von einem Entführer mit vorgehaltener Pistole zum Sex mit einem Sitznachbarn gezwungen wird.

Wenn wir also herausfinden wollen, was ein spezifischer Traum für einen bestimmten Menschen bedeutet, so müssen wir zunächst folgendes klären:

- Was denkt und fühlt der oder die Träumende über die Raumumgebung (das Flugzeug über dem Mittelmeer), die handelnden Personen (den Traumliebhaber), die Gegenstände (die Pistole) und die Handlung (in dieser Situation Sex zu haben)? Welche Erinnerungen, Gedanken und Gefühle bilden die Erfahrung des Träumenden bezüglich der verschiedenen Elemente des Traums?
- Wie paßt jede Umgebung, jedes Gefühl, jede handelnde Person, jeder Gegenstand und jede Handlung in die spezielle Dramaturgie des Traumes?
- In welcher Beziehung stehen die Bilder und Gefühle des Traums zu den gegenwärtigen Lebensumständen des Träumenden? Welche Einsichten bietet der Traum dem Träumenden an?

## *Trauminterviews*

Wer wäre besser in der Lage, dieses oft sehr eigenwillige Gewebe von persönlicher Erfahrung und persönlichen Gefühlen aufzudekken als der Träumende selbst? Wenn wir ihn jedoch fragen: «Was bedeutet dieses Traumbild für Sie?», dann kommen wir gewöhnlich nicht sehr weit. Ich habe eine Reihe von Fragen und eine

Methode der Fragestellung entwickelt, die die Träumenden sehr wirksam ihre eigenen relevantesten Assoziationen finden läßt und ihnen zu sehen hilft, wie sie zusammenpassen und welchen Sinn sie im dramatischen Kontext des Traumes und in Beziehung zum wachen Leben der Träumenden haben.

Wir bitten unsere Studenten im Dream Center, die ihre eigenen und die Träume anderer Personen zu interpretieren lernen wollen, die Rolle des Deuters zugunsten der eines Interviewers aufzugeben. Der Träumende kann beide Rollen spielen, die des Interviewers oder die des Träumers; er oder sie kann aber auch die Rolle des Interviewers einem Freund oder Therapeuten übertragen. Es ist zwar leichter, vor allem am Anfang, jemanden zu bitten, den Interviewpartner zu spielen, so daß man sich in den Rollen von Träumendem und Interviewer abwechseln kann, aber zuerst widerstrebt es Ihnen möglicherweise, Ihre sexuellen Träume jemandem anzuvertrauen. Sie können Ihr eigener Interviewer sein, indem Sie sich selbst die in diesem Kapitel vorgeschlagenen Fragen stellen. Vielleicht merken Sie, daß Ihnen eine kurze Niederschrift Ihrer Antworten hilft zu entdecken, was der Traum bedeutet.

Wenn Sie die Rolle des Interviewers für sich selbst oder einen anderen Träumer spielen, so bedenken Sie; das Schlimmste, was Sie tun können, ist das Aufdrängen einer willkürlichen, vorgefertigten oder halbausgegorenen Deutung. Vergessen Sie nicht, die besonderen Einzelheiten des Traumes und der dadurch ausgelösten Assoziationen und Gefühle zu erforschen, ehe Sie versuchen, irgendwelche Schlüsse über seine Bedeutung zu ziehen. Damit Sie der starken Versuchung widerstehen können, Ihre theoretischen oder übereilten Vorurteile auf die Bilderwelt des Traumes zu projizieren, sollten Sie so tun, als wären Sie ein Interviewer, der von einem anderen Planeten kommt und wenig Informationen und vorgefaßte Meinungen über das Leben auf der Erde besitzt. Fordern Sie sich selbst oder Ihren Träumer auf, alle wichtigen Bilder des Traumes so zu definieren und zu beschreiben, als schildere er sie jemandem, der noch nie von etwas dergleichen gehört hat. Das ist der wichtigste Schritt im Prozeß des Trauminterviews.

Wenn eine Person beispielsweise von Brigitte Bardot träumt, so fragen Sie: «Wer ist sie, und was glauben Sie, wie sie ist?» Was die Person sagt und die genauen Worte, die sie benutzt, um die Bardot zu beschreiben, sind wertvolle Schlüssel zu dem, was Brigitte Bardot für diese Träumerin bedeutet. Sagt sie, sie sei ein nationales französisches Sexsymbol? Wenn ja, dann müssen Sie fragen, wie die Träumerin zu ihr steht. Mag sie sie, verachtet oder beneidet sie sie? Wofür steht Brigitte in dem Traum? Spielt sie die Rolle der Heldin oder die der Schurkin? Nehmen wir an, Sie träumen von Brigitte Bardot und beschreiben sie als liebenswerte Sexgöttin, die in einem Wandschrank eingeschlossen, vernachlässigt und ausgehungert wird. Dann gemahnt Ihr Traum Sie vielleicht an den sexuellen Teil Ihrer selbst, den Sie vernachlässigt haben. Vielleicht beschreiben Sie die Bardot auch als eine der effizientesten Anwältinnen der Rechte von Tieren und bewundern Sie dafür, daß sie eine sehr schwere Kindheit überwunden hat. Nehmen wir weiter an, daß die Bardot in Ihrem Traum endlich Beifall für ihre guten Taten erhält. Dann müßten Sie sich fragen, ob es jemanden in Ihrem Leben oder einen Teil von Ihnen gibt, der dieser Beschreibung der Bardot entspricht, und ob es vielleicht an der Zeit ist, sich selbst mehr Anerkennung zu zollen. Die Bedeutung der Bardot wird klarwerden, wenn Sie entdecken, wie der Träumer sie sieht. Wenn er oder sie die Bardot beschrieben hat, kann er oder sie selbst entscheiden, ob sie ihn/sie an einen Teil ihrer eigenen Persönlichkeit oder ihres Potentials, die Merkmale von jemandem in ihrem Privatleben oder eine Kraft oder Einstellung erinnert, mit der sie sich auseinandergesetzt hat. Da der Interviewer von einem anderen Planeten kommt, verzichtet er darauf, so zu tun, als wisse er, wie man fühlen und das Leben auf der Erde erfahren sollte, und interessiert sich brennend dafür, wie die Realität *in den Augen des Träumers* aussieht. Indem er aus einer naiven Position heraus Informationen einholt, wird der Interviewer die folgenden Ziele am ehesten erreichen:

- erkennen, wie wenig man bezüglich der Natur der Erfahrung, Geschichte und Gefühle des Träumers als selbstverständlich voraussetzen darf;
- vom Träumer sehr persönliche, unmittelbare und relativ abwehrfreie beschreibende Assoziationen und Gefühle erhalten;
- voreilige Deutungen aufgrund unzulänglicher oder voreingenommener Informationen vermeiden;
- in Zusammenarbeit mit dem Träumer zu Deutungen zu gelangen, die für den Träumenden sinnvoll und im Kontext seines Lebens nützlich sind.

Obiges gilt ebenso, wenn Sie sich selbst interviewen. Indem Sie sich diese Fragen stellen, werden Sie überraschende Gedanken, Worte und Meinungen finden, von denen Sie kaum wußten, daß Sie sie hatten, und Sie werden die metaphorische Bedeutung Ihrer Träume sehr viel leichter und genauer erkennen.

Nehmen wir als einfaches Beispiel einen kurzen Traum. Teresa, eine erfolgreiche Schauspielerin, war überrascht, als sie eines Morgens mit folgendem Traum erwachte:

> Ich war auf einer Kreuzfahrt mit Bill Moyers. Wir dinierten im Bett in unserer holzgetäfelten Kabine. Tatsächlich war das eine Pause in unserem Liebesfest. Er war ein fabelhafter Liebhaber, warmherzig, glühend, außerordentlich sinnlich. Ich war wunschlos glücklich. Bill war wundervoll.

Ich bat Teresa, so zu tun, als käme ich von einem anderen Planeten und hätte nie von Bill Moyers gehört. Unser Interview verlief etwa so:

***Interviewer:*** Wer ist Bill Moyers, und wie ist er?

***Teresa:*** Er ist ein sehr guter Fernsehjournalist, spezialisiert auf intelligente und sinnvolle Dokumentarfilme. Er arbeitet aus dem Herzen heraus und macht wundervolle Sachen. Er hilft uns mehr als jeder andere, uns selbst als Amerikaner deutlicher zu sehen. Er wirkt freundlich, klug und kreativ. Und praktisch. Er erreicht, was er will, und hat riesigen Erfolg.

***I:*** Also, er ist ein kluger, freundlicher, kreativer Fernsehjournalist, der ungeheuer erfolgreich ist. Noch etwas?

***T:*** Nun, früher fand ich, daß er verbal ein bißchen ungelenk und scheu ist. Entweder ist er gereift, oder ich erkenne heute seine besseren Eigenschaften.

***I:*** Gibt es irgendeine Situation in Ihrem Leben, die Sie an Ihre Kreuzfahrt mit Bill erinnert, diesem klugen, freundlichen, erfolgreichen, früher ungelenken Journalisten, der uns hilft, uns selbst zu sehen, wie wir sind?

***T:*** Wissen Sie, er ist nicht wie irgendein wirklicher Mann in meinem Leben, aber er hört sich an wie ein Modell für das, was ich selbst in meiner Karriere als Schauspielerin gern hätte. Ich möchte weiterhin sinnvolle Rollen spielen. Ich habe damit gerade erst angefangen. Die Rolle, die ich soeben angenommen habe, spiegelt wichtige Erfahrungen der amerikanischen Frauen wider, und in dieser Hinsicht ist sie fast dokumentarisch. Und ich habe mich selbst auch immer als verbal ungeschickt betrachtet.

***I:*** Wie fühlt es sich an, im Traum mit Bill zusammenzusein?

***T:*** Phantastisch. Großartig. Ich bin in der Oberliga angekommen, weil ich die Bewunderung und Anteilnahme von Bill Moyers besitze, einem aufrichtigen und wunderbar kreativen Mann, der Gutes auf der Welt tut. Dieser Traum verdeutlicht meine Ziele. Ich bin noch nicht angekommen, aber ich bin auf dem Weg.

Angenehme Träume von berühmten Liebhabern enthalten gewöhnlich sehr intensive Gefühle, jemand Bewunderten zu lieben und von ihm geliebt zu werden. Der Schlüssel zum Verständnis dieser Träume ist die Beschreibung Ihres berühmten Traumliebhabers, als beschrieben Sie ihn jemandem, der noch nie in seinem Leben von ihm gehört hat. Lauschen Sie Ihrer eigenen Beschreibung und achten Sie darauf, ob sie Sie an jemanden in Ihrem gegenwärtigen oder früheren Leben erinnert. Häufig gemahnen berühmte Traumliebhaber die Träumerin an besondere, positive Eigenschaften eines gegenwärtigen Partners, an besondere Gefühle, die sie ihm gegenüber einmal hatte und allmählich aus den

Augen verloren hat. Manchmal stellt der Traumliebhaber den Wunsch der Träumerin dar, von jemand sehr Besonderem geliebt und akzeptiert zu werden, oder das Verlangen nach einem bewegteren, romantischeren, künstlerischeren oder erfüllteren Leben.

Teresas Traum verkörperte ihren Wunsch, akzeptiert zu sein und Erfolg zu haben, und verdeutlichte ihr gleichzeitig einen ganz bestimmten Bill Moyers – als Leistungsqualität, die sie als Vorbild für sich selbst betrachtet. Als sie ihre eigene Beschreibung von Bill als verbal ungeschickt hörte, erkannte sie, daß sie von jemandem geträumt hatte, mit dem sie sich identifizieren konnte, da sie sich selbst genauso gesehen hatte. Als sie Bill beschrieb, erkannte sie in ihrer Beschreibung Teile ihrer selbst und ihrer erhofften Zukunft wieder. Oft betonen oder charakterisieren Traumbilder einen Aspekt unserer Persönlichkeit, damit wir diesen klarer sehen und erkennen, daß ein Teil unserer selbst für oder gegen unser eigenes Wohl arbeitet.

Ein Traumliebhaber, berühmt oder nicht, kann einen Aspekt Ihrer selbst repräsentieren, ein Rollenmodell, eine Erfahrung, akzeptiert oder geliebt zu werden – oder alle drei Aspekte, wie in Teresas Traum. Ein Traumliebhaber kann auch einen Aspekt Ihres gegenwärtigen oder vergangener Liebhaber darstellen, etwa, wenn Sie selbst Ihren Traumpartner mit Worten und Gefühlen beschreiben, die perfekt auf jemand überraschend Vertrauten zutreffen. Jonathan beispielsweise träumte von einer sehr heißen sexuellen Szene mit Sharon Stone. Als er sie als Schauspielerin beschrieb, die verlockend, frech, stark, faszinierend, aber im Innersten verrückt sei und einen Haß auf Männer habe, erkannte er, daß dies auch auf seine neue, sexuell sehr aufreizende Freundin zutraf, die auch im tiefsten Inneren eine Wut auf Männer hege. Als er darüber nachdachte, öffnete sein Traum ihm nicht nur die Augen für die Feindseligkeit seiner gegenwärtigen Freundin, sondern er begann auch zu sehen, daß er in der Vergangenheit viele ähnliche Freundinnen gewählt hatte. Indem er sich die Zeit nahm, sein Traumbild zu beschreiben, machte

Jonathan sich selbst auf ein problematisches Beziehungsmuster aufmerksam; er pflegte sich zu unaufrichtigen, destruktiven Frauen hingezogen zu fühlen.

Wenn Ihre Beschreibung eines Traumliebhabers Sie an ein Familienmitglied erinnert, geraten Sie nicht in Panik. Wie Sie in Kapitel 8 sehen werden, können solche Träume auf sexuellen oder emotionalen Mißbrauch hinweisen, doch oft tun sie es nicht. Der Kontext des Traums ist natürlich wichtig. Wenn Sie von jemandem, der wie ein Verwandter oder ein Bruder aussieht oder Sie daran erinnert, zu sexuellen oder Gewaltakten gezwungen werden, dann fragen Sie sich, ob Sie sich von dieser Person emotional, sexuell oder physisch mißbraucht gefühlt haben oder ob dies tatsächlich der Fall war. Wenn die Antwort Ja lautet, wäre es gut, einen Therapeuten aufzusuchen, um das Thema näher zu erforschen. Wenn der Sex im Traum angenehm ist oder nur ein bißchen Verlegenheit erzeugt, dann halten Sie nach einer metaphorischen Bedeutung Ausschau, und zwar wieder, indem Sie den Traumliebhaber und die Traumhandlung beschreiben. Woran erinnert Sie das? Angela träumte davon, sich im Bett zwischen ihrer Mutter und ihrem Vater zu befinden. Sie war verlegen und wußte, daß sie dort nicht sein sollte. Als sie erwachte, sah sie den Traum als metaphorischen Ausdruck für ihre nicht lange zurückliegende Konkurrenz mit ihrer Mutter um die Aufmerksamkeit ihres Vaters. Der Traum ließ sie eingestehen, daß sie zu weit gegangen war und sich einen eigenen Mann suchen mußte. Sie sah den Traum nicht als verhüllte Darstellung eines Wunsches, tatsächlich Sex mit ihrem Vater zu haben, sondern als Kommentar zu ihrer unpassenden Allianz mit ihrem Vater, die dazu tendierte, die Mutter auszuschließen.

Wenn Sie davon träumen, Sex mit einer Person aus Ihrem Arbeitsleben zu haben, so könnte das tatsächlich Ausdruck eines uneingestandenen Begehrens sein. Doch viel wahrscheinlicher wird Ihre Beschreibung des Büroliebhabers unerwartete Bedeutungen zutage fördern. Vielleicht stellen Sie fest, daß Sie den Kollegen mit Begriffen beschreiben, die Sie an Ihren Ehemann oder Ihre Frau erinnern. Sally träumte, ihr Kollege Willy habe sie in einem leeren Sitzungssaal verführt. Wegen dieses Seitensprungs kam sie zu spät zu einer sehr wichtigen Zusammenkunft. Sally wachte auf, wütend auf sich selbst, weil sie sich hatte verleiten lassen. Als sie Willy für sich selbst als auf Spaß versessenen, komischen Burschen beschrieb, der ewig zu spät kam – das aber lächelnd –, wurde ihr klar, daß sie soeben einen sehr wichtigen Aspekt ihres Ehemannes geschildert hatte. Weiter wurde ihr bewußt, daß sie sich in letzter Zeit, genau wie in ihrem Traum, von ihrem Mann zu viel zu großer Unbekümmertheit hatte verführen lassen, so daß sie in ihrer Arbeit stark nachgelassen hatte.

Die Deutung dieses häufigsten aller sexuellen Träume, nämlich Sex mit einem unerwarteten Partner zu haben, hängt ganz von Ihrer Beschreibung des Traumliebhabers und der Geschehnisse im Traum ab. Manchmal benutzen Sie vielleicht das Bild eines Traumliebhabers, um jemanden darzustellen, der Sie anzieht, ohne daß Sie das bisher gemerkt haben. Sie könnten beispielsweise von einem warmherzigen, attraktiven Piloten träumen, der Sie bei näherem Hinschauen an Ihren Therapeuten erinnert. Natürlich könnten Sie auch direkt von Ihrem Therapeuten oder Ihrer Therapeutin träumen. Ihr Hingezogensein zu Ihrem Therapeuten könnte auch romantische Gefühle einschließen, was zwar eine normale Reaktion ist, aber bewußt gemacht werden sollte, damit Sie über Ihre Gefühle reden können und sie nicht durch tatsächliche sexuelle Verhaltensweisen mit Ihrem Therapeuten ausagieren. Ihre sexuellen und romantischen Gefühle für Ihren Therapeuten mit diesem zu *diskutieren*, kann zu wichtigen und nützlichen Einsichten führen. Nach diesen Gefühlen zu *handeln*, würde das therapeutische Bündnis zerstören und Ihnen emotional schaden.

Wenn Sie zuerst versuchen, einen Traum zu deuten, kann die Aufgabe entmutigend scheinen. Während wir schlafen, erfinden wir Bildergeschichten, die unserem wortorientierten Wachbewußtsein oft unverständlich vorkommen. Um die visuellen Metaphern oder Parabeln von Träumen mit unserem wachen Leben in Verbindung zu bringen, müssen wir uns unsere Gedanken und Gefühle zu einer visuellen Vorstellung sorgfältig anschauen, bevor wir versuchen, einen Zusammenhang mit unseren wachen Anliegen herzustellen. Wo sollen wir anfangen? Zuerst identifizieren Sie die Hauptelemente des Traums. Dann können Sie Ihr Interview beginnen, indem Sie exploratorische Fragen stellen, die auf jedes Traumelement zugeschnitten sind.

Die meisten Bildvorstellungen in Träumen können wie folgt in Kategorien eingeteilt werden.

1. *Schauplätze*: Wo finden die verschiedenen Traumszenen statt? Schauplätze eines Traums könnten ein Auto, ein Klassenzimmer, Ihr Zuhause als Kind, Texas oder die französischen Alpen sein.
2. *Menschen und Tiere:* Welche Figuren erscheinen in dem Traum? Traumgestalten könnten beispielsweise ein unbekannter Landstreicher, ein Pferd, Ihr Exmann, ein Bruder, Madonna, ein Kollege, Susi aus der vierten Klasse oder der tolle Däne sein, den Sie in Istanbul kennengelernt haben.
3. *Gegenstände:* Welches sind die wichtigsten Gegenstände in dem Traum? Traumobjekte wie eine Pistole, ein Flugzeug, ein rotes Kleid, ein Klavier, eine Wippe, ein Schlüssel oder eine goldene Münze können unerwartete Bedeutungen übermitteln.
4. *Gefühle:* Was fühlte der Träumende an verschiedenen Stellen des Traums? Identifizieren Sie die Gefühle, indem Sie sie mit Worten belegen wie *neugierig, erschrocken, ängstlich, traurig, glücklich, erleichtert* und so weiter.
5. *Handlung:* Wer hat in jedem gegebenen Moment was getan, und was ist die Gesamthandlung des Traums? Ist das Flugzeug

gestartet oder verunglückt? Hat der Hund Sie verfolgt oder Ihre Hand geleckt? Verlief die sexuelle Begegnung gut, oder gab es Probleme und Unterbrechungen?

## *Traumdiagramme*

Wenn Sie gerade erst anfangen, diese Methode anzuwenden, wird es Ihnen leichterfallen, wenn Sie eine Niederschrift des Traumes vor sich liegen haben und diese Elemente kennzeichnen oder in ein Diagramm eintragen. Hier die Methode, die wir im Delaney & Flowers Dream Center benutzen:

1. Schauplätze: Zeichnen Sie ein Rechteck um die Worte, die den Schauplatz jeder einzelnen Szene kennzeichnen.
2. Menschen und Tiere: Malen Sie einen Kreis um die Hauptfiguren während des ganzen Traumes.
3. Gegenstände: Versehen Sie die wichtigsten Gegenstände, die im Traumbericht erwähnt werden, mit einer doppelten Unterstreichung.
4. Gefühle: Ziehen Sie eine Wellen- oder Kreislinie um alle Worte, die Gefühle beschreiben oder andeuten. Wenn nur sehr wenige oder gar keine erscheinen, so fragen Sie während der Interviews unbedingt noch einmal nach und notieren sie.
5. Handlung: Unterstreichen Sie die wichtigsten Handlungen im Traum mit einem Pfeil.

Schauen wir uns an, wie wir den Traum von Alexandra, einer lebhaften Lehrerin, als Diagramm dargestellt haben.

> Leonie und ich betätigen uns als Huren. Wir haben Unmengen Verabredungen. Mein Mann sah, wie ich etwas aufschrieb. Ich fühlte mich ungezogen. Ich hatte alle Termine auf die Unterseite einer Schachtel geschrieben. Ich merkte, daß ich für denselben Tag noch mehrere zusätzliche Verabredungen getroffen hatte. Mein Mann sah, wie ich die Schachtel betrachtete, also stellte ich sie wieder ins Regal. Er fragte mich nicht danach.

> Leonie und ich wußten nicht, wie wir unsere Männer loswerden sollten, die mit uns die Straße entlang gingen. Während wir langsam dahinspazierten, fingen wir einfach an zu rennen und liefen ins Einkaufszentrum. Unsere Männer ließen wir hinter uns.
> Während wir rennen, sage ich zu Leonie: «Hast du Gummis mitgebracht?» Sie sagt: «Nein.» Ich sage: «Wenn wir das machen, müssen wir aber aufpassen.» . . .

Diese Beleuchtung der Hauptelemente des Traums liefert Ihnen eine vorläufige Handlungsanweisung für die Durchführung Ihres Interviews. Wir haben die Hauptelemente des Traums identifiziert, für die wir gute Beschreibungen von der Träumerin erhalten wollen. (Die Diagramme sind besonders hilfreich bei der Organisation Ihres Interviews, wenn Sie selbst die Rolle des Interviewers spielen.) Am besten funktioniert das gewöhnlich, wenn Sie in der Reihenfolge des Erscheinens nach jedem Element fragen.

Natürlich ist das Einholen einer guten Beschreibung der Traumbilder nur ein Teil des Prozesses. Damit die Träumerin ein Bild als Metapher für etwas in ihrem Leben erkennt, sollte der Interviewer ihr die Beschreibung mit ihren eigenen Worten wiederholen oder rekapitulieren. Dann fragt der Interviewer die Träumerin, ob Sie von der Traumerfahrung eine Brücke zum Wachleben bauen kann, indem er sie fragt, ob eine gegebene Beschreibung sie an jemanden, etwas oder irgendeinen Teil ihrer selbst erinnert. Diese drei Schritte, Beschreibung, Rekapitulation und Brücke, sind wesentlich für die Methode des Trauminterviews. Die systematische Befragung hilft der Träumerin, sowohl die Traum- als auch die Wachseite der Metapher zu erforschen und möglichst wenig Zeit mit der Jagd nach ganz nebensächlichen Assoziationen und vorgefertigten oder willkürlichen Deutungen zu verlieren. Wenn wir aus der Sicht eines Besuchers von einem anderen Planeten um Beschreibungen bitten, können wir ziemlich schnell feststellen, was die Träumerin (oder wir selbst) über die Bilder denkt und fühlt, die den Traum ausmachen.

Bei den meisten Interviews müssen der Träumer und der Interviewer Entscheidungen darüber treffen, wie gründlich sie sein wollen. Nicht immer ist genug Zeit, um jedes einzelne Bild ganz zu erforschen. Mit einiger Erfahrung werden Sie lernen zu erkennen, welche Bilder am wichtigsten für die Struktur und die Gefühle des Traums sind, und sich effizient auf diese konzentrieren können. Sie werden auch sicherer werden, wenn Sie entdecken, daß die Auslassung eines wichtigen Teils des Interviews dazu führt, daß der Traum nicht viel Sinn ergibt, und Sie werden zurückgehen und einige der zuvor versäumten Elemente untersuchen können. Gewöhnlich gibt es in einem Traum zwar ein paar augenscheinlich vorherrschende Bilder, gekennzeichnet durch die Klarheit und Lebhaftigkeit der Erinnerung und die Intensität der damit verbundenen Gefühle, doch sind *alle* Bilder in einem Traum relevant. Manchmal werden Sie überrascht entdecken, daß scheinbar nebensächliche Details (wie etwa die Farbe des Autos, das Sie fuhren, oder der Stil der Kleidung, die Ihr Traumgegenspieler trug) Sie an eine ganz spezielle Einstellung oder Person erinnern und so auf die Brücke und die Bedeutung des Bildes hinweisen. Wenn ein kleines Detail mit besonderer Klarheit erinnert wird, so nehmen Sie sich ein bißchen mehr Zeit, um eine gute Beschreibung davon zu erhalten. Gewöhnlich werden Sie dafür reich belohnt.

Damit Sie ein Gefühl dafür bekommen, wie ein Interview abläuft, betrachten wir einen Teil von Alexandras Arbeit an ihrem Traum.

***Interviewer:*** Nun, Alexandra, ein interessanter Traum! Das erste Element, das Sie erwähnen, ist die Person, Leonie. Können Sie mir sagen, wer Leonie ist und wie sie ist? *(Einholen der Beschreibung einer Person.)*

***Alexandra:*** Sie ist meine beste Freundin, eine Lehrerkollegin. Sie war wirklich sehr auf Sex aus, als sie jünger war. Sie ist überaus kreativ und macht wie ich im Augenblick eine Diät.

***I:*** Sie ist also Ihre beste Freundin, eine Lehrerkollegin, die sehr auf Sex aus war, als sie jünger war, sie ist kreativ, und sie macht eine Diät. *(Rekapitulation der Beschreibung der Träumerin.)* Erinnert sie Sie an jemanden oder etwas in Ihrem Leben? *(Aufforderung an die Träumerin, eine Brücke von dem Traumbild zu etwas in ihrem wachen Leben zu bauen.)*

***A:*** Nein. Doch, ein bißchen an mich selbst. (Noch können wir nicht wissen, ob Leonie im Traum sie selbst ist oder ob sie einen Aspekt von Alexandras oder jemand anderers Persönlichkeit repräsentiert.)

***I:*** Okay. Sagen Sie mir, was in aller Welt ist Hurerei? *(Einholen der Beschreibung einer Handlung.)*

***A:*** Mit den verschiedensten Männern Sex zu haben. Als ich jünger war, dachte ich immer, das würde aufregend sein und Spaß machen und könnte viel Unabhängigkeit und Geld einbringen. Aber heutzutage wäre es wegen Aids verrückt, und dann ist da noch die physische Gefahr. Aber im Traum war es amüsant und aufregend.

***I:*** Gibt es etwas in Ihrem Leben, bei dem Sie das Gefühl haben, Sie täten etwas wie Hurerei? Etwa Sex mit verschiedensten Männern zu haben, aus Spaß und Erregung, auch wenn es verrückt ist, und wo Sie sich übernommen haben? *(Brückenfrage.)*

***A:*** Nein, noch nicht. (Sowohl die Träumerin als auch die Interviewerin wissen, daß es viele Hinweise gibt, die noch zu erforschen sind, und daß es oft schwierig ist, früh in einem Traum eine Brücke zu bauen.)

***I:*** Was war das für eine Schachtel?

***A:*** Es war eine Art Schmuckschatulle für eine Halskette. Eine weggeworfene Geschenkpackung mit einem Blumenmuster.

***I:*** Sie notierten also Ihre Verabredungen auf der Unterseite einer weggeworfenen Geschenkpackung, damit Ihr Mann sie nicht zufällig entdeckt? *(Rekapitulation.)*

***A:*** Ja.

***I:*** Was glaubten Sie, was Ihr Mann fühlen würde, wenn er dahinterkäme, worauf Sie aus waren? Lag Ihnen etwas daran? *(Einholen einer Beschreibung der Erwartung und Motivationen und Gefühle der Träumerin im Traum.)*

***A:*** Daß er wütend sein würde, eifersüchtig. Natürlich lag mir daran, ich will ihn nicht verlieren. Ich liebe ihn.

***I:*** Was ist ein Einkaufszentrum? *(Einholung einer Beschreibung eines Schauplatzes.)*

***A:*** Eine Ansammlung der verschiedensten Geschäfte, in denen man eine Menge unterschiedlicher Dinge kaufen kann.

***I:*** Gibt es denn irgend etwas in Ihrem Leben, das so ist wie das Weglaufen mit Leonie, um eine Unmenge Verabredungungen mit den verschiedensten Männern zu haben? Wo Sie sich übernommen haben, sich fragen, wie Sie Ihre Ehemänner loswerden sollen, und in ein Einkaufszentrum davonlaufen, wo man eine Menge Sachen kaufen kann? *(Rekapitulation und Brückenfrage.)*

***A:*** Nun ja, wir beide, Leonie und ich, haben dieses Jahr unser Freijahr, und wir machen beide sehr viel, wenn auch nicht sexuell. Wir besuchen alle möglichen Kurse und unternehmen amüsante, aufregende Dinge. Tatsächlich ist mein Mann ein bißchen gereizt und wütend. Beide Ehemänner sind eifersüchtig, weil wir spielen und sie arbeiten. Das ist eine lustige Metapher. *(Eine starke Brücke.)*

***I:*** Ja, das stimmt. Als nächstes fragen Sie Leonie nach den Gummis. Erinnern Sie sich, ich komme von einem anderen Planeten. Was ist ein Gummi? *(Einholen der Beschreibung eines Gegenstandes.)*

***A:*** Ein Kondom, ein Gegenstand, der den Sex sicherer macht, er schützt einen vor den negativen Folgen von Sex wie Schwangerschaft und Krankheit.

***I:*** Was fühlen Sie, als Leonie keine Gummis mitgebracht hat? *(Einholen der Beschreibung eines Gefühls.)*

***A:*** Na, ich bin bestürzt. Wir könnten in eine Menge Schwierigkeiten geraten, wenn wir nicht Vorsichtsmaßnahmen ergreifen und aufpassen.

***I:*** Ich verstehe. Gibt es etwas, wo Leonie und Sie sich, während Sie in Ihrem Freijahr Spaß und Erregung suchen, übernommen und es versäumt haben, die notwendigen Vorsichtsmaßnahmen zu ergreifen? *(Brückenfrage.)*

*A:* Ja. Zu Beginn unseres Freijahres, als ich diesen Traum hatte, haben Leonie und ich viele Kurse besucht, alle möglichen Arten (wie die verschiedensten Männer), und wir haben uns übernommen, unsere Männer kamen zu kurz. Wir beschlossen, die Sache etwas einzuschränken und vorsichtiger mit unseren Energien und unseren Beziehungen umzugehen.

Wie Sie sehen, braucht die Interviewerin die Träumerin nicht mit Deutungen zu versorgen, sondern muß ihr nur helfen zu entdekken, wieviel sie wirklich über die Bilder in ihrem Traum weiß und welches Licht sie auf analoge Situationen im wachen Leben werfen. Wenn die Träumerin die metaphorische Brücke zwischen jedem Bild und ihrem wachen Leben erkennt, rücken die verschiedenen Bilder und die dramatische Struktur des Traums an die richtigen Stellen und bilden eine Art Parabel für eine gegenwärtige oder frühere Lebenssituation.

Wenn ein Traum Kindheitsgefühle und -situationen schildert, so deswegen, weil diese durch etwas ausgelöst wurden oder gegenwärtig das Leben der Träumerin beeinflussen. Es ist typisch für Träume, daß sie ein Problem weit früher aufzeigen, als wir es bewußt erkennen. Hätte Alexandra die Metaphern in ihrem Traum gesehen, als sie ihn gerade geträumt hatte, wäre vielleicht alles glatter gelaufen. Es könnte verlockend sein, Alexandra vorzuschlagen, ihr Freijahr ohne Rücksicht auf die Eifersucht und Wut ihres Mannes voll zu nutzen, aber damit hätte man ihrem Traum etwas aufgedrängt. Im Traum und im wachen Leben hatte Alexandra das Gefühl, sich gegen ihr eigenes Wohl übernommen und schutzlos gemacht zu haben. Sie spürte, daß Leonie und sie aufpassen mußten, wenn sie diese Art von Vergnügen fortsetzen wollten. Tatsächlich gab sie ihr Unterhaltung suchendes Verhalten nicht auf, aber sie modifizierte es so, daß es ihren persönlichen und zwischenmenschlichen Bedürfnissen besser entsprach.

## *Traumarbeit mit Hilfe des Trauminterviews*

Die Arbeit mit Ihren Träumen ist eine faszinierende Aufgabe, aber sie kann frustrierend sein, wenn man keine Richtlinien besitzt. Wenn Sie Ihre allein unternommenen Traumstudien ergänzen, indem Sie etwa eine Stunde in der Woche mit einer Freundin oder einem Traumspezialisten arbeiten, werden Sie wahrscheinlich feststellen, daß Sie schneller lernen und eine Menge Spaß haben. Falls Sie, wie die meisten von uns, davor zurückscheuen, Ihre sexuellen Träume mitzuteilen, dann denken Sie daran, daß Sie mit Ihrem Interviewpartner üben können, indem Sie an einigen Ihrer anderen Träume arbeiten. Ob Sie allein oder mit einem Partner Ihre Träume erforschen, Sie werden mehr Erfolg haben, wenn Sie Ihr Interview organisieren. Folgen Sie den sechs grundlegenden Interviewschritten auf flexible, aber gründliche Weise, das wird Ihnen helfen, den Traum wirksam und mit einem Minimum an belanglosen oder irreführenden Projektionen und vorgefaßten Meinungen zu untersuchen.

1. *Holen Sie eine umfassende Beschreibung* aller wichtigen Traumelemente ein. Fordern Sie den Träumer auf, die Hauptelemente des Traumes zu beschreiben – und, im Falle von Gegenständen, zu definieren –, als würde er sie jemandem von einem anderen Planeten schildern, der von ihm abhängig ist, um etwas über das Leben auf der Erde zu erfahren. Bitten Sie den Träumer um eine Definition/Beschreibung, die seine Gefühle oder Urteile bezüglich jedes Elements umfaßt (fragen Sie beispielsweise: «Was ist Hurerei?»).
2. *Rekapitulieren* Sie jede Beschreibung mit den Worten und im Tonfall des Träumers. Fügen Sie keine eigenen Worte oder Assoziationen hinzu. Die Worte, die der Träumer wählt, sind gewöhnlich die wirksamsten Auslöser von Assoziationen. Interpretieren Sie nicht, spiegeln Sie bloß die Beschreibungen des Träumers wider.
3. Bauen Sie eine *Brücke* von den Traumbildern zu spezifischen

Situationen im Leben der Träumerin. Fragen Sie: «Erinnert Sie das (Rekapitulation der Beschreibung) an irgend etwas oder jemanden in Ihrem Leben?» Oder: «Erinnert Sie das an irgendeinen Teil Ihrer selbst?»

4. *Testen* Sie die Stärke der Brücke. Verifizieren und verdeutlichen Sie. Manchmal wird der Träumer eine Brücke bauen, weil er dem Interviewer einen Gefallen tun will und nicht, weil eine gute Entsprechung vorliegt. Lassen Sie den Träumer erzählen, *wie* genau die Traumelemente mit seinem wachen Leben zusammenhängen. Sagen Sie etwa: «Sie sagen, dieses Traumbild (oder diese Handlung oder dieses Gefühl) erinnert Sie an X. Wieso?» Manchmal wird auch nur mit einem kleinen Teil einer Beschreibung eine Brücke gebaut und dabei viele andere Aspekte des Traumes außer acht gelassen, die nicht sonderlich gut in den Bezug zur Situation im wachen Leben zu passen scheinen. Wird eine solche Brücke getestet, so kann der oder die Träumende gewöhnlich sehen, daß das Traumbild in Wirklichkeit der identifizierten Wachsituation nicht recht entspricht. Wenn dies geschieht, kehren Sie einfach zur Definition zurück und bitten Sie den Träumer, sie zu wiederholen und gegebenenfalls auszuarbeiten. Dann, mit weiteren Informationen versehen, gehen Sie erneut zu Rekapitulation und Brückenbau zurück.

5. *Fassen* Sie während der Traumarbeit Beschreibungen und Brücken *zusammen*, vor allem am Ende jeder Szene und am Ende des Interviews. Bitten Sie den Träumer, Sie zu korrigieren, wenn Sie etwas Falsches sagen und irgendeinen Teil der Zusammenfassung unangemessen betonen. Fordern Sie ihn auf, unbedingt Gedanken einzubringen, die ihm kommen, während Sie Ihre Zusammenfassung vortragen, denn solche Gedanken sind häufig sehr hilfreich. Wenn der Träumer sich eine Zusammenfassung anhört oder selbst eine gibt, rücken die Stücke des Traumes immer besser an ihren Platz, und die allgemeine Richtung wird gewöhnlich deutlicher.

6. *Fordern Sie zum Nachdenken auf.* Bitten Sie den Träumer,

sich zu überlegen, welche Handlungen oder Einstellungsänderungen gegebenenfalls im Lichte der aus dem Trauminterview gewonnenen Einsichten angemessen wären. Fordern Sie ihn auf, den Traum in der folgenden Woche noch zwei- oder dreimal zu lesen und die wichtigsten Traumbilder und Einsichten bewußt die ganze Woche lang im Gedächtnis zu behalten. Für die meisten Träumer ist es überaus hilfreich, auf einer Seite eine Zusammenfassung des Trauminterviews niederzuschreiben. Indem man seine Gedanken und Einsichten, die durch den Traum ausgelöst wurden, aufschreibt, behält man sie leichter im Gedächtnis und kann sie besser verstehen und davon profitieren.

Wie erkennen Sie, ob Sie Ihren Traum richtig interpretiert haben? Am besten daran, daß der Traum Ihnen sinnvoll erscheint und daß Sie eine oder mehrere Einsichten gewonnen haben, die Sie zu der Aussage veranlassen: «Natürlich, warum habe ich das vorher nicht gesehen?» Träume lassen Sie Ihr Leben häufig mit gesundem Menschenverstand betrachten. Eine gute Deutung sollte Ihnen für etwas die Augen öffnen, das, wenn Sie es erst gesehen haben, im Kontext Ihres täglichen Lebens absolut sinnvoll erscheint.

Zu Beginn Ihrer Traumstudien könnten und werden Sie wahrscheinlich zu einigen weit hergeholten Deutungen gelangen. Prüfen Sie Ihre Deutungen daraufhin, ob alle wichtigen Elemente des Traumes dazu passen und mit Ihrer Hypothese übereinstimmen. Wenn ein vorherrschendes Gefühl oder eine wesentliche Handlung sich darin einfach nicht unterbringen läßt, dann fangen Sie noch einmal an und prüfen, ob Sie irgendwo eine falsche Abzweigung genommen oder einfach versäumt haben, eine gute Beschreibung oder Brücke für den Teil einzuholen, der nicht zu passen scheint. Hüten Sie sich auch vor Interpretationen, die zu schnell bei der Hand sind und Ihren Traum mit dem psychologischen oder mythologischen Fachjargon in Verbindung bringen statt direkt mit Ihrer Lebenssituation. Es ist leicht, die zwei Birnen auf der Fensterbank als Brüste Ihrer Mutter, den Stab des Dirigenten als Penis und eine Höhle als Mutterschoß zu deuten. Aber was haben Sie davon? Beschreiben Sie zuerst jedes der Bilder, vergessen Sie Aberglauben oder traditionelle Bedeutungen und finden Sie heraus, was Ihre Bilder *für Sie* bedeuten! Eine korrekte Deutung ist nicht unbedingt gleich eine vollständige. Oft sind Tage oder Wochen erforderlich, um den vollen Gehalt eines Traumes und seine Bedeutung für verschiedene Aspekte Ihres Lebens zu bewerten.

Betrachten wir zwei kurze Träume, die nur knappe Interviews nötig machten. Boris, ein fünfundzwanzigjähriger Mann, träumte:

> Ich sah meine Frau und meinen Vater, die zusammen im Bett lagen und Sex hatten. Als sie fertig waren, verließ mein Vater das Zimmer. Meine Frau sagte: «Kannst du nicht besser sein als dein Vater?»

***Interviewer:*** Wie ist Ihre Frau?

***Boris:*** Sie ist lustig, sexy, freundlich. Ich liebe sie sehr. Wir kommen gut miteinander aus.

***I:*** Und wie ist Ihr Vater?

***B:*** Er ist ein wirklich guter Kerl. Sehr erfolgreich in allem, außer finanziell. Er ist liebevoll, ehrlich, zuverlässig, lustig. Er ist wirklich prima.

***I:*** Er ist also erfolgreich, außer finanziell, liebevoll, ehrlich, lustig, wirklich ein netter Kerl. Erinnert er Sie an irgendeinen Teil Ihrer selbst oder an eine Situation in Ihrem Leben?

***B:*** Tja, wissen Sie, er ist wirklich prima, aber ich habe das Gefühl, daß er viele Gelegenheiten im Leben verpaßt hat. Es ist fast unmöglich, finanziell nicht klarzukommen, wenn man auf Draht bleibt. Trotzdem befinde ich mich in derselben Situation. Ich bin ein netter Kerl, der es finanziell anscheinend nicht schaffen kann.

***I:*** Es überrascht Sie also, daß Sie das mit Ihrem Vater gemeinsam haben?

***B:*** Genau.

***I:*** Wie fühlten Sie sich, als Sie Ihre Frau und Ihren Vater im Bett sahen?

***B:*** Irgendwie betäubt. Ein bißchen eifersüchtig.

***I:*** Worauf will Ihre Frau hinaus, als Sie fragt: «Kannst du nicht besser sein als dein Vater?» Was meint sie? (Hier frage ich, die Interviewerin, nach einer ausführlicheren Beschreibung der Handlungen seiner Frau, also nach ihrer Motivation, diese Frage zu stellen.)

***B:*** Ich weiß nicht genau, aber ich glaube, sie fordert mich heraus, und ich weiß nicht, wie ich reagieren soll, ich bin so überrascht über die Szene.

***I:*** Gibt es etwas in Ihrem Leben, wo Ihre Frau Sie herausgefordert hat, besser zu sein als Ihr Vater?

***B:*** Nicht daß ich wüßte. Warten Sie einen Moment. In dem Traum nimmt sie an, daß ich ein Problem habe mit dem Bestreben, sexuell besser sein zu wollen als mein Vater. Das bedeutet, ökonomisch besser zu sein als potenter, starker Mann. Da bin ich sicher.

***I:*** Haben Sie in Ihrem wachen Leben tatsächlich Probleme damit gehabt, Ihren Vater übertreffen zu wollen, von der Fähigkeit dazu ganz zu schweigen?

***B:*** Mann! Vielleicht ist das die große unsichtbare Schranke, die mir im Weg steht! Wie dumm! Ich vermute, ein Teil von mir wollte den Vater nicht übertreffen, den ich so sehr bewundere. Ihm würde das nichts ausmachen, ich bin derjenige, der davor zurückscheut. Ich frage mich, ob meiner Frau dieses Problem die ganze Zeit bewußt war.

Boris benutzte manifest sexuelle Bilder, um Belange und Dynamik innerer und zwischenmenschlicher Themen auszudrücken. Aber das wurde erst sichtbar, als der Träumer seine Beschreibung der Traumelemente gab.

Hier ist Renatas Traum, der über scheinbar nicht-sexuelle Bilder zu einem sexuellen Thema führte:

Ich entfernte den roten Nagellack von meinen Finger- und Fußnägeln und lackierte sie neu mit einem weißen Perlmuttlack. Lächelnd zeigte ich meinem Mann meine Finger und Zehen und hoffte auf Zustimmung und Anerkennung.

Zur Zeit dieses Traumes lebten Renata und ihr Mann gerade erst wieder zusammen, nachdem sie für zwei Jahre getrennt gewesen waren. Nach nur zwei Interviewfragen verstand Renata ihren Traum.

***Interviewer:*** Ich komme von einem anderen Planeten. Warum tragen Frauen Nagellack auf Finger- und Zehennägeln?

***Renata:*** Um sexy auszusehen und das andere Geschlecht anzuziehen.

***I:*** Was ist der Unterschied zwischen rotem und perlmuttweißem Nagellack?

***R:*** Oh, Rot ist die Farbe, die am meisten sexy ist, während Weiß überhaupt nicht sexy ist. Weiß ist die Farbe der Reinheit, Rot die Farbe der Leidenschaft. Ich erinnere mich an ein Gedicht: «Oh, die rote Rose atmet Leidenschaft, die weiße Rose Liebe . . .» Das bedeutet Reinheit. Der Traum zeigt mich, wie ich meine Leidenschaft verhehle, um die Billigung und Liebe meines Mannes zu gewinnen. Ich habe mein neugefundenes Interesse an Sexualität aufgegeben, das zu unserer Trennung geführt hatte. Zwischen meinem Mann und mir gibt es keine wirklich sexuelle Energie. Jetzt trage ich dieses gräßliche Weiß, das am besten zur Uniform einer altmodischen Krankenschwester passen würde. Ich habe meine sexuelle Leidenschaft richtig ausgelöscht und versuche, gut und lieb zu sein. Ich glaube, ich habe es übertrieben.

Renatas Traum half ihr zu sehen, wie ihre Anstrengungen, eine brave nette Frau zu sein, ihr das Gefühl gaben, damit zu einem netten, aber leeren Leben zu kommen. Ihr Bedürfnis nach der Billigung ihres Mannes (der roten Nagellack verachtete) erschien ihr jetzt als Belastung. Sie ließ sich schließlich scheiden und heiratete später einen Mann, für den sie sehr roten Nagellack trug.

Wie Sie sehen, brauchen Sie sich selbst oder Ihren Träumer nicht in bezug auf jedes einzelne Bild des Traumes zu interviewen, ehe die Bedeutung klar wird. Obwohl jedes Bild einen Hinweis auf die Interpretation des Traumes darstellt, reicht es manchmal aus, eine gute Beschreibung von einem oder zweien der wichtigsten Bilder zu bekommen, damit die Bedeutung der anderen Bilder plötzlich deutlich wird. Wenn Sie träumen, Sex mit einem unerwarteten Partner zu haben, erfassen Sie die Bedeutung des Traumes vielleicht, wenn Sie eine ausführliche Beschreibung dieses Partners geben. Winston, ein heterosexueller Mann, hatte folgenden Traum:

> Ich war eines Morgens im Büro, als mir ein Kollege, Paul, einen dicken, nassen Kuß auf den Mund gab. Ich fand das anstößig und wollte bloß raus aus dem Büro. Eigentlich wollte ich ihm sagen: «So einer bin ich nicht.»

***Interviewer:*** Wie ist Paul?

***Winston:*** Er ist ein wild entschlossener Karrieretyp. Er ist nicht schwul. Er ist ein richtiger Streber in der Firma, wo ich arbeite. Ich möchte auf keinen Fall so sein wie er – ein konformistischer Mitläufer.

***I:*** Haben Sie das Gefühl, daß jemand oder etwas Karrieresüchtiges und Konformistisches auf Sie zukommt?

***W:*** Ja, ich denke, ich sollte in der Firma, wo ich Teilzeitberater bin, einen Vollzeitjob annehmen. Aber es bereitet mir großes Unbehagen, daß ich dadurch vielleicht zu einem langweiligen, konformistischen Karrieretyp werden könnte. So einer bin ich nicht! Ich liebe meine Freiheit, und ich verabscheue Konformismus. Vollzeitarbeit fühlt sich an wie ein nasser Kuß. Doch die Sicherheit und das höhere Einkommen eines Vollzeitjobs erscheinen jetzt wichtig, weil meine Tochter bald aufs College gehen wird.

Winstons Traum betonte seinen Abscheu vor Konformität und sein starkes Gefühl, kein Karrieretyp werden zu wollen, während er gleichzeitig versuchte, sich für einen Vollzeitjob zu entscheiden, um für die Ausbildungskosten seiner Tochter aufkommen zu können. Sein Traum führte Winston zu der Frage, wie er ganztags arbeiten und trotzdem kein Karrieretyp werden könnte.

Angenehme schwüle Träume von Kollegen lassen uns oft mit einem Gefühl von Verlegenheit und Verwirrtheit zurück. Wenn Sie einen solchen Traum haben, so entspannen Sie sich. Sie sind sehr häufig. Beschreiben Sie die Persönlichkeit des Kollegen. Eine Kollegin erinnert Sie vielleicht an jemanden, zu dem Sie eine romantische Beziehung haben oder hatten. Sie könnten aber auch feststellen, daß die Frau in Ihrem Traum Sie höchst lebhaft an die Frau an Ihrem Arbeitsplatz erinnert! Möglicherweise fühlen Sie sich stärker zu ihr hingezogen, als Sie wußten; vielleicht haben Sie sie am Vorabend bei einer Versammlung gesehen und den Traum benutzt, um auf sichere, unkomplizierte Weise Dampf abzulassen. Manchmal ist ein erotischer Traum nicht viel mehr als eine nächtliche sexuelle Phantasie. Es schadet nichts, solche Träume zu genießen und lächelnd daraus zu erwachen.

Träume von unbekannten Liebhabern können auf die gleiche Weise behandelt werden. Diana träumte:

> Ich gehe mit einem gutaussehenden, faszinierenden Mann einen bewaldeten Weg entlang. Er interessiert sich sehr für mich. Ich kann es kaum glauben. Wir küssen uns und schlafen am Fluß miteinander. Es ist wundervoll.

***Interviewer:*** Der Schauplatz ist ein Waldweg an einem Fluß? Wie war er?

***Diana:*** Wunderschön. Sehr romantisch.

***I:*** Können Sie mir mehr über die Persönlichkeit dieses Mannes sagen?

***D:*** Er war gutaussehend, freundlich, kompetent. Ein echter Fang.

***I:*** Was empfanden Sie bei seinem Interesse an Ihnen?

***D:*** Ich konnte kaum glauben, daß ein so toller Typ sich für mich interessiert.

***I:*** Ist er aufrichtig?

***D:*** Zweifellos.

***I:*** Erinnert dieser gutaussehende, freundliche, kompetente, faszinierende Mann Sie an irgend jemanden in Ihrem Leben oder an jemanden, den Sie gern in Ihrem Leben hätten?

***D:*** Ein Mann, mit dem ich mich ein paarmal getroffen habe, Matt, scheint ihm tatsächlich sehr zu gleichen. Ich war sehr mißtrauisch in bezug auf seine Ehrlichkeit. Tolle Männer wie er fühlten sich noch nie zu mir hingezogen. Ich habe die Parallele zwischen dem Mann in meinem Traum und Matt vorher nicht gesehen. Vielleicht sage ich mir, daß Matt doch aufrichtig ist. Wir werden sehen.

Diana deutete ihren Traum nicht als eine Art psychisches Omen dafür, daß Matt doch aufrichtig war. Aber die bloße Erfahrung, im Traum gefühlt zu haben, daß ein solcher Mann von ihr angezogen war, machte Diana Matt gegenüber ein bißchen weniger abwehrend. Sie war eher bereit, ihm zuzugestehen, daß sie sich irrte, wenn sie ihn für unaufrichtig hielt, blieb aber die ganze Zeit wachsam.

Jason träumte, tollen Sex mit Margaret Thatcher zu haben, obwohl er in dem Traum wußte, daß er sie nicht sonderlich mochte.

***Interviewer:*** Wer ist Margaret Thatcher?

***Jason:*** Sie war Premierministerin von Großbritannien. Sie ist klug, zäh, mächtig, aber für meinen politischen Geschmack zu hart und rigide. Sexuell interessiert sie mich überhaupt nicht.

***I:*** Warum nicht?

***J:*** Ich kann mir nicht vorstellen, daß sie zärtlich oder verspielt ist. Sie nimmt sich selbst zu ernst. Zumindest ist das das Bild, das ich aus der Presse von ihr habe.

***I:*** Erinnert Margaret Thatcher Sie an jemanden in Ihrem Leben, der klug, zäh und mächtig ist, aber für Ihren Geschmack zu hart und rigide? Der sich zu ernst nimmt und anscheinend nicht zärtlich oder verspielt ist?

***J:*** Wenn Sie es so ausdrücken, ja! Die Frau, mit der ich mich seit zwei Monaten treffe, ist erfolgreiche Partnerin in einer großen Anwaltsfirma, und sie ist genauso! Klug und mächtig, und ich schlafe gern mit ihr. Auch im Bett ist sie hervorragend. Aber wenn ich wirklich ehrlich mit mir selbst wäre, müßte ich zugeben, daß ich sie gar nicht so gern habe. Und, nein, sie ist nicht sehr zärtlich oder verspielt. Ich bin nicht stolz auf die Tatsache, daß ich im Traum wie im wachen Leben Sex mit Frauen habe, die ich eigentlich nicht mag.

Jasons Traum hielt ihm einen Spiegel vor. Er mochte das Abbild seines Verhaltens, das er darin sah, ganz und gar nicht.

Natürlich können wir diesen Teil nicht abschließen, ohne den so verbreiteten und überaus peinlichen Traum zu diskutieren, in der Öffentlichkeit nackt zu sein. Möglicherweise hat jeder, der in einer Kultur lebt, die den Körper weitgehend bedeckt, diesen Traum schon einmal gehabt. Jedenfalls war das bei allen Personen der Fall, mit denen ich je gearbeitet habe. Verbreitete Träume wie solche, in denen man fliegt, fällt, gejagt wird oder sich nackt in der Öffentlichkeit befindet, rufen in den Menschen oft ähnliche Emotionen hervor. Warum aber ein bestimmter Mensch in einer bestimmten Nacht diesen Traum hat, wird nur klar, wenn die Details des Traums untersucht werden und der Träumer ihn in den Kontext seines wachen Lebens stellt.

Wenn Sie sich an einen Traum erinnern können, in dem Sie in der Öffentlichkeit nackt waren, dann fragen Sie sich:

- Wie war der Schauplatz meiner Nacktheit?
- Wie fühlte ich mich nackt? (Ich werde davon ausgehen, daß Sie antworten, Sie hätten sich verlegen und preisgegeben gefühlt, aber benutzen Sie Ihre eigenen Worte, wenn sie anders sind.)
- Erinnern der Schauplatz und die damit assoziierten Gedanken

und Gefühle mich an irgendeine Situation in meinem Leben zu dieser Zeit, in der ich dieselbe Art von Verlegenheit oder unbehaglichem Sich-Preisgeben empfunden habe?

Wenn Sie sich an die emotionale Atmosphäre in Ihrem Leben am Tag vor dem Traum erinnern oder die Notizen in Ihrem Tagebuch benutzen können, um sie wiederzufinden, dann löst dieses Mini-Interview vielleicht das Rätsel. Wenn Sie nicht in der Lage waren, die Bedeutung Ihres Traums zu erfassen, dann führen Sie Ihr Tagebuch weiter, und wenn Sie den Traum das nächste Mal haben, arbeiten Sie daran, solange das Ambiente des Traums und die Tatsachen darum herum noch frisch in Ihrem Gedächtnis sind. Wie Sie sicher bereits erraten haben, träumen wir solche Träume gewöhnlich nach Tagen, an denen wir uns unangenehm preisgegeben oder verwundbar gefühlt haben. Manchmal kommen derartige Träume auch in Erwartung einer Situation (öffentliches Sprechen, Begegnung mit zukünftigen Schwiegereltern), in der der Träumer kritisiert zu werden fürchtet. Ob der Träumer tatsächlich bloßgestellt wurde oder sich nur vor Kritik ängstigte, ergibt sich aus der Reaktion des Publikums im Traum. Gewöhnlich nimmt es die Nacktheit des Träumers überhaupt nicht zur Kenntnis, und der Traum als solcher scheint nur selten mit spezifisch sexuellen Belangen zu tun zu haben. Das größere Thema ist meistens die Angst und Furcht des Träumers davor, seine inneren Gefühle preiszugeben und sich durch Verurteilung und Kritik verwundbarer zu machen.

### *Die richtigen Fragen stellen*

Wie Sie vielleicht bemerkt haben, erscheinen die Fragen des Trauminterviews ziemlich locker in der Struktur und konversationsmäßig im Ton. Das ist kein Zufall. Diese Fragen sind zwei Jahrzehnte lang verfeinert worden, um dem Träumer die relevantesten und genauesten Informationen zu entlocken und gleichzeitig das Unbehagen des Träumers und die Aufdringlichkeit des Interviewers kleinstmöglich zu halten. Weiter unten finden Sie eine Liste grundlegender Fragen, maßgeschneidert zur Erforschung jedes Elements eines Traumes und zur Durchführung der wesentlichen Schritte von Beschreiben, Rekapitulieren, Brückenbau, Testen und Zusammenfassen.

Beachten Sie den genauen Wortlaut der Fragen. Ein Wort kann für die dadurch ausgelöste Antwort von großer Bedeutung sein. So ist beispielsweise das Wörtchen *wie* überaus wirksam. Wenn Sie einen Träumer oder sich selbst fragen: «Was bedeutet Ihnen die High School?», dann erhalten Sie gewöhnlich eine langweilige, zusammenhanglose Antwort. Wenn Sie aber fragen: «*Wie* ist eine High School?», dann antworten die meisten Träumer dem Interviewer von einem anderen Planeten mit einer konzentrierteren und emotionsgeladeneren Beschreibung. Vielleicht müssen Sie sich selbst und Ihren Träumer daran erinnern, daß Sie von einem anderen Planeten kommen, wenn Sie Fragen stellen wie: «Wer ist Robert Redford, und wie ist er?» Akzeptieren Sie kein: «Sie wissen doch, wer er ist!» als Antwort, sonst werden Sie nie wirklich herausfinden, wie der Träumer ihn sieht. Wenn Sie sich selbst interviewen, ist es ebenso wichtig, diese Fragen vollständig zu stellen und zu beantworten. Sie werden überrascht sein über die Worte, die Ihnen einfallen, um Ihre Traumbilder zu beschreiben. Diese Worte sind es, die die Erkenntnis der metaphorischen Natur Ihrer Traumbilder auslösen werden.

Hier eine stromlinienförmige Version der meistbenutzten Interviewfragen.[1] Sie können sie als Leitfaden benutzen, wenn Sie an einem eigenen Traum oder dem eines Freundes/einer Freundin arbeiten. Sie können auch einen Freund oder eine Freundin bitten, diese Fragen zu benutzen, um Sie zu interviewen.

*Schauplätze*

1. Beschreiben Sie den Eröffnungsschauplatz des Traumes (oder den folgenden).
2. Wie ist dieser Ort im wachen Leben?
3. Wie ist dieser Ort in Ihrem Traum?
4. Wie fühlt es sich an, an diesem Ort zu sein?
5. Erinnert Sie dies (rekapitulieren Sie die Beschreibung) an irgend etwas in Ihrem wachen Leben?

*Menschen und Tiere*

6. Wer ist X?
7. Wie ist X im wachen Leben?
8. Wie ist X in Ihrem Traum?
9. Erinnert X, den Sie als ... beschreiben (rekapitulieren Sie die Beschreibung), Sie an irgend etwas oder irgend jemanden in Ihrem Leben?
10. Erinnert X Sie an irgendeinen Teil Ihrer selbst?
11. Inwiefern? (Testen Sie die Stärke der Brücke, indem Sie den Träumer bitten, sich ausführlicher darüber zu äußern, wie das Traumbild zum wachen Bild paßt. Schauen Sie, ob eine gute metaphorische Entsprechung vorliegt.)

*Gegenstände*

12. Was ist ein Y?
13. Wie ist das Y in Ihrem Traum?
14. Erinnert das Y in Ihrem Traum, das Sie als ... beschreiben (rekapitulieren Sie die Beschreibung), Sie an etwas in Ihrem wachen Leben?
15. Inwiefern?

*Gefühle*

16. Wie fühlen Sie sich in diesem Moment im Traum?
17. Erzählen Sie mir mehr über dieses Gefühl.
18. Erzählen Sie mir über einen Anlaß (oder das letzte Mal), als Sie sich so gefühlt haben.
19. Erinnert dieses Gefühl (rekapitulieren Sie die Beschreibung) Sie an irgend etwas in Ihrem gegenwärtigen Leben?
20. Inwiefern?

*Handlung*

21. Beschreiben Sie die Haupthandlung oder das Geschehen in dieser Szene.
22. Erinnert diese Handlung (rekapitulieren Sie die Beschreibung) Sie an irgendeine Situation in Ihrem Leben?
23. Inwiefern?
24. Wie würden Sie das zentrale Thema dieses Traumes beschreiben?
25. Erinnert dieses Thema (rekapitulieren Sie die Beschreibung) Sie an irgendeine Situation in Ihrem Leben?

*Zusammenfassung*

26. Soll ich die Beschreibungen und Brücken, die wir bisher haben, zusammenfassen, oder möchten Sie das tun?
27. In diesem Teil des Traums (passierte also folgendes), das Sie als . . . beschreiben (rekapitulieren Sie), und das erinnerte Sie an (Brücke). Dann (geschah das). Erinnert all das Sie an etwas anderes?
28. Wie verstehen Sie jetzt Ihren Traum? Erzählen Sie mir den ganzen Traum, fügen Sie die Brücken hinzu und geben Sie einen Kommentar darüber, was Sie verstehen und was unklar bleibt.

Bis Sie die Kunst beherrschen, Ihre Träume zu deuten, werden Sie Übung brauchen, aber wenn Sie ein Bild nach dem anderen beschreiben und rekapitulieren und Brücken bauen, wann immer Sie können, werden Sie lernen, wie es geht. Alle analysierten Träume in diesem Buch wurden anhand der Methode des Trauminterviews gedeutet. Ich werde häufig Dialoge aus Trauminterviews zitieren, damit Sie mit der Methode vertrauter werden, während Sie von den verschiedenen Arten lesen, wie Träume mit sexuellen Themen umgehen.

# 5 Perfektionierung des sexuellen Stils und der Technik mit Hilfe von Träumen – Befreiung von alten Hemmungen

## *Im Traum erlernte Sex-Techniken*

Ob Sie es glauben oder nicht, eine Anzahl meiner Klienten hat tatsächlich geträumt, sehr spezifische Dinge mit ihren Partnern zu tun, die sie zuvor noch nicht oder ohne Begeisterung ausprobiert hatten. Als diese Träumer im wachen Leben mit den Traumtechniken experimentierten, waren ihre Partner entzückt. Männer haben beispielsweise von neuen Arten geträumt, die Brüste und Schamlippen ihrer Partnerinnen zu liebkosen, und Frauen berichteten, sie hätten von besseren Möglichkeiten geträumt, den Penis, das Gesäß oder andere erogene Bereiche ihres Partners zu stimulieren. Der wertvollste Aspekt solcher Träume ist nicht, daß die in den Träumen praktizierten Techniken dem Träumer vollkommen neu sind. Der Wert dieser Träume liegt vielmehr in der Tatsache, daß sie dem Träumer eine unmittelbare Erfahrung davon verschaffen, genußvoll etwas Neues zu tun, das den Partner erregt. Ein Träumer entdeckt im Traum vielleicht zum ersten Mal, daß ein spezielles Verhalten, das er vermieden hat, lustvoll sein kann. In Träumen können wir Aktivitäten ausprobieren, die im Wachzustand vielleicht abwehrend von alten Hemmungen oder Vorurteilen überlagert werden.

Manchmal wehren wir uns dagegen, unserem Partner eine spezielle sexuelle Lust zu geben, und zwar nicht, weil wir gehemmt wären, sondern weil wir in einen Machtkampf mit ihm verstrickt sind. Vielleicht haben wir das Gefühl, wenn wir ihm geben würden, was er sich wünscht, würden wir ihm ganz allgemein nachgeben. Möglicherweise reagieren wir auf ungelöste Kindheitskonflikte und/oder drücken sexuell aus, daß der Partner generell zu viel von uns verlangt. Wie wir in Kapitel 6 sehen werden, sind unsere Träume sehr hellhörig für Fragen, die unsere sexuellen Beziehungen beeinflussen. Wenn dagegen die zwischenmenschlichen Gewässer ruhig sind, haben die Partner vielleicht Träume, die sich in erster Linie um Fragen des sexuellen Stils und der Technik drehen. Solche Träume scheinen selten zu sein, aber wenn sie erinnert werden, können sie uns dazu anregen, uns neue Ziele zu setzen und an der Überwindung der Hindernisse zu arbeiten, die dem Ziel im Wege stehen.

## *Sexuelle Vorlieben*

> Ich bin mit einer großen, sexy, temperamentvollen Frau zusammen. Einer Freundin. Sie trägt ein hübsches, locker fallendes Kleid mit nichts darunter. Ich fühle mich zu ihr hingezogen, aber sie beschwert sich über Südstaatenjungen, die sich einfach an sie heranmachen, die Hosen herunterlassen und ihren Penis einführen. Sie sagt, das befriedige sie nicht sonderlich. Mit einem sehr aufreizenden Lächeln wendet sie sich an mich und sagt: «Und was könntest du tun, mein großer Junge?» Ich antworte: «Das kann ich bestimmt besser.» Ich denke, daß der Sex mit ihr angenehm wird und daß ich ihr zeigen kann, daß ich besser bin als die Südstaatenjungen.

Stefan war neun Jahre mit seiner Frau verheiratet, als er diesen Traum hatte. Er beklagte sich darüber, daß seine Frau sich nicht erlaube, der Sexualität ausreichend offen gegenüberzustehen. Er gab ihrer konservativen Erziehung die Schuld und versuchte geduldig zu sein. Sie dagegen beschwerte sich, daß das mangelnde Interesse ihres Mannes an Vorspielen den Sex zu einer schnellen und wenig erregenden Angelegenheit mache. Da wir dies wissen, können wir vermuten, worum es in dem Traum ging, aber wir können nicht sicher sein. Außerdem wird Stefan, solange er das

Problem nicht selbst erkennt, wahrscheinlich nicht auf die Forderungen oder Ratschläge anderer Leute reagieren. Als Interviewerin fragte ich Stefan:

***Interviewer:*** Wie sind Südstaatenjungen?

***Stefan:*** Sie sind bäuerlich, impulsiv, freundlich, unkultiviert, ehrgeizig. Was Sex betrifft, so machen sie in bezug auf ihre eigenen Wünsche keine Kompromisse, um der Frau zu gefallen.

***I:*** Wie fühlen Sie sich, wenn Sie sagen: «Das kann ich besser»?

***S:*** Mir ist klar, daß ich besser sein muß als die Südstaatenjungen, damit sie den Rock hebt. Aber im Wachzustand fällt mir auf, daß ich über ihre Forderungen nicht ganz glücklich bin. Mir wäre lieber, wenn sie einfach mitmachte und schnell käme.

Es war nicht schwer für Stefan, die Brücke von den Südstaatenjungen zu sich selbst zu schlagen. Sein Südstaatenjungenstil, wie Stefan ihn beschrieb, ging aus der Schilderung deutlich hervor, aber auch aus seinen Gefühlen beim Aufwachen und überhaupt aus dem beschreibenden Ton des Traumes. Die Tatsache, daß seine Motivation, der Frau zu gefallen, stark von seinem Ziel – sich Zugang zu ihr zu verschaffen – gefärbt war, ebenso wie von seiner Konkurrenz mit den Südstaatenjungen, versprach nicht gerade ein schnelles Herauskommen aus der Sackgasse, in der er sich mit seiner Frau befand. Er fühlte sich angezogen von der scheinbar leicht zugänglichen Frau ohne Unterwäsche, nicht von ihrem Interesse an einer sinnlicheren Begegnung. Seine Frau ihrerseits gab sich verführerischer, als sie sich innerlich fühlte, und diese irreführenden Signale komplizierten die Angelegenheit noch mehr.

Ich habe sehr viel mehr Beispiele von Frauenträumen als von Männerträumen, weil mehr Frauen ihre Träume studieren. Träume wie der von Stefan, in denen der männliche Träumer seinen wenig erfolgreichen Sexstil betrachtet, sind möglicherweise sehr häufig, aber ich habe in meiner Praxis nur wenige gehört. Immer wieder erzählen Frauen ihren engen Freundinnen und Therapeuten, sie wünschten sich, daß ihre Liebhaber oder Ehemänner aufmerksamer, interessierter an sinnlichem, beiderseits gebendem Sex wären. Sie sagen, ihre Bitten darum kämen bei ihren Liebhabern oder Ehemännern nicht an. Der Wunsch einer Frau nach einem raffinierten, sinnlich-wollüstigen Liebhaber, der sich mit ihrer Lust identifizieren kann, während er seine eigene genießt, ist das Motiv für zahlreiche Affären.

Obwohl ich nie eine Frau einen Traum habe schildern hören, in dem sie sich wünscht, daß ihr Mann sich beeilt und zum Orgasmus kommt, wurde mir einmal ein Traum geschildert, der darauf hindeutete, daß der Mann sich ein längeres Vorspiel wünschte. Elsa träumt von ihrem neuen Freund:

> Wir liegen auf meinem Bett und wollen uns lieben. John sagt mir, im Bett seien Kartoffelchips. Ich wische sie beiseite, so daß sie auf dem Fußboden ein Häufchen bilden.

Ich wollte von Elsa natürlich wissen, wie Kartoffelchips denn sind. Sie sagte, das sei wertloses Knabberzeug, das man schnell verzehre. Sofort baute sie eine Brücke von dem Bild zu der Art, wie sie mit Sex umgeht. Sie macht Sex auf die Schnelle, und er ist nicht sehr gut. Ihr Freund hatte begonnen zu protestieren . . .

## *Hemmende Selbstbilder*

Träume enthüllen oft, wie wir unseren Körper und uns selbst als sexuelle Wesen sehen. Wir erhalten auch neue Einsichten darüber, wie andere uns sehen und auf uns reagieren. Es ist zum Beispiel nicht leicht, mit dem Altern fertigzuwerden. Eine Frau träumte:

> Ich schaute in den Spiegel und sah, daß etwas an meinem Haar verriet, daß ich Krebs hatte und schließlich daran sterben würde. Obwohl ich wußte, daß ich mit dieser Information fertigwerden konnte, machte ich mir im Traum Sorgen darüber, wie

ich es meinem Mann beibringen sollte. Ich hatte das Gefühl, die Nachricht sei zuviel für ihn, er könne sie nicht bewältigen, und ich beschloß, ihm nichts zu sagen.

Als sie sich fragte, wie Haarkrebs wohl sein würde, dachte sie an ihr neuerdings merklich ergrauendes Haar und ihren Entschluß, es zu färben. Sie war überrascht, daß ein Teil von ihr das so ernst nahm, um davon als Krebs zu träumen, und daß sie ihn vor ihrem Mann verbergen wollte. Sie erkannte, daß sie ihre Sorge unterschätzt hatte, ihr Mann würde es vielleicht nicht ertragen können, wenn sie ergraute und älter aussah.

Irgendwann in den Dreißigern beginnen manche Frauen von Sex mit jüngeren Männern zu träumen. Manchmal verläuft im Traum alles gut. Manchmal wird den Frauen zum ersten Mal bewußt, daß sie als ältere Frauen betrachtet werden, und sie fühlen sich weniger attraktiv und unsicher. Diese Träume können einer Frau helfen, sich allmählich der Tatsache des Alterns zu stellen. Sie können auch darauf hinweisen, daß sich am Horizont eine Selbstvertrauenskrise abzeichnet.

Frisch geschiedene Frauen träumen manchmal von einem gutaussehenden und interessierten jüngeren Liebhaber oder von attraktiven gleichaltrigen oder sogar älteren Männern, deren Interesse sie überrascht. Wenn die Träumerin von diesen Traumliebhabern keine Brücke zu irgend jemandem in ihrem wachen Leben schlagen kann, so bringen die Träume sie oft in Kontakt mit einem Teil ihrer selbst, der sich attraktiv fühlt oder den andere attraktiv finden. Solche Träume können wirkungsvolle Stimmungsaufheller sein und das Selbstvertrauen aufbauen. Wir könnten sie zwar auch als Wunscherfüllungsträume bezeichnen, aber das würde einigen der wohltuenden Aspekte solcher Träume nicht gerecht, die gewöhnlich dann auftreten, wenn wir uns mit unserem Selbstwertgefühl herumschlagen. Eine Frau, die sich sexy und attraktiv fühlt, wird der Außenwelt mit größerer Wahrscheinlichkeit auch so vorkommen. Träume können Sie daran erinnern, wie es ist, wenn man sich toll fühlt, und dann liegt es an Ihnen, den Hinweis aufzunehmen und etwas daraus zu machen. Mit anderen Worten, nach dem Traum sind Sie aufgerufen, alles Nötige zu tun, um positive Gefühle sich selbst gegenüber zu nähren.

Bei Traumbildern, die sich scheinbar mit der körperlichen Erscheinung befassen, stellt sich bei näherem Hinsehen oft heraus, daß sie metaphorisch auch von Selbstvertrauen und sogar von zwischenmenschlichen Themen handeln. Hier der Traum einer Frau mittleren Alters, der ungewöhnlich endet.

> Mein Mann Pierre sagt, ich sei fett. «Nun, schauen wir mal», sage ich. Ich zeige mich ihm, und wir untersuchen zusammen verschiedene Teile meines Körpers. Ich sage Dinge wie: «Ist dieser Teil fett? Würdest du meine Arme oder meine Brust oder meine Hüften als fett bezeichnen? Schau mal meine Beine an. Würdest du das fett nennen? Ich nicht. Ich würde das nicht als fettes Bein bezeichnen. Normalerweise sagst du, du magst gutgeformte Beine. Ich *könnte* dort abnehmen, aber man kann das kaum als fett bezeichnen!»

Am Abend vor diesem Traum hatte Julie einen Streit mit ihrem Mann darüber gehabt, was sie als sein übermäßiges Trinken betrachtete. Pierre hatte unter einem Kater vom Vorabend gelitten. Er hatte geleugnet, ein Problem zu haben, und gesagt, seine Frau sei überkritisch und überreagiere, weil sie mit alkoholabhängigen Eltern aufgewachsen sei. Julie hatte beschlossen, einen Traum zu inkubieren, indem sie unmittelbar vor dem Schlafengehen in ihr Tagebuch schrieb: «Ist dieser schreckliche Streit auf meine emotionale Vorbelastung zurückzuführen, wie Pierre meint?» Julie verstand den Traum als Hinweis darauf, daß sie in dieser Sache recht hatte, daß sie diejenige war, die zu Unrecht kritisiert wurde, und daß es an der Zeit war, auf ihrem Standpunkt zu beharren.

Natürlich ist es schwer, ein überschäumendes Sexleben zu haben, wenn Ihr Selbstbild extrem schlecht ist. Ein sehr negatives Selbstbild kann zu ungünstiger Partnerwahl und unbefriedigenden oder sogar unangenehmen sexuellen Erfahrungen führen.

## *Träume und sexuelles Selbstbild*

Wie sehen Sie sich selbst als sexuelles Wesen? Welches Bild vermitteln Sie andern, und welches haben Sie insgeheim? Sind es dieselben Bilder? Sind Sie ein Zuchthengst, ein Trottel, ein Schaf im Wolfspelz, ein Künstler, ein Südstaatenjunge, oder sind Sie eine Femme fatale, eine Mimose, eine Titelschönheit, eine Tigerin, ein Lamm im Leopardenfell? In Ihren Träumen stellen Sie sich selbst auf Arten dar, die Sie manchmal überraschen dürften. Ihre Träume können Ihnen zeigen, wie Sie sich hinter Ihrer Fassade fühlen, wie Sie sich sexuell ausgedrückt haben und wie Sie sich ausdrücken könnten, wenn die richtigen Bedingungen gegeben wären. Wie wir uns sexuell verhalten, entspricht nicht immer dem, wie wir uns sexuell *fühlen*. Männer meinen immer noch, ihren Sexualtrieb übertreiben zu müssen, Frauen dagegen, daß sie ihn herunterspielen müssen, um Billigung zu finden. Manche Frauen, die die unersättliche Tigerin spielen, sind in Wirklichkeit nicht so sehr an Sex interessiert als vielmehr daran, Liebe und Aufmerksamkeit zu erringen. Eine relativ einfache Methode, ein besseres Verständnis für Ihr sexuelles Selbstbild zu gewinnen, besteht darin, einen Traum zu inkubieren, der Ihnen etwas darüber aussagt. Später in diesem Kapitel werden Sie Anleitungen finden, wie man das macht.

## *Sexuelle Träume mitteilen*

Wenn Sie Ihrem Partner Ihre angenehmen sexuellen Träume erzählen, kann Ihnen das schon helfen, Ihre sexuellen Wünsche zu übermitteln. Ihren Partner wissen zu lassen, was Sie wollen, gehört ebenso zum sexuellen Stil wie zu lernen, was er oder sie möchte und wie Sie es ihm oder ihr am besten geben können. Dr. Alexander Leavy und Dr. Joseph Weissberg schreiben dazu: «Offen sexuelle Träume liefern häufig Hinweise auf bevorzugte Methoden der Erregung wie auch auf gehemmte Bereiche.»[1] Die Mitteilung Ihrer Träume kann es Ihnen leichtermachen, Ihrem Partner zu verstehen zu geben, welche Art von Berührung und Atmosphäre oder Schauplatz für Sie anziehend sein könnten. Sie kann Ihnen auch helfen, Wünsche oder Begierden auszudrücken, die Sie nur schwer verbalisieren können, und zu Einsichten führen, die Sie unter die Oberfläche von sexuellen und Beziehungsproblemen blicken lassen.

Natürlich kann es auch riskant sein, Ihrem Partner von Ihren erotischen Träumen und den sich daraus ergebenden Einsichten zu berichten. Bedenken Sie mal die Folgen, die solche Enthüllungen für Ihren Partner und Ihre Beziehung haben könnten. Wenn Ihr Partner nicht mit den verschiedenen Arten vertraut ist, wie Träume arbeiten (Vermischen von wörtlich zu verstehenden und metaphorischen Bildern und dergleichen), fühlt er oder sie sich vielleicht unnötig bedroht, kritisiert oder zurückgesetzt. Wenn Ihr Partner versucht, Ihre Träume zu interpretieren, ohne vorher Ihre Beschreibungen oder Brücken einzuholen, fühlen *Sie* sich möglicherweise überrannt, falsch analysiert und fallengelassen. Gehen Sie also behutsam vor.

Es kann beispielsweise schwierig sein, einen wunderbar erotischen Traum mitzuteilen, in dem Sie sich wieder mit einer alten Flamme lieben. Genau wie bei der Mitteilung sexueller Phantasien müssen Sie sorgfältig den Effekt der Mitteilung solcher Träume abwägen. Es ist nicht ungewöhnlich, daß ein Partner sehr verletzt und wütend ist, wenn er hört, daß sein(e) Geliebte(r) die Nacht im Traumland mit einem anderen Liebhaber verbracht hat, vor allem einem verflossenen. Man könnte den Traum erzählen, ohne den Liebhaber zu identifizieren, doch auch das kann noch zu Schwierigkeiten führen. Befragen Sie sich besser zuvor selbst über den Traum. Nachher können Sie vielleicht besser entscheiden, was Sie mitteilen wollen und wie Sie ihn deuten. Nicht selten könnten Sie, wenn Sie die Merkmale des Traumliebhabers beschreiben, überrascht sein zu entdecken, daß Sie damit niemand anderen beschreiben als Ihren Liebhaber im wachen Leben.

Kerstin träumte zum Beispiel:

> Ich bin wieder mit Joe im Bett, meinem besten Liebhaber. Er ist aufmerksam, und als ich ihm einen tiefen, vollen Kuß gebe, fühlt er sich so geliebt, daß er sich mir ganz öffnet und unglaublich sinnlich und sexy wird. Ich erwachte sehr erregt.

Kerstin lag im Bett und interviewte sich selbst, bevor sie die Augen aufmachte.

***Interviewer:*** Wie ist Joe im wachen Leben?

***Kerstin:*** Seit ich verheiratet bin, habe ich ihn jahrelang nicht mehr gesehen, aber er war ein sehr kreativer Liebhaber. Er war warmherzig, freigebig und lustig. Das erinnert mich an Neil, meinen Mann.

***I.*** Wie war Joe im Traum?

***K:*** Wundervoll, bloß wirkte er so, als könne er nicht hundertprozentig bei mir sein. Er war ein bißchen steif. Aber als ich ihn dann küßte, hat er sich wirklich geöffnet. Es sah so aus, als brauche er diese Leidenschaft und eifrige Bereitschaft meinerseits.

***I:*** Joe erinnert dich also an deinen Mann, und Joe ist ein bißchen steif.

***K:*** Genau wie Neil! Ich habe ihn in letzter Zeit ein bißchen steif und nicht gerade überströmend gefunden. Vielleicht braucht er ein Zeichen von mir, das ihn wieder anregt. Ich war in letzter Zeit ganz schön passiv.

Kerstin kostete den Traum aus und genoß ihn um seiner selbst willen. Dann interviewte sie sich selber, und daraufhin beschloß sie, ihrem Mann den Traum von ihrem früheren Freund nicht zu erzählen, sondern nach ihrer neugewonnenen Einsicht zu handeln. Nach ihrer Selbstbefragung schlug sie die Augen auf und gab ihrem Mann einen besonderen Kuß . . .

Wenn ein Traum von einem früheren Liebhaber Sie an wichtige Mängel in Ihrer gegenwärtigen Beziehung erinnert, ist es vielleicht an der Zeit, statt des Traumes selbst die durch Ihre Traumerfahrung aufgebrachten Themen zu diskutieren. Vielleicht beschließen Sie auch, den Traum zu erzählen, um eine Diskussion über die heiklen Themen zu eröffnen, um die sich Ihre Traumhandlung drehte. Einer der wertvollsten Aspekte der meisten Träume besteht darin, daß sie eine Beschwerde oder Unzufriedenheit sehr lebhaft ausdrücken können, ohne mit dem Finger zu zeigen oder Schuldzuweisungen zu verteilen. In einem Traum können Sie beredt von Ihren Hoffnungen, Enttäuschungen und Bedürfnissen sprechen, ohne Ihren Partner zu beschuldigen und zu kränken, der später den Traum hört.

Susanna hatte fast ein Jahr lang den Sex mit ihrem Freund eher vermieden als gesucht. Sie schien das Interesse an Sex verloren zu haben und wußte nicht, warum. Eines Abends stellte sie die Inkubationsfrage und hatte folgenden lebhaften Traum:

> Mein Freund und ich stehen an der Seine in Paris. Es ist Nacht. Wir bemerken in geringer Entfernung ein Pärchen. Sie sind sehr verliebt. Wir beobachten, wie sie sich küssen. Sie sind leidenschaftlich, lebendig. Zuerst weine ich, weil mir klar wird, daß wir das nicht mehr haben. Dann fühle ich mich entschlossen und sage zu mir selbst: Ich will diese Leidenschaft wieder in meinem Leben haben.

Es gibt verschiedene Versionen dieses Traumes, in dem jemand sieht, wie andere die Liebe und Leidenschaft genießen, die der Träumer verloren zu haben scheint. Gewöhnlich beschließt der Träumer, sie zurückzugewinnen. Doch beim Aufwachen hemmt die Trägheit der gegenwärtigen Beziehung oft den Mut und die Entschlossenheit des Träumers, so daß er nichts unternimmt. Ein Traum kann Ihnen zeigen, was Sie erkennen müssen, aber er kann nicht für Sie die Arbeit leisten, Ihre Beziehung zu verändern. Wenn Sie aber Ihrem Partner Ihren Traum erzählen und ihm so etwas mitteilen, was Sie ihn wissen lassen möchten, kann das den Ball ins Rollen bringen. Susanna erzählte ihrem Freund den

Traum. Beide begriffen, daß es an der Zeit war, sich verschiedenen Problemen zu stellen, die sie unter den Teppich gekehrt hatten, ehe es zu spät war.

## *Gegenseitige Interviews*

Von der einfachen Mitteilung von Träumen bis zur tatsächlichen gemeinsamen Erforschung der Träume und gegenseitigen Interviews ist es ein riesiger Schritt – ein Schritt voller Gefahren, aber einer, der die Intimität und das Vertrauen zwischen Ihnen und Ihrem Partner ungeheuer stärken kann.

Vergessen Sie nicht, wenn Sie Ihrem Liebhaber oder auch Freunden Ihre Träume mitteilen, so offenbaren Sie ihnen höchst intime und oft sehr zarte Gefühle. Träumer sind fast immer verletzlicher, als sie wirken. Sie fühlen sich leicht verurteilt und kritisiert, obwohl das gar nicht beabsichtigt war. Dazu kommt noch, daß ein zuhörender Liebhaber sich vielleicht durch die Traumhandlung bedroht fühlt; dann entsteht eine potentiell explosive Situation. Benutzen Sie also Ihren gesunden Menschenverstand, wenn Sie entscheiden, ob Sie Ihrem Partner einen bestimmten Traum anvertrauen, und erinnern Sie sich gegenseitig daran, daß derjenige, der die Rolle des Interviewers spielt, sich den Traum ohne zu unterbrechen anhören muß und die Interviewfragen stellen soll, als käme er oder sie von einem anderen Planeten.

Alle Deutungen oder Brücken sollten vom Träumer kommen, so verlockend es für den Interviewer/Partner auch sein mag, sie anzubieten. Genau wie wenn Erwachsene mit Kinderträumen arbeiten, wird ein Partner, der eine mögliche Deutung vorschlägt, höchstwahrscheinlich als drängend, kontrollierend, schimpfend, selbstsüchtig oder aufdringlich erlebt. Und in dem Augenblick wird der- oder diejenige, die den Traum mitgeteilt hat, abwehrend und übelnehmerisch. Die gute Traumarbeit ist damit beendet. In dem Maße, in dem der Träumer sich beachtet, akzeptiert und bei der Entdeckung seiner eigenen Bedeutungen unterstützt fühlt, wird die Traummitteilung die Beziehung bereichern, indem sie die Abwehr reduziert und Neugier und Offenheit fördert.

## *Wie man einen Traum inkubiert*

Sind Sie je mit einem Problem schlafen gegangen und am nächsten Morgen mit einem Traum zu dem Thema oder mit einer klaren Vorstellung von einer richtigen Lösung aufgewacht? Die meisten Menschen haben diese Erfahrung wenigstens ein- oder zweimal schon gemacht. Wenn Sie bereit sind, sich unmittelbar vor dem Einschlafen fünf oder zehn Minuten Ihrem Tagebuch zu widmen, so können Sie hilfreiche Träume zu dem von Ihnen gewählten Thema in genau den Nächten haben, in denen Sie das wünschen. Dies heißt «Inkubieren eines Traums» und funktioniert gewöhnlich schon beim ersten Versuch, wenn Sie den folgenden Anleitungen genau folgen.[2] Sie können Träume zu allen Fragen in Ihrem Leben inkubieren, von alltäglichen Problemen bis hin zu schwierigeren psychologischen Fragestellungen, z. B. einem besseren Verständnis dafür, warum Sie nicht zu Ihrem Kind durchdringen können. Was sexuelle Themen betrifft, so können Sie sich selbst auffordern, Antworten auf Fragen zu träumen wie: «Was ist mein größtes sexuelles Hemmnis?» «Warum fühle ich mich gehemmt, erschrocken, gelangweilt, wenn ich mit meinem Partner schlafe?» Oder: «Was muß ich begreifen, um meine sexuelle Beziehung verbessern zu können?» Und so weiter.

### *Die fünf Schritte der Trauminkubation*

1. Wählen Sie eine Nacht, in der Sie nicht zu müde sind.
2. Schreiben Sie nach Ihren Tagesnotizen ein paar Zeilen darüber, worum sich Ihre Träume drehen sollen. Bringen Sie Ihre Gefühle in Aufwallung. Listen Sie die verschiedenen Aspekte

Ihres Problems auf. Verdeutlichen Sie Ihre Frage und machen Sie sie so spezifisch, wie Sie wollen. Dies bezeichne ich als Ihre Inkubationsdiskussion, und vielleicht schreiben Sie daneben an den Rand Ihres Tagebuches «ID».

3. Dann schreiben Sie in großen Buchstaben eine einzeilige Frage oder Aufforderung nieder wie etwa: «Wie fühle ich wirklich als Sexpartner?» Oder: «Ich möchte einen Traum, der mich anregt, mein sexuelles Selbstbild zu verbessern.» Ich nenne das Ihren Inkubationssatz.

4. Schalten Sie das Licht aus und wiederholen Sie sich Ihren Inkubationssatz wieder und wieder, während Sie einschlafen. Sie müssen den Wunsch verspüren, etwas Neues zu lernen, das vielleicht überraschend oder bedrohlich ist, aber hilfreich. Jedesmal, wenn Ihre Gedanken abschweifen, wiederholen Sie den Satz erneut, bis Sie einschlafen.

5. Wenn Sie aufwachen, mitten in der Nacht oder am Morgen, schreiben Sie auf, was immer Sie im Kopf haben. Vielleicht erinnern Sie sich an einen ganzen Traum, an ein kleines Stück aus einem Traum, den Titel eines Liedes oder die direkte Antwort auf Ihre Frage. Wenn Sie zuerst mitten in der Nacht aufwachen und dabei ohne Antwort bleiben, dann inkubieren Sie Ihre Frage erneut, indem Sie den Satz aufs neue immer wieder aufsagen. Das erhöht Ihre Chancen auf einen Erfolg.

Wenn Sie notieren, was immer Ihnen beim Aufwachen in den Sinn kommt, sollten Sie darauf achten, keinerlei Urteil über die Relevanz für Ihre inkubierte Frage zu fällen. Oft kann man unmöglich wissen, worum sich ein Traum dreht, bevor man die Metaphern untersucht hat, die er vielleicht enthält und die auf den ersten Blick nichts mit Ihrer Anfrage zu tun zu haben scheinen. Wenn Sie Zeit haben, sich selbst zu interviewen oder einen Freund darum zu bitten, so schlage ich vor, nicht vorauszusetzen, daß Ihre Inkubation funktioniert hat. Finden Sie zuerst heraus, was der Traum beinhaltet, und fragen Sie sich erst dann, ob er in irgendeiner Weise Licht auf Ihre Frage wirft.

Wenn ich mit meinen Klienten arbeite, ziehe ich es gewöhnlich vor, daß sie mir ihre Inkubationsfrage erst nach Abschluß des Interviews mitteilen. Das verringert die Versuchung, einen tadellosen Traum gewaltsam zu einer Antwort auf eine Frage umzubiegen, mit der er vielleicht gar nichts zu tun hat. Fast jeder Traum handelt von Themen, die für den Träumer von Bedeutung sind, und wenn eine Inkubation nicht funktioniert hat, gibt es dafür gewöhnlich einen Grund. Manchmal inkubiert jemand einen Traum über eine verhältnismäßig unwichtige Angelegenheit, etwa die Verbesserung seines Golfschwunges oder eines Schlittschuhschrittes, und zwar gerade an dem Abend, an dem er einen bösen Krach mit seiner Frau hatte. Zu solchen Zeiten hat das unmittelbarere und wichtigere Problem in der Traumarbeit der Nacht Vorrang, und so wird die Inkubationsbemühung zunichte gemacht.

Betrachten wir nun den ersten Versuch eines jungen Mannes, einen Traum zu inkubieren. Oskar, ein attraktiver, lediger Immobilienmakler, beklagte sich darüber, immer wieder an Frauen zu geraten, die ihn eher als Vaterfigur und Beschützer ansahen. Seine Freundinnen fühlten sich bei ihm geborgen, aber sie schienen ihn sexuell nicht stark zu begehren. Eines Abends inkubierte er einen Traum über die Frage: «Was stimmt nicht mit dem sexuellen Bild, das ich projiziere?» Er träumte:

> Ich war auf einer lebhaften Single-Party. Es gab ein paar tolle Frauen, die ich kennenlernen wollte. Doch wenn ich mich einer näherte, kam mir immer ein anderer zuvor und machte sich bekannt. Er war Psychiater, und die Frauen mochten ihn, weil er es verstand, ihnen zuzuhören und ihnen die Befangenheit zu nehmen. Ich war erstaunt, denn er wirkte irgendwie, nun ja, nicht sehr scharf oder energisch.

Oskar beschrieb Psychiater als sanfte, verständnisvolle, aber nicht sehr dynamische Leute. Als er die Rekapitulation hörte, sagte er plötzlich: «So beschreiben die Frauen mich, wenn sie mich verlassen!» Oskar hatte vorher nicht bemerkt, wie stark er als Psychiater «ankam», und beschloß, nach anderen Arten zu suchen, sich selbst zu präsentieren, um dadurch eine andere Art von Beziehung anzuknüpfen.

Ob Sie Ihre Träume inkubieren oder nehmen, wie sie kommen, sie sind eine reiche Quelle für das Verständnis und die Entwicklung Ihres Selbstgefühls in der sexuellen Arena. Gabriele, eine Mutter und Hausfrau, die seit zehn Jahren verheiratet war, träumte:

> Zwei Frauen betreten ein Restaurant am Meer. Eine trägt einen Badeanzug, die andere ein Geschäftskostüm. Der Oberkellner führt sie an einen schrecklichen Tisch in der dunklen Bar ohne Blick auf den Ozean. Die Dame im Badeanzug ist bereit, den Tisch zu akzeptieren, aber die Dame im Geschäftskostüm lehnt ihn ab. Sie gibt dem Oberkellner fünf Dollar und bekommt einen wunderbaren Tisch in dem hellen Raum mit schöner Aussicht. Die beiden Damen setzen sich hin und machen sich miteinander bekannt.

Gabriele hatte keine Ahnung, worum es in dem Traum ging, bis sie sich die Zeit nahm, die beiden Frauen zu beschreiben.

***Interviewer:*** Wie ist die Dame in dem Badeanzug?

***Gabriele:*** Sie ist sehr sexy aufgemacht. Sie ist Sexpartnerin, Mutter und Hausfrau. Sie erinnert mich an meine Rolle als Frau seit meiner Heirat.

***I:*** Wie ist die Dame in dem Geschäftskostüm?

***G:*** Sie ist superaggressiv, unabhängig, selbstsicher und hat jede Menge Status und Macht. Ich könnte etwas davon gebrauchen, aber ich habe nicht viel davon.

***I:*** Okay. Die Frau in dem Geschäftskostüm weigert sich, den schlechten Tisch zu nehmen, und erkauft sich den Weg zu einem besseren.

***G:*** Ja. So wie Männer das tun. Sie ist smart und nicht eingeschüchtert wie die andere, sexy Frau. Der Oberkellner erinnert mich jetzt an meinen Mann. Er leitet den Laden, aber man kann ihn überreden ...

*I:* Erinnern diese beiden Frauen Sie an etwas?

*G:* Ja, natürlich, die beiden extremen Bilder, die ich von der Wahl habe, die Frauen offensteht.

*I:* Was denken Sie, warum machen die beiden Frauen sich miteinander bekannt?

*G:* Genau das muß passieren. Ich muß mehr über die Teile meiner selbst erfahren, die so sind wie diese Frauen, und ich muß sie ein bißchen miteinander vermischen. Meine Vorstellungen sind zu extrem. Ich vermeide es, Macht auszuüben, weil ich Angst habe, als harte, übermäßig aggressive Frau wahrgenommen zu werden. Aber ich wünsche mir entschieden mehr Status und Macht; ich will nicht im Dunkeln sitzen, ich möchte eine gute Position mit Aussicht.

Gabrieles Traum bot ihr Einsichten, die ihr Selbstgefühl im Bett – und auch außerhalb – signifikant verändern sollten. Sandra arbeitete ebenfalls an ihrem Selbstvertrauen im Leben und im Bett, als sie träumte:

> Mein Mann und ich waren in einem Schlafzimmer. Ich bemerkte, daß er sein eigenes, glänzend schwarzes Telefon auf seiner Bettseite hatte. Und ich hatte keines. Dann fand ich irgendwie selbst ein glänzendes schwarzes Telefon. Ich stöpselte es auf meiner Bettseite ein. Ich fühlte große Zufriedenheit, jetzt ein glänzendes schwarzes Telefon zu haben, und Mike war auch sehr glücklich, daß ich eines gefunden hatte.

Sandra schlug eine Brücke zu dem Telefon, indem sie sagte, ihr Mann Philip sei schon immer ein guter Kommunikator gewesen, vor allem mit Leuten aus seiner Branche, und sein leichter Kontakt mit Menschen sei wie das glänzende Telefon, um das sie ihn beneidete. Sie schrieb in dem Interview, daß «seine eigene Selbstsicherheit und seine gute und erfolgreiche Kommunikationsfähigkeit ihm schon lange bewußt sind, ebenso wie seine Zufriedenheit mit seinem inneren Selbst. *Mein* Telefon wurde erst später gefunden, genau wie ich im wachen Leben erst kürzlich wieder Zugang zu meinem Selbstvertrauen gefunden habe. Meine Kommunikation mit Leuten wird viel besser, genau wie die mit meinem Mann. Ich muß noch viel daran arbeiten, aber jetzt kann ich wenigstens, wenn er den ersten Schritt zur Kommunikation tut, voller und offener darauf reagieren. Und, ja, das hat auch Auswirkungen auf unser Leben im Schlafzimmer.»

Karin war verwirrt über das regelmäßig aufflackernde und wieder abnehmende sexuelle Interesse ihres Freundes, mit dem sie zusammenlebte, an ihr. Sie fühlte sich immer unsicherer, konnte ihn aber nicht bewegen, irgendein Problem zuzugeben. Sie inkubierte einen Traum und stellte die Frage: «Was läuft unter der Oberfläche in unserem Sexleben?» Sie träumte:

> Telefonisch werde ich aufgefordert, Sex mit vier Typen zu haben, die ich kenne. Ich akzeptiere, und wir haben lustigen, feinen Sex. Dann macht der Typ, der mich eingeladen hatte, mir Vorwürfe, ich sei sexuell zu locker. Er sagt, er hätte keineswegs die Absicht gehabt, mich zu Sex mit vier Männern zu veranlassen. Ich bin wütend und lasse es ihn merken. Ich sage: «Hast du mich nicht angerufen und eingeladen, mit euch allen vieren zu schlafen?» Er zögerte und mußte schließlich zugeben, daß es so gewesen war.

Beim Erwachen sah Karin in dem Traum etwas, das ihr in ihrer Beziehung nicht aufgefallen war. Ihr Freund litt unter einem ausgeprägten, wenn auch versteckten doppelten Maßstab. Regelmäßig ermutigte er sie, sich sexuell rückhaltlos hinzugeben, aber nach einer guten Liebesnacht zog er sich oft für ein paar Tage zurück. Ihm selbst war vermutlich nicht bewußt, in welchem Ausmaß seine religiöse Erziehung in bezug auf Sex ihn veranlaßte, Karin zu ungehemmtem Sex aufzufordern und sie hinterher dafür zu kritisieren. Übrigens träumen Menschen oft von sexuellen Aktivitäten, die im Traum zwar lustvoll sind, im wachen Leben aber niemals in Frage kämen. Karin benutzte das Bild von Sex mit vier Männern nicht, um vergangenes Verhalten zu reflektieren oder sich zu neuen Taten anzuspornen, sondern (ihrer eigenen Beschreibung zufolge), um eine sehr offene, sehr kühne und begeisterte Sexualität auszudrücken.

Hin und wieder haben wir das Glück, uns an einen Traum zu erinnern, der uns so auffallend lebhafte und anziehende Bilder liefert, daß die Arbeit der Selbstentdeckung eine Freude wird. Sandra, die Hilfe brauchte, um zweierlei Selbstbilder einzuschätzen und zu integrieren, berichtete von einem solchen Traum:

> Ich war Doris Day – das blonde, sommersprossige Mädchen von nebenan. Ich trug einen altmodischen weißen Badeanzug, so einen mit einer Corsage, die alles hochdrückt. Er war im Schritt eng, und ich hatte ein kurzes, sexy Hemd, das darüberhing. Ich erinnere mich, daß ich verwirrt war und mich fragte, wie ich Doris Day sein und gleichzeitig einen Körper wie Marilyn Monroe haben könne. Zuerst war ich wirklich verlegen. Dann fing ich an, meine Brüste in dem engen Anzug richtig zu fühlen und zu spüren, wie sexy ich im Grunde bin ...

Unser Interview verlief folgendermaßen:

***Interviewer:*** Tun wir so, als käme ich von einem anderen Planeten. Wer ist Doris Day, und wie ist sie?

***Sandra:*** Sie ist eine berühmte Filmschauspielerin, die immer das kumpelhafte, flachbrüstige nette Mädchen von nebenan spielt.

***I:*** Erinnert Doris, das nette, flachbrüstige, kumpelhafte Mädchen von nebenan, Sie an jemanden?

***S:*** Das ist im Grunde mein Image. Ich bin nicht flachbrüstig, aber so komme ich meistens an.

***I:*** Können Sie mir Marilyn Monroe beschreiben? Wie ist sie?

***S:*** Nun, sie war einfach unglaublich sexy. Im Traum war nichts von ihrem Unglück zu spüren, nur von ihrer/meiner Sinnlichkeit. Und ja, ich nehme an, ich bin ebenso sexy wie sie, aber ich habe das zugunsten meines Doris-Day-Images heruntergespielt. Tatsächlich tat ich im Traum ursprünglich das Monroe-Image ab, indem ich sagte, das sei Doris Day in *fett*! Ich sage mir oft selbst, daß ich fett bin, aber eigentlich bin ich das nicht. Im Traum fühlte ich mich sexy, aber auch sehr verletzlich. Trotzdem fand ich insgesamt das Bewußtsein toll, wie sexy ich war. Mir gefällt der Gedanke, daß ich sowohl das nette Mädchen von nebenan als auch die sexy Marilyn bin oder potentiell sein könnte.

***I:*** Vielleicht wäre es der Mühe wert, sich Ihre Gefühle von Verletzlichkeit einmal anzusehen, wenn Sie sich sexy fühlen, um festzustellen, ob Sie vielleicht Ihre Wertschätzung Ihrer Monroe-Qualitäten abgeblockt haben.

### *Überwindung sexueller Hemmungen und Trauminkubation*

Haben Sie sexuelle Hemmungen, von denen Sie sich gerne befreien würden? Manchmal haben Hemmungen zwar tiefe Wurzeln in einer schweren Kindheit und erfordern lange Selbsterforschung und oft eine Psychotherapie, um sie gefahrlos auszumerzen, aber andere sind nicht so kompliziert. Wenn Sie Hemmungen haben, die aus einem Gefühl prüder Scham oder aus der frühen Sexualerziehung herstammen, mit der Sie nicht mehr übereinstimmen, dann möchten Sie vielleicht mit Hilfe Ihrer Träume daran arbeiten.

Wie Irene, die einen Traum verlangte, der ihr helfen sollte, ihren Widerstand gegen das Lecken eines Penis zu überwinden, und die träumte, sie genösse einen Penis, als wäre er ein Lutscher, so können Sie Träume inkubieren, um sich die speziellen Hemmungen anzusehen, die Sie am meisten stören. Es gibt indessen eine Anzahl häufiger Träume, die gewöhnlich sexuelle Hemmungen betreffen, und sie zu kennen, hilft Ihnen möglicherweise, auf sie aufmerksam zu werden, wenn sie Ihnen spontan begegnen.

Der Traum, in dem man gerade mit einem angenehmen Partner schlafen will, als plötzlich Vater oder Mutter oder ein Freund hereinkommen, ist ein Klassiker. In den meisten Fällen ist der Eindringling völlig unbefangen und überhaupt nicht verlegen oder sonderlich interessiert an dem, was Sie vorhaben. Sie, der Träumer, sind jedoch völlig verblüfft und unfähig weiterzumachen. Manchmal beschließen Sie, sich auf die Suche nach einem anderen, intimeren Raum zu machen, doch meistens endet der Traum und läßt Sie ziemlich frustriert zurück. Wenn Sie die Persönlichkeit des Störers und die sexuellen Einstellungen beschreiben, die Sie von ihm gelernt haben, werden Sie vermutlich merken, daß ein Teil von Ihnen von diesen Einstellungen verfolgt wird, die Ihnen ein gewisses sexuelles Unbehagen einflößen. Fragen Sie sich, inwiefern Sie vielleicht Ihre Elternbilder so in Ihr Schlafzimmer lassen, daß Ihre Sexualität Ihnen peinlich ist.

Wenn der Störer ein Freund oder eine Freundin ist, dann beschreiben Sie seine oder ihre Persönlichkeit und schauen Sie, ob es nicht einen ähnlichen Teil von Ihnen oder Ihrem Partner gibt, der den Fluß Ihrer Sexualität stört. Wenn Sie beispielsweise einen eindringenden Freund als Plappermaul beschreiben, dann fragen Sie sich, ob Sie oder Ihr Partner den Zauber einer sexuellen Begegnung vielleicht durch unruhiges Geschwätz zerstören.

Viele Menschen träumen davon, beim Sex von der Mutter oder dem Vater gestört zu werden, die oder der das Zimmer betritt und so tut, als sei nichts Ungewöhnliches im Gange. Meistens wird der Träumer dann so verlegen, daß er oder sie die sexuelle Begegnung beendet. Die meisten Menschen verstehen diese Träume als Darstellung ihrer eigenen sexuellen Gehemmtheit in Anwesenheit eines verinnerlichten Elternteils, der sie bis ins Erwachsenenalter verfolgt. Manchmal werden Sie entdecken, daß der Störer nicht so sehr eine Metapher für einen Teil Ihrer selbst ist als vielmehr ein Bild, das Ihnen erlaubt, mit der tatsächlich gesehenen Person verbundene Gefühle zu verarbeiten.

Gina war in eine neue Wohnung gezogen, die sie mit jemandem teilte, und träumte eine Version des Störungs-Szenarios.

Meine neue Hausgenossin, Kim, und ich haben getrennte Zimmer. Ich sehe fern und masturbiere, indem ich mich auf dem Bett vor und zurück bewege, so daß meine Klitoris sich an den Laken reibt. Das ist für mich eine neue Methode und sehr erregend und angenehm. Aber ich höre immer wieder auf. Ich fürchte, daß Kim hereinkommen wird, da es beinahe Zeit zum Aufstehen ist. Ich sehe im Fernsehen eine Sex-Szene, die mich erregt. Aber ich höre trotzdem immer wieder auf, weil ich fürchte, Kim könnte hereinkommen und mich ertappen. Dann wird mir endlich klar, daß Kim anklopfen würde, bevor sie eintritt. Ich fühle mich erleichtert.

Ginas Gefühl im Traum, eine neue Art zu entdecken, sich selbst Lust zu verschaffen, offener und risikobereiter zu sein, erinnerte sie an parallele Gefühle in ihrem wachen Leben. Sie hatte gerade das traurige Ende einer Freundschaft hinter sich, war umgezogen und freute sich auf neue Abenteuer im Leben. Unser Interview ging so:

***Interviewer:*** Sie sagen, Sie hatten das Gefühl, Kim könne hereinkommen, und Sie fürchteten, in Verlegenheit zu geraten?

***Gina:*** Da kann ich leicht eine Brücke schlagen. Ich mache mir tagtäglich Sorgen, in meiner neuen Wohnsituation jemanden zu stören. Ich habe Angst, in Verlegenheit gebracht, ertappt zu werden. Ich habe meine persönlichen Gewohnheiten schon lange nicht mehr mit jemandem geteilt.

***I:*** Was ist Masturbation?

***G:*** Das ist eine private, persönliche Sache, die ich für mich selbst tue, um mich gut zu fühlen. Es gefällt mir, ob ich in einer Beziehung bin oder nicht. Wenn ich masturbiere, brauche ich meine Gedanken oder Reaktionen mit niemandem zu teilen, und, was das Wichtigste ist, ich kann mir soviel Zeit nehmen, wie ich will. Es macht Spaß. Ich bin total frei und brauche auf niemand anderen zu reagieren.

***I:*** Sie genießen also eine neue Form masturbatorischer Lust, wo Sie auf niemanden reagieren müssen, sich Zeit nehmen können und totale Freiheit haben. Aber Sie machen sich Sorgen, Sie könnten gestört, in Verlegenheit gebracht, ertappt werden. Erinnern diese Gefühle Sie an bestimmte Situationen in Ihrem Leben?

***G:*** An meine neuen Beziehungen zu Leuten wie Kim und Joe, unserem dritten Mitbewohner. Ich werde emotional offener, lasse die Leute an mich heran, aber ich mache mir noch immer Sorgen um meine Grenzen. Die Tatsache, daß mir klar wird, daß Kim anklopfen würde, läßt mich denken, daß ich jetzt mehr Vertrauen darauf habe, daß niemand meine Grenzen überschreitet. So verletzlich bin ich eigentlich gar nicht. Und ich glaube, daß ich in meinen Beziehungen jetzt besser in der Lage bin, ja *oder* nein zu sagen.

Gina träumte hier also einen Traum, der ihre Scheu und ihre Angst, in Verlegenheit gebracht zu werden, während sie masturbierte, dazu benutzte, ihre Sorgen bezüglich Intimität versus Gemeinsamkeit zu beleuchten. Metaphorisch handelte er von Grenzängsten, aber sie bekam auch eine Chance, sich anzusehen, wie ihre Angst, ertappt und in Verlegenheit gebracht zu werden, die private Lust der Masturbation störte.

Vergeblich nach einem geschützten Ort zu suchen, an dem man Sex haben kann, ist ebenfalls ein häufiger Traum. Fragen Sie sich, vor wem Sie Ihre Sexualität verstecken möchten und ob Ihre Sorge im Kontext des Traumes notwendig ist. Lena träumte davon, mit dem Mann zusammenzusein, mit dem sie seit fünfzehn Jahren verheiratet ist:

> Paolo und ich sind mit einer netten kleinen Gruppe von Freunden zusammen. Ich sitze unauffällig unter dem Tisch zwischen Paolos Beinen und spiele mit seinem Penis. Ich werde erregt. Ich sage: «Oh, er ist so groß und dick. Oh, Mann!» Hoppla! Alle haben mich gehört! Meine Güte! Paolo ist sehr lieb und erfreut und schlägt vor, die Gruppe solle ihr Gespräch weiterführen, während er und ich weggehen, um miteinander zu schlafen. Ich

bin entsetzlich verlegen, weil er das zu ihnen sagt, und meine Erregung ist völlig verschwunden.

Oft lassen solche Träume den Träumenden erkennen, daß die Tatsache, den Sex zu genießen, etwas ist, dessen Eingeständnis ihm peinlich ist. Wenn sie daran arbeiten, unbefangener mit ihrer erwachsenen Sexualität umzugehen, scheinen die Menschen weniger derartige Träume zu haben.

Wenn Sie sich in Träumen wiederfinden, in denen andere Leute mit dem Finger auf Sie zeigen und Sie kritisieren, weil Sie jemanden küssen oder nackt baden oder sonst etwas Harmloses tun, dann fordern Sie sich selbst auf, die Einstellungen und Motivationen der Kritiker zu beschreiben. Achten Sie sorgfältig darauf, ob Ihre Beschreibung einen Aspekt Ihrer eigenen Einstellungen schildert, die vielleicht noch aus der Zeit stammen, als Sie die Überzeugungen anderer Leute akzeptierten und einen kindlichen Glauben an die Aussagen Erwachsener hatten. Betrachten Sie den Traum von Julius:

Meine Frau und ich sind auf dem Markt in Seattle. Wir sehen, wie ein anderes Paar sich umarmt. Wir schauen weg. Wir sehen wieder hin, und jetzt liegen sie nackt in der Sonne. Andere Leute fangen an, mit dem Finger auf sie zu zeigen und zu sagen, wie abstoßend das alles sei. Die Leute versuchen, sie zu kränken. Das ist nicht fair, die beiden tun keinem weh.

Julius' Ambivalenz der offenen Sexualität des Paares gegenüber geht daraus hervor, daß er erst wegschaut, und, seinen Antworten auf meine Frage zufolge, aus der erbosten Reaktion der anonymen Menge. Julius und seine Frau befanden sich in einer Periode des Wachstums und der Öffnung in ihrer sexuellen Beziehung, und sein Traum illustrierte einen Teil der noch immer stark negativen Einstellungen, die er erst verstehen und überwinden mußte.

Diese grob-skizzierten Umrisse sollen nur als Vorschläge für eine Richtung der Selbsterforschung dienen, die nach meiner Erfahrung für viele derartige Träume relevant und nützlich ist. Gelegentlich können geläufige Träume aber auch ungewöhnliche Bedeutungen haben. Sie oder der Träumer, den Sie interviewen, können eines dieser Szenarios auf absolut eigenwillige Art verwenden. Bevor Sie die persönlichen Assoziationen zu einem Traum untersucht haben, können Sie nicht sicher sein, welche Bedeutung die Bilder für den speziellen Träumer haben. Verwenden Sie diese Kommentare also bitte als Anhaltspunkte und nicht als feststehende Deutungen.

Bevor wir die Diskussion von Träumen verlassen, die unsere Hemmungen abbauen und unsere Technik verbessern helfen, möchte ich Sie auf eine Art von Traum aufmerksam machen, die mir als besonderes Geschenk erscheint und möglicherweise eine Verwandtschaft mit instinkthafter Programmierung und sexueller Entwicklung aufweist.

Wie wir in Kapitel 2 gesehen haben, berichten junge Männer regelmäßig von köstlichen Träumen, in denen eine ältere, erfahrene Frau sie verführt. Wo diese Träume konfliktfrei sind, legen Interviews keinen verdrängten Wunsch frei, Sex mit der Mutter zu haben, und ich halte es nicht für angemessen, einen solchen Wunsch meinerseits zu unterstellen. Viel eher scheinen solche Träume dem Träumer einerseits ein sexuelles Ventil in Form eines feuchten Traums zu liefern und andererseits sein Selbstvertrauen und seine sexuelle Lust zu fördern. Die Betonung liegt auf dem größeren sexuellen Wissen und Selbstvertrauen der Frau, die dem jungen Träumer weiterhelfen.

Ob junge heterosexuelle Frauen auch solche Träume haben, vermag ich nicht zu sagen. Gewiß träumen sie von dem eifrigen, exzellenten Liebhaber, aber er ist oft ein verflossener Freund oder eine romantische, berühmte Gestalt. Meiner Erfahrung nach liegt der Nachdruck nicht auf der Tatsache, daß er älter und erfahrener ist als die Träumerin, obwohl er durchaus beides sein kann. Ich habe eher den Eindruck, wenn ein deutlich älterer Mann im

Traum mit einer Frau Sex hat, ist die Gefühlsfärbung eher Angst oder Widerwillen. Im Interview stellen wir fest, daß diese Träume oft mit Ängsten der Träumerin zu tun haben, die auf Belästigungen als Kind zurückgehen.

# Zweiter Teil
# Intime Leidenschaften

# 6 Das Sexleben spiegelt die wesentliche Dynamik einer Beziehung

## *Durchs Schlüsselloch beobachtet*

Es gilt nicht für jedermann, aber bei den meisten modernen Paaren spiegelt das, was im Bett vor sich geht, gewöhnlich die entscheidende Dynamik der gesamten Beziehung. Liebende, die im Bett großzügig, überschäumend und kreativ sind, haben wahrscheinlich ganz andere Beziehungen als Liebende, die egoistisch, passiv oder kritisch sind.

### *Vergleich der sexuellen mit den emotionalen Beziehungen*

Blicken Sie auf Ihre wichtigsten sexuellen Beziehungen zurück. Spiegelten die Qualitäten Ihrer sexuellen Beziehung die Ihrer emotionalen Beziehung wider? Manchmal sind diese Parallelen im Rückblick leichter zu sehen und einzugestehen, da sie nicht mehr durch die Einsicht in unangenehme Wahrheiten bedroht sind.

### *Frühe Alarmsignale*

Nehmen Sie eine wichtige Beziehung, die in die Brüche ging. Denken Sie darüber nach, wie und warum sie endete. Dann gehen Sie zur ersten Woche oder zum ersten Monat der Beziehung zurück und versuchen Sie sich zu erinnern, welche Zeichen Ihr

Liebhaber Ihnen früh in der Beziehung gab, die die wichtigen Probleme schon andeuteten, Zeichen, die Sie damals als unwichtig abtaten, weil Sie es vorzogen, sich auf die guten und aufregenden Dinge zwischen Ihnen zu konzentrieren.

Wenn Sie so sind wie viele Leute, die ich kenne, dann waren die meisten Drachen der unglückseligen Affäre schon früh für jeden sichtbar, der sie sehen wollte. Workaholics haben Ihnen gezeigt, daß sie von ihren Jobs besessen waren, Alkoholiker haben zuviel getrunken, Quasselstrippen haben Ihnen die Ohren vollgeblasen, Besserwisser zu allem ihren Kommentar gegeben, Schlappschwänze in irgendeiner Weise versagt, Nörgler haben gemeckert und egoistische Liebhaber mit Ihnen geschlafen, als seien Sie gar nicht da oder hätten keine Bedürfnisse. Konflikte bezüglich Stil und Zielen waren vermutlich ebenfalls deutlich sichtbar. Er lebte gern in der Stadt, sie auf dem Land. Er wollte Kinder, sie nicht. Er ging gern auf die Jagd und ritt, sie flog auf tropische Inseln oder in exotische Städte, wann immer sie konnte. Er war Gesundheitsfanatiker, sie rauchte. Im Wachzustand haben Sie vielleicht Scheuklappen getragen in der Hoffnung, den Richtigen gefunden zu haben oder ihn dazu machen zu können. Aber ich möchte darauf wetten, daß Sie in jenen ersten Nächten die Scheuklappen mehr als ein paarmal abnahmen, wenn Sie von Ihrer neuen Flamme träumten.

Meine Klienten und Studenten, die Traumtagebücher führen, haben sich oft rückblickend die Träume angeschaut, die sie zu Beginn einer neuen Beziehung hatten, und Informationen gefunden, von denen sie wünschten, sie hätten sie früher erkannt und verstanden. Diese Träume wiesen sehr bald auf das Pro und Contra der Freundschaft hin und auch auf ihre Ähnlichkeiten mit früheren Beziehungen. Da jedoch die meisten von uns die frühen Warnzeichen übersehen und nicht auf die Ratschläge von Freunden oder die Einsichten unserer Träume hören wollen, finden wir uns oft in schwierigen Beziehungen wieder und können nicht genau bestimmen, was der Unzufriedenheit oder dem Schmerz zugrundeliegt. An diesem Punkt können wir wertvolle Einsichten darüber gewinnen, was wirklich vor sich geht, wenn wir uns die Qualität unserer sexuellen Begegnungen sehr genau ansehen. Damit wir unseren sexuellen Träumen die Subtilität und Tiefe abgewinnen können, die sie bieten, täten wir gut daran, uns der Natur unserer wachen sexuellen Erfahrungen bewußter zu werden und sie besser diskutieren zu können (zumindest mit uns selbst).

### *Persönlichkeitsmerkmale, die in sexuellen Interaktionen zum Ausdruck kommen*

Männer, die sich darüber beschweren, ihre Partnerinnen seien nach mehr als einem Monat oder so in der Beziehung noch immer verklemmt und gehemmt im Bett, sagen oft, einer der Hauptgründe, warum sie die Beziehung beendet hätten, sei die Feststellung gewesen, daß die Frauen in den meisten Bereichen ihres Lebens und ihrer Interaktionen auch so gewesen seien. Gregor beklagte sich ähnlich; die Schüchternheit seiner Frau und ihr Widerstand gegen das Ausprobieren neuer Speisen und neuer Aktivitäten im Alltagsleben spiegelten sich deutlich in ihrer Weigerung wider, oralen Sex auszuprobieren oder außerhalb des Schlafzimmers Sex zu haben. Im Bett und außerhalb des Bettes deutete Gregor die Schüchternheit seiner Frau als störrische Starrheit, die ihn und sie um viele neue und angenehme Erfahrungen brachte.

Ich kenne keine Frau, die klagt, ihr Mann sei im Bett lethargisch und langweilig, und ihn anschließend lobt, er sei außerhalb des Bettes eine aufregende, geistsprühende Persönlichkeit.

Menschen, die extrem passiv und abhängig oder aggressiv und kontrollierend sind, zeigen das gewöhnlich im Bett. Übermäßig abhängige Leute sind oft weit mehr daran interessiert, gehätschelt und gedrückt – fast in Ihren Armen gewiegt – als im Bett erotisch in Anspruch genommen zu werden. Extrem kontrollierende Menschen können sehr aktive Liebhaber sein, die Probleme haben, für die Initiativen des Partners sexuell empfänglich zu sein, und denen es vielleicht sogar Unbehagen bereitet, wenn der andere oben ist. Stark kontrollierende Menschen suchen sich manchmal Partner aus, die sie im Bett beherrschen und von der Rolle der Führerschaft entlasten. Doch oft ist dieser unterwürfige Liebhaber in Wirklichkeit doch derjenige, der die Kontrolle hat. Er oder sie kann darauf bestehen, stets den Stil und den Zeitpunkt der Dominanz des anderen zu bestimmen. All das ist eine Frage des Grades. Wenn ein Liebhaber in seinem oder ihrem Stil unflexibel erscheint und Sie diesen Stil problematisch finden, dann haben Sie einen guten Hinweis auf mögliche Probleme ähnlicher Natur in Ihrer Beziehung.

Leute, die verantwortungslos und/oder unaufrichtig sind, können Ihnen Hinweise auf diese Merkmale geben. Was erzählen sie Ihnen über ihre sexuelle Vorgeschichte? Wie erzählen sie es? Oder vermeiden sie das Thema, bis Sie es aufbringen? Gibt es Widersprüche oder große Lücken in der Geschichte? Wie überzeugt sind Sie, die ganze Wahrheit zu hören? Wenn Sie Ihrem Partner Punkte für Integrität oder Verantwortungsbewußtsein geben müßten, wie würden Sie dann seine oder ihre Antworten hinsichtlich Empfängnisverhütung oder Vermeidung ansteckender Krankheiten bewerten? Bleibt es Ihnen überlassen, für Safer Sex zu sorgen? Haben Sie den Eindruck, daß Ihr Partner Ihre Bemühungen unterstützt, oder unterstellt er oder sie einfach, daß Ihre Zweifel unfreundlich sind oder daß Sie dumm sind, sich Sorgen zu machen? So schwierig es ist, über Krankheit und Tod durch Sex zu reden, und so peinlich es ist, wirksame Vorsichtsmaßnahmen zu treffen, solche Diskussionen und Handlungen verraten Ihnen doch eine Menge über Ihren Partner. Ein Liebhaber, der an Ihrer Gesundheit interessiert ist und dies zeigt, indem er Ihnen seine HIV-Testresultate vorlegt, indem er bereit ist, Kondome zu benutzen, indem er Safer-Sex-Praktiken befolgt und dergleichen, beweist damit fürsorgliche Züge, die Sie wahrscheinlich auch in anderen Bereichen Ihrer Beziehung finden werden.

Wenn Sie und Ihr Partner sich im Bett in Machtkämpfe verstrikken, dann haben Sie diese gewöhnlich auch in Restaurants, auf der Tanzfläche, zu Hause, überall. Wenn Ihr Partner den Sex kontrollieren muß und Sie sich verpflichtet fühlen, das zuzulassen, überlassen Sie ihm dann auch außerhalb des Bettes Ihre Macht, Entscheidungen zu treffen? Wenn Ihr Partner Sie nicht fragt, wie er Ihnen im Bett am besten Lust bereiten kann, oder nicht auf Ihre Vorschläge hört, ist er dann außerhalb des Schlafzimmers ebenso verschlossen, abwehrend oder uninteressiert an Ihren Bedürfnissen und Vorlieben? Sind Sie nicht fähig oder nicht willens, Ihre Vorlieben sowohl im Bett als auch außerhalb des Bettes bekanntzugeben? Welchen Preis bezahlen Sie dafür? Vielleicht wählen Sie wiederholt dominierende, kontrollierende Partner, die Ihr persönliches Wachstum und Ihre Reifung zwar ernstlich einschränken, Sie aber gleichzeitig der Aufgabe entheben, zu lernen, was Sie wollen, und die Verantwortung dafür zu übernehmen, es zu bekommen. Wenn eine Frau Ihnen sagt, sie könne nur im Dunkeln mit Ihnen schlafen, so seien Sie auf der Hut; möglicherweise haben Sie eine Frau getroffen, deren Schüchternheit für Ihre Beziehung lähmend sein könnte. Wenn ein Mann Ihnen sagt, welche Art von Orgasmen Sie haben sollten, passen Sie auf! Er ist nicht nur ganz falsch informiert, sondern hat möglicherweise auch ein bedrückendes Bedürfnis, Sie zu belehren und zu korrigieren, während er der Auseinandersetzung mit seinen eigenen Problemen ausweicht.

Der egoistische, faule oder gehemmte Liebhaber ist vermutlich auch ein egoistischer, fauler oder gehemmter Gatte oder Partner. Der sexuelle Fußabtreter ist vermutlich im Kontext der Beziehung immer der Fußabtreter, auch wenn er oder sie bei der Arbeit ein richtiger Tiger ist. Und wenn Sie der Partner eines dieser Typen sind, was verrät das dann über Ihre Bedürfnisse, die unterstützende Rolle zu spielen, die ein gegebener Persönlichkeitstyp braucht? Was gewinnen Sie dabei? Oder: Was gewinnen Sie dabei oder wovor laufen Sie davon, indem Sie eine solche Beziehung fortsetzen?

### *Verschmelzung*

Auf subtileren Ebenen klagen manche Leute, ihr Partner wolle eher eine Art elterlicher Zuwendung (Beruhigen, Trösten, Akzeptieren), was Erregung, Drama, Hingabe oder eine elektrisierende Begegnung eines Ich mit einem Du ausschließt. Liebende, vor allem junge Liebende, sehen den Partner gern als Teil ihrer selbst und zielen darauf ab, mit ihm zu verschmelzen. Wenn jedoch die andere Person, das Du, nicht wegen seiner Andersartigkeit und Eigenheit akzeptiert und geschätzt wird, dann kann die erotische Komponente der Beziehung leicht verkümmern. Der nährende Aspekt der Liebesbegegnung ist für fast jeden wesentlich, aber wenn man ihn übertreibt, dann schränkt die daraus resultierende Eltern/Kind-Dynamik das Potential zu einer reiferen Ich-Du-Begegnung ein. Die Ich-Du-Beziehung erfordert einen stärkeren Sinn für die Andersartigkeit und Gleichwertigkeit der Partner, als der Eltern-Kind-Modus zuläßt. Und er erfordert größere Achtung vor der Wahlfreiheit, Initiative und Entscheidungsfähigkeit des anderen, als in einer Paarbeziehung nach dem Eltern-Kind-Muster wahrscheinlich ist.

### *Beherrschung/Unterwerfung*

Wenn sie zu weit getrieben werden oder zu häufig vorkommen, so bedrohen beherrschende/unterwürfige Beziehungen die Lebensfähigkeit der Ich-Du-Qualität einer Beziehung. Mit dominierend/unterwürfig meine ich Beziehungen, die einen markanten Grad dieser Dynamik aufweisen, welche in geringem Maße in jeder Beziehung vorkommt. Ich beziehe mich hier nicht auf extreme Formen, die Sadismus und Masochismus als sexuellen Fetisch umfassen. Paare, bei denen der eine die sexuell dominierende, der andere die unterwürfige Rolle spielt, tun dies oft in den übrigen Bereichen ihrer Beziehung nicht. Sie betrachten ihr sexuelles Rollenspiel vielmehr als beidseits erwünschtes Spiel, das die erotische Qualität ihrer Partnerschaft steigert. Diese erotische Begegnung ist in den frühen Stadien einer Beziehung leichter zu finden, wenn das (oft illusorische) Gefühl der Gleichwertigkeit zwischen den Liebenden noch nicht durch die Betonung von Status, finanzieller Macht und sozialen oder ehelichen Rollen beeinträchtigt ist. So wird ein mächtiger Mann, der sich in eine Frau von geringerem Status verliebt (Chef/Sekretärin, Politiker/freiwillige Helferin), diese, solange die Verliebtheit anhält, manchmal als anders betrachten, vielleicht so, als hätte sie Macht über ihn. Mit der Zeit aber führt die geteilte Überzeugung bezüglich des überlegenen Status des einen in der Beziehung zu einer unfreiwilligen Dynamik von Dominanz bzw. Unterwerfung, die allmählich die elektrisierende Qualität der Ich-Du-Verbindung aufzehren kann. (Wenn das Paar sich durch Dominanzspiele erregt fühlt, haben die Rollen eher einen freiwilligen, spielerischen Charakter.)

Oft fordert der eine Partner schließlich einen höheren Status in der Beziehung, wie im Falle der leitenden Angestellten, deren Liebhaber ihr früherer Hausbursche ist. Wenn Alltagspflichten an den Partner mit dem niedrigeren Status delegiert werden, bauen sich Ressentiments auf, die stillschweigend und manchmal insgeheim mit den Liebenden ins Bett steigen. Wenn ein Partner das Gefühl bekommt, ihm oder ihr werde alle unangenehme Arbeit aufgebürdet, so bewegen sich beide Partner vom Hingezogensein zum und Interesse am anderen zu Gefühlen von Dominanz, Kontrolle, Unterwerfung, Groll und manchmal Rache.

In ihrem Buch «Die Fesseln der Liebe» erforscht Jessica Benjamin die zwischenmenschlichen und sozialen Kräfte, die das erotische Potential von Männern und Frauen einschränken. Sie weist auf die Kräfte hin, die das Gefühl der Frau für ihre eigenen Triebe und Wünsche, ihre «Subjektivität» entmutigen sowie auf jene, die den Mann davon abhalten, die Subjektivität der Frau anzuerkennen, während sie ihm gleichzeitig Angst einflößen, sich in intimen emotionalen Begegnungen zu verlieren. Diese Kräfte, Nebenprodukte der gegenwärtigen Aufspaltung menschlicher Fähigkeiten nach rigiden Geschlechtsrollen und Mustern des aktiven, unabhängigen Vaters und der verschlingenden, abhängigen Mutter, fördern die stereotypen Machtspiele zwischen Paaren. Benjamin schreibt:

> Wenn ich den anderen völlig kontrolliere, hört dieser auf zu existieren, und wenn der andere mich völlig kontrolliert, höre ich auf zu existieren. Vorbedingung unserer eigenen unabhängigen Existenz ist die Anerkennung des anderen. Wahre Unabhängigkeit bedeutet, die essentielle Spannung dieser widersprüchlichen Impulse auszuhalten, das heißt, sowohl das Selbst zu behaupten als auch den anderen anzuerkennen. Dominanz ist die Konsequenz, wenn man diese Vorbedingung nicht akzeptiert. Bei gegenseitiger Anerkennung nimmt das Subjekt die Prämisse an, daß andere von ihm getrennt sind, aber dennoch ähnliche Gefühle und Absichten mit ihm teilen. Das Subjekt wird für seinen Souveränitätsverlust entschädigt durch die Lust des Teilens und der Gemeinschaft mit einem anderen Subjekt.[1]

Die Fähigkeit, die Individualität oder Subjektivität sowohl des Selbst als auch des anderen zu akzeptieren, sich der Unterschiede bewußt zu sein, macht es möglich, keinen Selbstverlust zu fürchten und die zeitweilige Verschmelzung mit dem anderen in der Gipfelerfahrung erotischer Ekstase zu genießen. Wie Benjamin das ausdrückt:

> Bei der Anerkennung (der Subjektivität eines anderen) teilt jemand, der anders und außerhalb ist, ähnliche Gefühle; verschiedene Psychen und Körper stimmen sich aufeinander ein. Bei der erotischen Vereinigung kann diese Einstimmung so intensiv sein, daß das Selbst und der andere fühlen, als seien sie zeitweilig «in» dem anderen und Teil eines Ganzen. Rezeptivi-

tät und Selbst-Ausdruck, das Gefühl, das Selbst im anderen zu verlieren, und das Gefühl, wirklich als Selbst erkannt zu sein, verbinden sich. In meinen Augen ist der gleichzeitige Wunsch nach Selbstverlust und nach Ganzheit (oder Einssein) mit dem anderen, oft als höchster Gipfel der erotischen Vereinigung beschrieben, in Wirklichkeit eine Form des Wunsches nach Anerkennung. Indem wir *mit* dem anderen und *an* dem anderen Lust gewinnen, erkennen wir uns gegenseitig an.[2]
Die Fähigkeit, in Zustände einzutreten, in denen Verschiedenheit und Einssein versöhnt sind, ist Grundlage der intensivsten Erfahrung des erwachsenen erotischen Lebens. Bei der erotischen Vereinigung können wir diese Form gegenseitigen Erkennens und Anerkennens erleben, bei der beide Partner sich im anderen verlieren, ohne dabei ihr Selbst zu verlieren; sie verlieren die Selbst-Bewußtheit, ohne die Bewußtheit zu verlieren.[3]

Die Qualitäten und Kräfte von Dominanz und Unterwerfung werden in vielen Beziehungen oft unter den Teppich gekehrt, und ihr Einfluß auf das erotische Leben des Paares wird deshalb weitgehend unterschätzt. Mit etwas Nachdenken ist es jedoch normalerweise nicht schwer, unsere eigene Beteiligung an dieser Dynamik zu identifizieren. Wenn Sie danach den Grad erforschen, in dem Sie und Ihr Partner die Subjektivität des anderen anerkennen, werden Sie vermutlich einige Antworten auf etliche Ihrer Fragen bezüglich der Intensität Ihrer erotischen Verbindung entdecken.

Nachdem Sie nun einige der vielen Einflüsse betrachtet haben, die den Umgang eines Paares im Bett formen können, sehen Sie Ihre eigenen sexuellen Beziehungen vielleicht mit anderen Augen. Wenn Sie Ihre Antworten auf die folgenden Fragen in Ihrem Tagebuch sexueller Träume niederschreiben, stellen Sie vielleicht überrascht fest, wieviel klarer Ihnen Ihre eigenen sexuellen Beziehungsmuster werden.

Wenn Sie mit Ihrem Partner Sex haben, ist er oder sie dann

warm und großzügig oder widerstrebend und passiv? Ist Ihr Partner fordernd oder bedrohend? Was ist mit Ihnen? Sind Sie überschwenglich, kreativ, großzügig, offen, distanziert, nachtragend oder ängstlich? Nehmen Sie sich einen Augenblick Zeit, um in Ihrem Tagebuch oder Traumtagebuch die Qualität dessen zu beschreiben, was im allgemeinen zwischen Ihrem Partner und Ihnen im Bett vorgeht (oder vorging). Beschreiben Sie ganz kurz, wie Ihr Partner im Bett ist, wie Sie sind und wie es sich anfühlt, miteinander zu schlafen.

Welche Adjektive haben Sie benutzt? Haben Sie soeben die Qualität Ihrer gesamten Beziehung zu Ihrem Partner beschrieben? Wenn Ihre erste Antwort nein lautet, dann nehmen Sie sich noch einen Augenblick Zeit und befragen Sie sich erneut. Wenn Sie noch immer keine Verbindung zwischen Ihrer Beziehung im Bett und Ihrer gesamten Beziehung sehen, dann schreiben Sie ein paar Zeilen darüber, worin sich die beiden Beziehungen unterscheiden. Dann halten Sie Ausschau nach Aspekten Ihrer gegenwärtigen Beziehung, die trotz der Unterschiede Ihren beschreibenden Adjektiven entsprechen. Vielleicht werden Sie dabei überrascht Parallelen entdecken, die Sie zuvor nicht gesehen haben.

Wie haben Sie sich mit Ihrem letzten wichtigen Liebhaber im Bett gefühlt? Fühlten Sie sich sexuell begehrt, geliebt, gelobt, bedient, toleriert, mit Groll bedacht? Notieren Sie, wie Sie sich gefühlt haben.

Erinnert diese Beschreibung Sie daran, wie Sie sich in irgendwelchen anderen Beziehungen gefühlt haben? Die meisten Menschen stellen fest, daß die emotionalen Grundempfindungen ihrer letzten wichtigen sexuellen Beziehung nicht nur im Bett und außerhalb des Bettes dieselben waren, sondern in den meisten ihrer vergangenen Beziehungen vorkamen und oft auch in der gegenwärtigen bestehen. Das ist gewöhnlich ein bißchen schockierend. Dennoch, wenn Sie einmal anfangen, Ihre Beziehungsmuster zu erkennen, werden Sie sich fragen, wie es möglich ist, daß Sie sie so lange nicht bemerkt haben.

## *Langfristige Muster*

### *Gefühle bewußt machen*

Wenn Sie sich nicht haben entmutigen lassen, lesen Sie jetzt Ihre Aufzeichnungen noch einmal durch und fragen Sie sich, wann Sie sich zum ersten Mal in Ihrem Leben in der Beziehung zu irgend jemandem so gefühlt haben. Wenn Sie sagen, daß Sie sich von Ihrer Mutter, Ihrem Vater, Ihren Großeltern, Ihrem Bruder oder Ihrer Schwester ähnlich geliebt, ignoriert, benutzt und so weiter gefühlt haben, dann seien Sie nicht beunruhigt. Sie sind nicht allein. Nichts ist häufiger, als emotionale Beziehungsmuster mit Menschen, deren emotionale Art und Weise jemandem ähnelt, von dem Sie zuerst gelernt haben, in eine Beziehung zu treten, auch auf nicht-sexuelle Weise. Es ist jedoch überaus schwierig, diese Muster zu verändern, und wenn Ihr Muster zu wiederholten unglücklichen Beziehungen führte, dann wissen Sie, woran Sie zu arbeiten haben. Selbststudium (einschließlich der Lektüre von John Bradshaws «Das Kind in uns»), ernsthafte Traumarbeit und gegebenenfalls eine Therapie werden Ihnen helfen können, das Muster zu verändern und das nächste Mal eine Wahl zu treffen.

Anna ertappte sich immer wieder dabei, daß sie die Rolle der Beschwichtigerin in Beziehungen mit jähzornigen Männern spielte. So war sie beispielsweise, um Wut- und Reizbarkeitsausbrüchen von Jan, ihrem gegenwärtigen Liebhaber, vorzubeugen, ständig bereit, ihn dadurch zu besänftigen, daß sie ihr Verhalten änderte und sich entschuldigte, wenn sie irgendeine Bitte vorgetragen hatte, die schlecht angekommen war – und natürlich dadurch, daß sie immer einwilligte, mit ihm zu schlafen, ob sie Lust dazu hatte oder nicht. Genauso war es ihr mit Sam und Richard und B. J. ergangen. Schließlich erkannte Anna, daß sie früher dieselbe Rolle bei ihrem schnell erzürnten Vater gespielt hatte. Tatsächlich stellte sie fest, daß ihre wichtigsten Freunde sämtlich ziemlich depressive Workaholics waren, die von den sie umgebenden Frauen erwarteten, reich für die Tatsache entschädigt zu werden, daß sie so lange und hart für die Familie arbeiteten. Alle waren sie perfektionistische, übermüdete, überlastete Persönlichkeiten, die ihren zugrundeliegenden depressiven Charakter völlig verleugneten. Unter den oberflächlichen Unterschieden waren sie alle wie Annas Vater. Jetzt konnte sie das daran erkennen, wie sie sich mit ihnen beim intimen Zusammensein fühlte. Nachdem sie ihr Muster bei der Wahl von Männern einmal erkannt hatte, konnte Anna die mühsame Aufgabe in Angriff nehmen, dieses Muster zu verändern und nach Männern Ausschau zu halten, mit denen sie für sie erfüllendere Beziehungen eingehen konnte. Dazu mußte sie dem starken Drang widerstehen, ihr Muster zu wiederholen und sich nicht länger in ihren üblichen Typ verlieben. Dann mußte sie emotionale Gefühle und sexuelles Hingezogensein zu einem Typ von Mann erlernen, der für sie ein befriedigenderer Partner zu sein vermochte.

Bei Anna handelt es sich nicht um frustriertes sexuelles Verlangen nach ihrem Vater. Sie verspürte den Zwang, diese Art von Beziehung zu wiederholen, weil sie sich der allgegenwärtigen und hartnäckigen menschlichen Tendenz nicht bewußt war, die Liebe und Billigung, die wir bei einer frühen Pflegeperson fanden oder vermißten, in der Gestalt einer anderen Person mit den gleichen Merkmalen wiederzufinden. Es ist so, als würden wir mit dem Wunsch aufwachsen, einem Stein Blut zu entlocken, und daraus schließen, daß ein Stein das ist, was wir wollen. Wir hoffen jedesmal, einen Stein zu finden, der bluten kann. Es dauert lange, bis die meisten von uns erkennen, daß Steine von Natur aus nicht bluten und auch nicht bluten können. Anna mußte lernen, daß depressive, unbeständige Workaholics wie ihr Vater ihr die Liebe und Billigung, nach der sie sich sehnte, ebensowenig geben konnten, wie sie einem Stein Blut zu entlocken vermochte.

Als Walter sein Medizinstudium abschloß, hatte er entschieden, daß er eine moderne Ehefrau wollte, die beruflich ambitioniert und interessant war. Er heiratete Francine, die das Gegenteil seiner lieben, aber langweiligen und sehr abhängigen Mutter war.

Ihm war nicht bewußt, daß dies eine Überreaktion war, durch die er eine Neufassung der Dynamik zwischen seinen Eltern zu vermeiden hoffte, und so heiratete Walter schließlich eine ehrgeizige Rechtsanwältin, die wenig Zeit für ihn hatte und die ihn immer herausforderte, wenn er annahm, er habe als Mann des Hauses bei einer Entscheidung das letzte Wort. Walter bewunderte zwar die Leistungen seiner Frau und empfand sie als interessante Gefährtin, fühlte sich aber von ihrer ökonomischen, intellektuellen und emotionalen Unabhängigkeit bedroht. Er machte sich Sorgen, sie brauche ihn nicht genug auf die Art, wie er gelernt hatte, daß eine Ehefrau von ihrem Mann abhängt, und er sorgte sich, seine Frau liebe ihn nicht wirklich, da sie so oft mit ihm stritt und so häufig zu sehr mit ihrer Arbeit beschäftigt war, um sich ihm zu widmen.

Nach etwa fünfzehn Jahren wurde die Situation für Walter unerträglich. Er fühlte sich oft nicht unterstützt von einer Ehefrau, die ein geschäftiges Leben führte, an dem er häufig keinen Anteil hatte. Er stellte fest, daß er sich nach einer Frau sehnte, die sehr viel mehr für ihn da war, die ihn bei seinen Pflichten mehr unterstützte und mehr zu ihm aufblickte. Kurz, er wollte eine Frau, die ihn eher so behandelte, wie seine Mutter seinen Vater behandelt hatte. Er ließ sich scheiden und heiratete in zweiter Ehe eine nette Krankenschwester, die seinen höheren Status als Chirurg und Ehemann respektierte. Sie hörte zu arbeiten auf, um für Walter dazusein, und sie kümmerte sich genug um ihn. Die beiden waren ein viel glücklicheres Paar. Walter hatte entdeckt, daß eine traditionellere, umsorgende Frau wie seine Mutter besser zu ihm paßte. Frauen, die nicht so fürsorglich waren wie seine Mutter, kamen ihm lieblos vor. Er erkannte schließlich, daß das, was er sich wirklich wünschte, eine eher stützende und weniger herausfordernde Partnerin war; er suchte und fand sie. Nach kurzer Zeit flachte die sexuelle Beziehung der beiden ab, aber Walter war bereit, erotische Intensität gegen häusliche Behaglichkeit und Ruhe einzutauschen.

Partner zu wählen, die wie Ihre Mutter oder Ihr Vater sind, funktioniert gut, wenn diese Beziehungen gut waren. Wenn sie gestört waren, dann haben Sie vielleicht bald wieder ähnliche Probleme. Es ist aber keine Lösung, sich den genauen Gegenpol eines Elternteils auszusuchen. Gewöhnlich führt das zu noch schlimmeren Problemen. Wenn Sie ein ähnliches Beziehungsmuster wählen, wissen Sie wenigstens, was Ihre Rolle ist und wie Sie sie bewältigen können. Wenn Sie jedoch den entgegengesetzten Typ wählen, so genießen Sie zwar eine Zeitlang die erfrischende Abwechslung, beginnen dann aber allmählich die Tatsache zu beklagen, daß Ihr Partner Ihnen die guten Dinge nicht geben kann, die Sie von Ihrem Elternteil bekamen. Erforderlich sind eine Wahl auf der Grundlage besserer Selbstkenntnis, besseren Verständnisses für die Kräfte, die Ihre Bedürfnisse und Ihre Anziehung durch einen Partner geprägt haben, sowie der Mut zu wissen, wann es an der Zeit ist, eine schlechte Beziehung zu beenden, und dies dann auch zu tun.

Ihre Träume können Ihnen helfen, dies mit einem ungewöhnlichen Maß an Einsicht zu bewerkstelligen. Sie begleiten Sie während des ganzen Beziehungsprozesses und geben ihre Kommentare ab, wenn Sie Ihre ersten, prägenden Beziehungen bilden, einen Partner wählen, die Ihnen entsprechende Dynamik entwikkeln und Konflikte erzeugen, erleben und vielleicht auch lösen. Selbst wenn Sie sexuelle Träume benutzen, um im wesentlichen sexuelle Belange auszudrücken, handeln diese auch von umfassenderen Themen. Weil Ihre sexuellen Anliegen von Natur aus auch Ihre Beziehungen betreffen, benutzen Sie sexuelle Metaphern auch, um Ihre Beziehungen zu erforschen. Wir wollen uns nun ansehen, was Ihre sexuellen Träume über Ihre Beziehungen aussagen können.

# 7 Was Träume über sexuelle Beziehungen verraten können

Vermutlich träumen Sie mehrmals in der Woche von der Qualität Ihrer sexuellen Beziehungen. Wenn diese Beziehungen Ihnen besonderen Kummer machen, träumen Sie vielleicht jede Nacht mehrmals davon. Es sieht so aus, als reagiere unser träumendes Gehirn auf Beziehungskummer ebenso schnell wie die Feuerwehr auf einen Brand. In beiden Fällen gilt: Je eher man sich um das Problem kümmert, desto besser ist es unter Kontrolle zu bringen.

Ich bin immer wieder von neuem beeindruckt von der Klarheit und Reife, mit der wir im Traum unsere Beziehungen zu kommentieren vermögen. Und wir scheinen dies über Wochen, Monate, Jahre, sogar Jahrzehnte tun zu können, ehe wir bewußt zu denselben Einsichten gelangen, falls wir unsere Träume ignorieren. Ich will damit keinesfalls sagen, daß Träume die Patentlösung für unsere Probleme in unseren sexuellen Beziehungen sind. Zwar können Träume uns hin und wieder den Rücken stärken oder wie von Zauberhand eine Veränderung bewirken, aber gewöhnlich werfen sie uns nur den Ball zu, den wir auffangen und weitertragen müssen. An Einsichten von höchster Qualität herrscht bei guter Traumarbeit wirklich kein Mangel. Doch man muß sie im wachen Leben realisieren, damit sie von Nutzen sind. Und das ist nicht immer leicht.

Wenn Sie von Ihren sexuellen Beziehungen träumen, können Sie sexuelle Bilder verwenden – aber auch andere. Ihre diesbezüglichen Träume können sich auf Ihre physischen sexuellen Aktivitäten konzentrieren oder auf die emotionalen, inneren zwischenmenschlichen Aspekte dieser Beziehung eingehen. In Kapitel 1 haben wir Träume mit und ohne sexuelle Bildinhalte betrachtet, die vor allem die physische Seite sexueller Beziehungen beleuchten. Nun wenden wir uns den Träumen zu, die die emotionalen Unterströmungen identifizieren und analysieren, welche eher früher als später darüber entscheiden, ob eine sexuelle Beziehung gedeiht, stagniert oder explodiert.

Die komplizierte Dynamik, die die meisten Beziehungen antreibt und formt und die sie entweder funktionieren oder zerbrechen läßt, enthüllt unter dem Röntgenblick Ihrer Träume bereitwillig ihre Strukturen. Mit Ihren nächtlichen Augen sehen Sie wichtige, aber unerkannte Züge Ihrer selbst und Ihres Partners. Wenn Sie Metaphern zu lesen verstehen, sehen Sie auch, wie die Dynamik, von der wir im letzten Kapitel sprachen, ihre Beziehung beeinflussen kann. Wenn Sie die Qualitäten Ihrer sexuellen Beziehungen untersuchen, werden Sie feststellen, daß Sie manchmal in sexuellen Bildern träumen, manchmal nicht.

## *Frühe Warnsignale*

Wenn Sie zum ersten Mal mit einem neuen Partner geschlafen haben und hinterher träumen, daß er oder sie Sie mit einer Plastiktüte erstickt, so fragen Sie sich vielleicht, ob Ihnen etwas Wichtiges an ihm oder ihr entgangen ist und wie es um Ihre Fähigkeiten steht, einen Partner zu wählen. Sie könnten sich auch fragen, ob die Beteuerung von Liebe auf den ersten Blick nicht möglicherweise in Wirklichkeit Abhängigkeit auf den ersten Blick bedeutet. Dann fangen Sie vielleicht an, sich an signifikante Dinge zu erinnern, die Ihr Partner erst vor ein paar Tagen sagte und die Ihnen hätten klarmachen sollen, daß dieser Mensch nach einer Sicherheitsleine Ausschau hielt und nicht nach einem Partner. Der Traum könnte Ihnen in Erinnerung rufen, daß Sie diese Art von Beziehung eher erstickend finden als gemütlich und warm.

Eine Frau, die mir ihren Traum erzählte, sagte, sie habe deswegen ihre Hochzeit abgesagt, obwohl die Einladungen schon verschickt waren. Sie träumte, sie stünde vor sämtlichen Gästen am Altar und bemerke, daß alle mit den Augen etwas folgten, das sich auf dem Fußboden bewegte. Endlich blickte sie auch nach unten und sah den Kopf ihres Bräutigams auf dem sich windenden Körper einer Schlange. Sie verstand den Traum nicht als Ausdruck ihrer Angst vor einem Penis (wie gewisse dogmatische Freudianer es tun könnten), sondern als die rüde Erkenntnis, daß sie im Begriff war, eine «falsche Schlange» zu heiraten. Später entdeckte sie Dinge über ihren Beinahe-Gatten, die die Ehe torpediert hätten. Sie war froh, daß der Traum sie veranlaßt hatte, einigen sehr schmerzhaften Tatsachen ins Auge zu sehen.

Manche Träume sind nahezu transparent und leicht zu verstehen, wenn der Träumer offen für neue Einsichten ist. Die meisten erfordern eingehendere Untersuchung.

Colette, die soeben eine Beziehung zu einem Mann wieder aufgenommen hatte, mit dem sie zwei Jahre zuvor schon einmal befreundet gewesen war, fragte sich, warum sie nicht von ihm träumte. Sie hatte damals mit Emil Schluß gemacht, weil er nicht an einer monogamen Beziehung interessiert war. Sie sagte, diesmal würde sie sich nicht allzu tief auf ihn einlassen, weil sie wisse, daß er nicht gut für sie sei. Sie wollte sich nur amüsieren und mit ihm eine angenehme Zeit verbringen, bis sie einen passenderen Mann kennenlernte. Dann erzählte sie uns diesen Traum:

> Ich bin in meinem Zimmer und schaue aus dem Fenster zu den Hügeln hinüber. Ich sage: «Ich liebe mein Zimmer.» Ein Mädchen sagt: «Schau mal!» Ich schaue und sehe einen Mann, der mit einem dünnen Baumstamm versucht, einen Bären aus einem anderen Baum zu vertreiben. Er quält den unschuldigen Bären, der einfach in seiner natürlichen Umgebung lebt.
> Irgendwie biete ich mein Zimmer als Fluchtweg für den Bären an, damit er seinem Folterer entkommen kann ... Ich habe Angst, aber ich gehe trotzdem nach draußen, um nach dem Bären zu sehen. Ich trete nahe an ihn heran und lasse ihn an meiner Hand riechen. Er fängt an, in meine behandschuhte Hand zu beißen, und mir wird allmählich klar, daß ich in Gefahr

sein könnte. Der Bär geht weg, aber ich denke, daß er an mich gebunden ist und wiederkommen wird, um nach mir Ausschau zu halten.
Als nächstes höre ich, wie der Bär mir folgt. Erschrocken betrete ich ein Gebäude und laufe viele Treppen hinauf. Ich trete durch eine offene Tür. Ein asiatischer Liliputaner, der nicht Englisch spricht und es auch nicht versteht, richtet ein Gewehr auf mich. Ich versuche, durch meinen Ausdruck die Gefahr mitzuteilen, in der ich mich befinde, und endlich gibt er nach und läßt das Gewehr sinken.

Colettes Traum war ziemlich komplex. Drei andere Mitglieder unserer Studiengruppe und ich interviewten Colette eine halbe Stunde lang, ehe die Einzelteile sich zu ergänzen begannen. Hier die Schlüsselpunkte unseres Interviews:

***Interviewer:*** Wie ist das Mädchen, das Sie auf den Bären aufmerksam macht?

***Colette:*** Eigentlich ist es meine Schwester, die ich kaum je sehe, weil sie mit einem Alkoholiker verheiratet und die klassische Mit-Abhängige ist. Sie verleugnet alles total und ist sehr von ihm abhängig.

***I:*** Wie sind Bären?

***C:*** Nun, ich habe eine unrealistische Vorstellung von ihnen, ich betrachte sie nämlich als kuschelig, wie Haustiere, aber ich weiß, daß sie sehr gefährlich sein können.

***I:*** Was hat der Bär im Traum gefühlt und getan?

***C:*** Er saß ganz unschuldig so für sich auf dem Baum und wurde von diesem grausamen Mann grob behandelt.

***I:*** Warum bieten Sie dem Bären Ihr Zimmer an?

***C:*** Er tut mir leid. Er konnte durch eines meiner Eckfenster hereinkommen und dann durch das andere fliehen.

***I:*** Gibt es etwas oder jemanden oder einen Teil Ihrer selbst, den Sie als kuschelig betrachten, der Ihnen leid tut, dem Sie helfen möchten, einer Qual zu entkommen, der aber gefährlich sein könnte?

*C:* Nein.

*I:* Sie sehen den Bären als Opfer, ein kuscheliges Wesen, das Ihnen leid tut. Erinnert Sie das an jemanden?

*C:* Emil ist Opfer einer schrecklichen Kindheit mit Inzest und einem dominierenden Vater. Und, ja, er ist kuschelig, und er könnte gefährlich sein, wenn ich ihn zu nahe an mich heranlasse.

*I:* Gibt es irgendeinen Zusammenhang damit, daß Ihre Schwester Ihnen den Bären zeigt und daß sie mit-abhängig ist? Trinkt Emil zu viel?

*C:* Vielleicht. Ich würde ihn nicht als Alkoholiker bezeichnen. Er trinkt vielleicht vier oder fünf Bier am Tag.

*I:* Haben Sie als Ärztin eine Arbeitsdefinition für Alkoholismus?

*C:* Ja. Ich vermute, daß er ein Alkohol-Problem hat, aber das beeinflußt uns nicht sonderlich, da ich ihn nur ein- oder zweimal in der Woche sehe.

*I:* Sie schützen sich also, wie Sie auch im Traum einen Handschuh an der Hand tragen, in die der Bär beißt . . . Hat Emil Ihnen weh getan?

*C:* O ja. Früher. Aber jetzt lasse ich mich nicht zu tief auf ihn ein.

*I:* In dem Traum denken Sie, der Bär habe eine Bindung an Sie und werde wieder nach Ihnen Ausschau halten. Sie versuchen, vor ihm wegzulaufen, weil Sie Angst haben, er werde Ihnen etwas tun, und geraten an den asiatischen Liliputaner. Wie ist er?

*C:* Nun, Asiaten, wie ich sie in Taiwan kennengelernt habe, sind einfach sehr anders als ich. Wir können überhaupt nicht kommunizieren. Unsere Sprachen haben nichts gemeinsam. Und Liliputaner sind Menschen, die unter den Vorurteilen normaler Menschen leiden und so mehr Hindernisse im Leben überwinden müssen. Dieser hat einen Schnurrbart und ist verängstigt und wütend, weil ich hereingelaufen komme. Zuerst hat er nicht begriffen, daß ich Angst hatte und nichts Böses im Schilde führte. Er fühlte sich bedroht.

*I:* Sie sagen, er hatte einen Schnurrbart und fühlte sich dadurch bedroht, daß Sie in sein Revier eindrangen. Erinnert Sie das an jemanden?

***C:*** Emil fühlt sich bedroht, wenn ich ihm zu nahe komme, und, ja, er hat einen Schnurrbart. Ich vermute, der Bär ist wieder da, und ich bin weder sicher bei dem Bären noch bei den zivilisierteren, aber verängstigten und unkommunikativen Teilen von Emil. Früher war ich in Emil verliebt. Ich sollte mir wohl einmal ansehen, wo ich da hineingeraten bin.

Nachdem die Interviewer Colette gebeten hatten, die wesentlichen Elemente ihres Traums zu beschreiben und dann zu schauen, ob sie sie an bestimmte Personen und Situationen in ihrem Leben erinnerten, konnte sie die Metaphern interpretieren, mit denen der Traum seine Geschichte erzählte. Sie verstand, daß der Bär die scheinbar ungefährlichen, in Wirklichkeit aber hochriskanten Aspekte ihres Freundes Emil repräsentierte. Ihre Phantasie über die Kuscheligkeit von Bären war eine Parallele zu ihrer ebenso unrealistischen Verleugnung der Vorgeschichte, in der sie von Emil wiederholt verletzt worden war. Ihr tat der Bär so leid, wie Emil ihr leid tat. Colettes ko-abhängige Schwester, die Colette im wachen Leben den Schmerz des Zusammenlebens mit einem alkoholabhängigen Ehemann gezeigt hat, machte sie im Traum auf den Bären aufmerksam. Die Parallele half Colette bei dem Eingeständnis, daß auch sie versuchte, den Alkoholismus des von ihr geliebten Mannes zu leugnen. Colettes jetziger Versuch, Hilfe bei der Flucht vor dem gefährlichen, bärenhaften Teil von Emil zu bekommen, indem sie mit ihm kommuniziert, schlägt im Wachzustand ebenso fehl wie im Traum. Emil ist radikal anders als Colette, und er fühlt sich schrecklich bedroht von ihrem Bedürfnis nach Intimität und ihren Bitten um emotionale Unterstützung, genau wie im Traum der asiatische Liliputaner. Es bleibt abzuwarten, ob Colette in der Lage sein wird, nach ihren Traumeinsichten in ihre Beziehung zu handeln. Wird sie fähig sein, sich auf ihre Bedürfnisse nach einer gesünderen Beziehung zu einem Mann zu konzentrieren, der sie unterstützen und mit ihr kommunizieren kann? Wird sie es fertigbringen, ihr Bedürfnis zu überwinden, jemandem zu helfen, der ihr leid tut und der ihre Vorstellung verstärkt, daß sie nichts Besseres kann und nichts Besseres verdient?

Mona dagegen war in der Lage, sofort nach einem Traum zu handeln, den sie unmittelbar nach der Scheidung von ihrem Mann und nur zwei Verabredungen mit Kurt hatte, der bereits wahnsinnig in sie verliebt war.

> Eine leicht übergewichtige Frau, deren Zeit im Gefängnis sich dem Ende nähert, erklärt, sie sei wieder verheiratet, diesmal fürs ganze Leben. In mütterlichem Ton sage ich zu ihr: «Was? Du hast wieder geheiratet, während du noch im Gefängnis bist?» Ich war ihretwegen besorgt. Sie war gerade im Begriff freizukommen, und sie heiratet! Wie traurig. Wie dumm!

Mona sah sofort, daß sie sich bereits zu tief auf einen Mann eingelassen hatte, der noch abhängiger sein würde, als ihr Ex-Mann es gewesen war, und daß sie zu diesem Zeitpunkt keinesfalls eine ernsthafte Beziehung eingehen dürfte. Sie wollte ihre Freiheit auskosten und beschloß, die Beziehung zu ihrem neuen Freund nicht fortzusetzen.

Gerda hatte einen Traum über einen Vampir, der sehr deutlich war:

> Ich werde von einem Vampir verführt. Ich weiß, wo ich da hineingerate. Ich sehe seine Fangzähne im Spiegel – er zeigt sie mir! Ich habe zwei Töchter, junge Erwachsene, und ich möchte, daß sie sich schützen. Ich schreie: «Nein! Nein!» Ich kann nicht laut genug schreien, um gehört zu werden. Ich bin entsetzt über mich selbst, weil ich zulasse, daß er seine Zähne in mich schlägt.

Gerda beschrieb den Vampir als hinterlistiges Ungeheuer, das hinter seinem hübschen Äußeren böse ist. Sie sagte, im Traum habe die Verführung sie erregt und ihr ein prickelndes Gefühl verschafft. Sie wollte die Kontrolle verlieren und hatte gleichzeitig Angst, das bei einem solchen Monster zu tun. Gerda litt darunter, daß sie keine romantische Beziehung hatte, und war gerade mit einem Mann zusammengekommen, von dem sie wußte, daß er sie nicht liebte. Da sie ihn aber ebenfalls nicht liebte, dachte sie, eine lockere Beziehung handhaben zu können. Wie sich herausstellte, ignorierte sie den Traum und versäumte es, den jüngeren, verwundbareren Teil ihrer selbst (die jungen Mädchen) zu beschützen, und sie wurde in der Beziehung tief verletzt, da ihr bald sehr viel mehr an ihrem Liebhaber lag als diesem an ihr. Im Rückblick erkannte Gerda, daß sie in der Tat gewußt hatte, worauf sie sich einließ, und auf ihre Traumwarnung hätte hören sollen.

Frauen, die träumen, Sex mit einem Mann zu haben, und sich im Traum Sorgen machen, weil sie kein Kondom als Schutz vor Schwangerschaft oder Krankheit benutzt haben, finden diese Träume sehr bestürzend. Marianne hatte einen langen Traum von einem ehemaligen Freund, in dem eine solche Szene vorkam. Bei einer früheren Traumarbeit hatte sie bereits eine Brücke von den Merkmalen ihres ehemaligen Freundes – exotisch, faszinierend und viel mehr an seiner humanitären Arbeit als an Beziehungen interessiert – zu ihrem neuen Freund Carlo geschlagen. Sie gab es nicht gerne zu, aber Carlo hatte, genau wie ihr verflossener Freund, einfach nicht genug Zeit für sie und für ihre Beziehung. Beide waren zu Beginn unglaublich herzlich, wurden aber kühl und distanziert, sobald Arbeit sie in andere Länder führte. Physische Entfernung brachte emotionale Distanz mit sich. In dem Traum hatte Marianne leidenschaftlichen Sex mit ihrem ehemaligen Freund und genoß es, aber sie war nicht sicher, ob sie irgendeine Art von Empfängnisverhütung benutzt hatten, um eine Schwangerschaft zu vermeiden. Dies führte im Traum zu beträchtlicher Angst. Ich fragte sie:

***Interviewer:*** Warum sollte sich ein Erdling vor Schwangerschaft schützen?

***Marianne:*** Wenn ich ungeplant schwanger würde, dann müßte ich mich mit dem Thema Abtreibung befassen, oder ich müßte das Baby bekommen, und das würde mein Leben vermasseln.

***I:*** Gibt es irgend etwas in Ihrer Beziehung zu Ihrem früheren Freund und zu Carlo, wo Sie keine Vorsichtsmaßnahmen ergriffen haben, um sich zu schützen, und riskiert haben, Ihr Leben zu vermasseln?

***M:*** O ja. Ich habe meine Gefühle nicht genug geschützt. Ich habe mich übereilt in beide Beziehungen gestürzt und bin durch beide verletzt worden.

Träume von riskantem Sex erweisen sich oft als Hinweis darauf, daß die Träumenden es versäumt haben, sich vor emotionalem Schaden zu schützen, daß sie nicht die notwendige Vorsicht walten ließen, ihre Partner besser kennenzulernen, ehe sie sich auf eine enge Beziehung einließen. Andere häufige Bilder vom überstürzten Beginn einer Beziehung können beinhalten, daß Sie beispielsweise ein neues Auto oder ein neues Haus kaufen, einen neuen Job annehmen oder per Anhalter in einem Auto mitfahren, ohne zuerst die Situation zu überprüfen, um sicher zu sein, daß Sie richtig handeln oder sich nicht in Gefahr bringen.

## *Problemträume*

Die erste Erkenntnis, daß in einer Beziehung ein neues Problem aufgetaucht ist, erfolgt häufig im Traum. Jessica, die seit sechs Jahren mit einem freundlichen, gutmütigen Mann verheiratet war, hatte ihn häufig ermutigt, in Gesellschaft selbstbehauptender und mitteilsamer zu sein. Wie Sie sehen werden, legte ihr Traum, der die Selbstbehauptung ihres Mannes als Löwen darstellte, nahe, er könne sich ihren Ratschlag *zu sehr* zu Herzen nehmen.

> Ich hatte einen Tierbändiger im Zoo ermutigt, einen Löwen aus dem Käfig zu lassen. Er ließ ihn jedoch ohne Leine heraus. Erst da merkte ich, daß er sehr gefährlich war, wie er so um uns

herumstrich. Der Besitzer/Trainer hatte keine Kontrolle über ihn. Ich dachte, der Löwe könne mich beißen, mich zum Krüppel machen. Meine Füße fressen, meinen Ellbogen (im Schlaf war mir bewußt, daß mein Ellbogen neben meinem Mann ungeschützt war). Ich hatte schreckliche Angst und rief dem Besitzer zu, er solle den Löwen in Schach halten! Ich wollte, daß er im Freien wäre, aber nicht losgelassen. Ich mochte den Löwen und wünschte ihm etwas Freiheit, aber das war zuviel! Ich wußte, daß der Löwe ein wildes Tier war und daß es verrückt war, ihn nicht an einer Leine zu halten.

Vor dem Traum war Jessica bewußt gewesen, daß sie sich über die in ihren Augen übertriebene neue Selbstbehauptung ihres Mannes ärgerte. Er hatte tatsächlich angefangen, sie mit Wutanfällen zu schikanieren oder subtil mit solchen Ausbrüchen zu drohen, wenn sie seinen Forderungen nicht nachkam. Jessica war sich aber überhaupt nicht bewußt gewesen, daß sie wirklich Angst vor diesen Wutanfällen ihres Mannes hatte und von seinen Drohungen und seinem Zorngebrüll eingeschüchtert war. Solche Ängste und der Groll, den sie auslösen, haben schon viele sexuelle Beziehungen zerstört. Dank ihrer Traumarbeit konnte Jessica erkennen, wie sehr die Angst vor ihrem Mann ihr sexuelles Interesse an ihm beeinträchtigt hatte. Sie empfand wenig Verlangen, mit einem Mann ins Bett zu gehen, der sie einschüchterte und jeden Augenblick einen Wutanfall haben konnte.

## «Rote Karten» in einer Beziehung

### *Langeweile und Abnahme des sexuellen Interesses*

Wenn eine Beziehung langweilig wird, wenn der Sex nicht nur seine Würze verliert, sondern auch den größten Teil der Lust, dann akzeptieren Paare das oft als natürliche Folge der Vertrautheit in einer langandauernden Beziehung. Sie fragen sich vielleicht: «Was ist bloß aus der Erregung, der Besonderheit unserer Verliebtheit und unserer sexuellen Begegnungen geworden?» Bewußte Ursachen von Langeweile sind manchmal schwer auszumachen. Doch im Traum werden die unerwarteten oder zumindest unerkannten Ursachen der Langeweile und des Mangels an Interesse oft kristallklar.

Wenn die Langeweile teilweise auf ihre eigene Faulheit und mangelnde Kreativität zurückzuführen ist, träumt eine Frau vielleicht, sie liege mit ausgesprochen unattraktiver Kleidung im Bett, serviere einem Traumpartner phantasielose Speisen oder nehme auf gelangweilte, mechanische Art am Vorspiel teil. Wenn der Mangel an Kreativität als Merkmal des Liebespartners erlebt wird, träumt sie vielleicht, sie sei mit einem Trottel, einem Klotz oder sonst einem Mann im Bett, der das alles andere als überschäumende Sexualverhalten ihres Partners illustriert. Männer, die ihre sexuellen Beziehungen zu sehr gehemmten Frauen als ernüchternd empfinden, träumen häufig, sie seien mit wenig aufregenden Nonnen, Schullehrerinnen oder Bekannten aus der Vergangenheit im Bett, die ähnliche Gefühle hervorriefen.

### *Unattraktive Traumliebhaber erkennen*

Wenn Sie ein Traumtagebuch führen, so sehen Sie dort nach – sonst kramen Sie in Ihren Erinnerungen –, ob Sie Traumbilder von langweiligen, öden oder einfach unattraktiven Menschen in Situationen finden, die ansonsten romantisch oder sexuell wären. Interviewen Sie sich selbst über diese Personen und prüfen Sie, ob Sie zu Ihnen und/oder Ihrem Liebhaber passen. Fragen Sie sich, ob Sie gern etwas täten, um Ihren Stil zu beleben. Vielleicht fällt Ihnen jemand ein, den Sie im Traum lieber sehen würden. Wenn das der Fall ist, dann stellen Sie sich vor, wie Sie sich in diese Richtung bewegen könnten, sowohl in der Phantasie (zur Übung) als auch, nach und nach, in Ihrer wachen Sexualität.

### *Sexuelle Langeweile*

Das Problem der Langeweile hat oft komplexere Ursachen, zu denen Angst, Wut und Groll bei einem oder beiden Partnern gehören, die die sexuelle Lust blockieren können. Eine der schnellsten Methoden, den Finger auf die Hauptquelle des Problems zu legen, ist die Inkubation eines Traums, indem Sie etwa fragen: «Warum langweile ich mich so in dieser Beziehung?» Machen Sie sich danach auf einige Überraschungen oder ein paar unangenehme Erinnerungen an Gefühle oder Einstellungen gefaßt, von denen Sie zwar argwöhnten, sie seien am Werk, die Sie aber unter den Teppich kehren konnten.

Jonathan inkubierte einen Traum, indem er fragte: «Warum habe ich plötzlich das Interesse an meiner Frau verloren?» Er träumte:

> Ich bin mit einem niedlichen kleinen Mädchen zusammen. Sie will mich gar nicht loslassen. Sie jammert und beklagt sich, die Mädchen in der Schule wollten nicht mit ihr spielen. Sie will, daß ich die ganze Zeit mit ihr spiele. Ich will bloß weg.

Kaum hatte Jonathan das kleine Mädchen als niedlich, aber in allen sozialen Bedürfnissen von ihm abhängig geschildert, wurde ihm auch schon klar, daß er da seine Frau beschrieb. Im letzten Jahr waren sie von Kalifornien nach Louisiana gezogen. Jonathans Frau fand sich in eine konservative soziale Welt versetzt, der sie sich nicht zugehörig fühlte und wo sie sich als unwillkommen empfand. Sie war immer stärker von Jonathan abhängig geworden. Er dagegen fing an, sie als klammerndes Kind zu sehen, das ihn nicht anregte. Nachdem er mit diesem Traum gearbeitet hatte, war Jonathan sensibler für die Lage seiner Frau, und beide waren stärker motiviert, Wege zur Abhilfe zu finden. Kurz darauf wurde ihr Sexleben wieder interessanter.

Matthias und Gertrud konnten nicht verstehen, wieso es Matthias Schwierigkeiten bereitete, eine Erektion aufrechtzuerhalten. Sie hatten sechs Monate lang ein stabiles Sexleben gehabt. Etwa einen Monat nachdem sie zusammengezogen waren, begannen jedoch die Schwierigkeiten. Eines Nachts träumte Matthias:

> Ich spielte Ball mit meiner großen Schwester, Cindy. Wir waren etwa fünf und acht Jahre alt. Alles lief bestens, bis sie beschloß, mir zu zeigen, wer die Macht hatte, und mit meinem Ball weglief. Ich war wütend, fühlte mich aber hilflos, weil ich sie nicht einholen konnte. Ich sagte zu mir: Ich werde nie wieder mit ihr Ball spielen.

Matthias schlug eine Brücke von den Traumgefühlen von Wut und Hilflosigkeit zu denen, die er oft angesichts der konkurrierenden Art seiner Schwester empfand. Dann verband er damit Gertruds Machtspiel, das dazu führte, daß sie zusammenzogen, ehe Matthias ganz dazu bereit war. Gertrud hatte Matthias ein Ultimatum gestellt: Entweder wir leben zusammen, oder wir beenden unsere Beziehung. Matthias war böse und wütend auf Gertrud, weil sie seine Bindung an sie durch ihre Drohung erzwungen hatte, aber er war nicht imstande, ihr Widerstand zu leisten. Er fühlte sich machtlos, von Gertrud erpreßt. Er wollte sie nicht verlieren, und um die Beziehung zu ihr zu bewahren, meinte er, ihren Forderungen zustimmen zu müssen. Seine ältere Schwester hatte früher unfaire Vorteile aus seiner relativen Schwäche gezogen, und dasselbe empfand er jetzt bei Gertrud. Als er über den Traum und seine Entscheidung nachdachte, nicht mehr mit Cindy Ball zu spielen, sah er, daß er eine wirksame, wenn auch schmerzliche Methode gefunden hatte, sich zu rächen. Matthias' Traum ermöglichte ihm die Erkenntnis, daß seine gegenwärtige Verlockung, es Gertrud heimzuzahlen, indem er sie verließ, eine kindische Reaktion wäre. Er beschloß, sie wegen des Machtspiels selbst zur Rede zu stellen. Er mußte Gertrud zu verstehen geben, daß emotionale Erpressung sie beide verletzte.

### *Abhängigkeit von Suchtmitteln*

Häufig berichten mir Klienten, daß ein Traum ihre Verleugnung der Schwere eines eigenen oder eines Suchtproblems des Partners durchbrochen habe. Träume dieser Art können Szenen präsentieren, in denen die Liebenden einen Süchtigen finden, der zwischen ihnen im Bett liegt – und der eindeutig in keiner Weise an Veränderung interessiert ist. Oder ein Traum schildert, wie der abhängige Partner Selbstmord begeht oder beschließt, unter abstoßenden Umständen zu leben. Die Bedeutung solcher Träume ist leicht zu erkennen und sollte ernst genommen werden. Betrachten Sie beispielsweise den Traum eines jungen Psychiaters namens Charles:

> Willi, ein alter Korpsbruder, wird mein Patient. Er nimmt starke Beruhigungsmittel. Ich mag diese Verschreibung nicht, und ich versuche, ihn davon abzubringen. Aber er wird sehr wütend (er ist von den Tabletten abhängig) und zeigt mir eine Szene aus seiner Vergangenheit, in der es viel Streit gibt, vor allem mit seiner Mutter. Ich bin (irgendwie) bereit, ihm das Mittel noch eine Weile zu verschreiben, plane aber insgeheim,

ihn von den Beruhigungsmitteln herunterzuholen und mit den Gefühlen zu konfrontieren, vor denen er wegzulaufen versucht.

Charles sah rasch, daß der introvertierte Willi, abhängig von Beruhigungsmitteln, kein anderer war als er selbst, der Alkohol benutzte, um seiner Angst zu entkommen. Charles hatte, wie Willi in dem Traum, sehr unter dem ständigen Streit zwischen seinen Eltern und vor allem zwischen ihm und seiner Mutter gelitten. Wie Willi wollte er nicht glauben, daß er ein ernsthaftes Problem hatte. Seine typische Reaktion war heftige Wut, wenn seine Frau ihn bat, weniger zu trinken. Leider war er nicht bereit, diese Einsicht zu akzeptieren. Er beschloß, seinen Traum zu ignorieren.

### *Abhängigkeit von emotionalen Zuständen und Verhaltensweisen*

Etwas subtiler, aber vielleicht fast ebenso verbreitet wie Träume von physischer Abhängigkeit sind Träume, die auf Abhängigkeit von gewissen emotionalen Zuständen und Verhaltensweisen hindeuten. Manche Menschen benutzen gewohnheitsmäßig tränenreiche oder launische Reaktionen, um ihre Mitmenschen zu manipulieren und andere, schmerzhaftere Gefühle, die dem zugrundeliegen, nicht empfinden zu müssen. Diese Gefühle sind häufig Wut, Traurigkeit, Trauer, Angst vor dem Verlassenwerden oder, im Falle von zu Unabhängigkeit und Selbstgenügsamkeit entschlossenen Personen, Gefühle der Abhängigkeit. Hin und wieder schließen diese Träume mit einer eigenen Prognose.

Lilian war insofern eine Ko-Alkoholikerin (und Ko-Abhängige), als sie die Wutausbrüche ihres Freundes zuließ und verstärkte. Wenn er wütend war, versuchte sie alles, um ihn zu besänftigen, selbst wenn das bedeutete, nachzugeben und sich für einen Streit zu entschuldigen, den er begonnen hatte. Schon lange hatte sie das Interesse an Sex mit ihrem Freund verloren, und sie hatte oft mit dem Gedanken gespielt, ihn zu verlassen, aber sie konnte es nicht. Sie hatte viele Träume, in denen sie von unberechenbaren Schlangen und aggressiven, bösen Tieren bedroht wurde. Dieser Traum aber war einer, den sie nicht ignorieren konnte. Sie träumte ihn am Morgen nach der Inkubation eines Traumes durch die Frage: «Warum habe ich keinerlei sexuelles Interesse an meinem Freund?»

> Als sähe ich einen Dokumentarfilm über die Natur, höre ich die tiefe Stimme eines Sprechers sagen: «Manche Leute versuchen, ihre tollwütigen Hunde zu retten, zu heilen. Doch es handelt sich um ein organisches Hirnsyndrom.» Dann sehe ich Illustrationen von den Schädeln toter tollwütiger Hunde. Die Gehirne sind von der Krankheit weggefressen worden.
> Der Sprecher fährt fort: «Aber tatsächlich kann man nichts weiter tun, als ihnen den Kopf zu halten, sie zu trösten und sie dann von ihrem Elend zu erlösen und die Gefahr zu beseitigen, die sie für die Gesellschaft darstellen.»
> Dann sehe ich Körperteile von Menschen, die von tollwütigen Hunden angegriffen wurden. Ganz entsetzlich. Ich verstehe, daß «tollwütig» sich hier auf eine Temperamentsstörung bezieht – Zorn und Wut – und nicht auf ein Tollwutgift, das durch Speichel übertragen wird. Die Lektion der Szene ist, daß man keine halben Maßnahmen ergreifen darf. Die Störung ist zu gefährlich, und es gibt keine Heilung.

Lilian weinte, als sie erwachte. Bei der Arbeit mit dem Traum begann sie zu sehen, daß die Schwierigkeiten ihres Freundes, mit seiner Wut umzugehen, seine «Temperamentsstörung», für sie schwerwiegender und bedrohlicher war, als sie sich vorher eingestanden hatte. Wenn die Dinge wirklich so schlecht standen, war es kein Wunder, daß sie keinen Sex mit ihm haben wollte. Jahrelang hatte Lilian an der Rolle der Bändigerin der reizbaren Bestie festgehalten und einen gewissen Stolz darauf empfunden, seine Stimmung aufhellen und Explosionen abwenden zu können. Ihr

Leben hatte sich in einem ungesunden Maß um die Fürsorge für ihren Freund und darum gedreht, ihn in Schach zu halten, und sie hatte dabei ihre eigenen Bedürfnisse aus den Augen verloren. Sie tat die ersten Schritte zu ihrem eigenen Schutz, indem sie lernte, ihren Freund wissen zu lassen, daß sie seine Wutanfälle nicht länger tolerieren würde. Das fiel ihr nicht leicht, denn sie verstand es gut, Zorn zu besänftigen, war aber weniger gut darin, sich angesichts von Zorn selbst zu behaupten.

### *Bemuttern des Partners*

Ko-abhängige Beziehungen, in denen Partner in ungesundem Maße voneinander abhängig sind, kommen in zahllosen Variationen vor und sind vielfach beschrieben worden, auf besonders bemerkenswerte Weise von Melody Beattie in ihrem Buch «Unabhängig sein»[1]. Lassen Sie uns zunächst ko-abhängige Beziehungen betrachten, die zwischen einem emotional oder von Suchtmitteln abhängigen Partner und einem anderen Partner bestehen, der Versorger oder Retter ist. Beide Partner sind abhängig, jeder braucht den anderen, um seine oder ihre Rolle zu spielen. Der eine ist abhängig von einer Droge oder dem finanziell oder emotional unterstützenden Partner, während der andere von dem problembeladenen Partner abhängig ist, damit er die Rolle des ständig leidenden Retters spielen kann. Möglicherweise bezieht er ein gesteigertes Selbstwertgefühl daraus, daß er bei dem abhängigen Partner bleibt, vielleicht stellt er auch fest, daß die Rettungsbemühung es ihm erspart, sich seinen eigenen schmerzlichen Gefühlen von Einsamkeit oder Depression stellen zu müssen. Wenn Sie immer wieder Partner wählen, die rettende Unterstützung brauchen, oder wenn Sie Partner wählen, von denen Sie hoffen, sie würden Sie vor Einsamkeit, Traurigkeit, Unsicherheit und dergleichen retten, dann kennen Sie den Schmerz der Ko-Abhängigkeit aus erster Hand.

Olivia, die sich wie viele andere Frauen als diejenige sah, die ihren alkoholabhängigen Mann von seinen unglücklichen Gefühlen erretten mußte, war schockiert, als sie mit folgendem Traum erwachte:

> Eine öffentliche Toilette, vor der eine Schlange von Leuten wartet. Mein Mann Ken und ich sind drinnen, und auf sein Verlangen hin haben wir unbequemen Sex im Stehen. Wir gehen wieder hinaus, und ich lächle und sage zu den Leuten: «Nun sind Sie an der Reihe.» Ken hat noch immer eine Erektion und will mich noch einmal. Ich bin verlegen – wir sind jetzt im Freien und in der Öffentlichkeit. Doch trotz meines Widerstrebens sage ich ja, weil ich ihm gefallen und ihn zufriedenstellen möchte.
> Ich dachte, Ken könnte einfach unter meinen Rock schlüpfen, aber wir haben Probleme, den richtigen Winkel zu finden, und müssen uns in aller Öffentlichkeit drehen und winden! Mir wird diese öffentliche Szene nun doch zu peinlich, ich entziehe mich ihm und sage laut: «Genug!» Dann sehe ich, wie er mit seiner Erektion vor allen Leuten dasteht. Er ist verlegen in dieser Situation, über die öffentliche Ablehnung und wie er dasteht, seinen Penis in der Luft. Einen Augenblick lang fühle ich mich schuldig und möchte ihn irgendwie retten. Aber dann sage ich zu mir: «Nein. Seine Forderungen sind einfach zuviel. Er ist zu weit gegangen, und das sind nun mal die Konsequenzen.»

Nachdem Olivia viele Jahre lang ihren Mann beschwichtigt hatte, fing sie nun an, für sich selbst geradezustehen. Doch an diesem Punkt hatte sie noch einen langen Weg vor sich. Da wir dazu neigen, unserer bewußten Einsicht im Traum weit voraus zu sein, legt die Tatsache, daß Olivia sich noch immer schuldig fühlte, weil sie die extremen Forderungen ihres Mannes ablehnte, nahe, daß es noch eine Weile dauern wird, bis sie auch nur so weit kommt, wie sie im Traum schon war; sie muß lernen, nein zu sagen, und sie muß lernen, daß ihr Bedürfnis, sich um die Gefühle ihres

Mannes zu kümmern, in ungesundem Maße übertrieben ist. Im Traum konnte Olivia sehen, wie ungeheuerlich die Ansprüche ihres Mannes waren, aber im Wachzustand wird sie sich ständig an diese Einsicht erinnern müssen, damit diese einsinken und bei ihr zu neuen Verhaltensweisen führen kann.

Robert, seit mehr als dreißig Jahren mit Maria verheiratet, einer dominierenden Frau, hatte gerade angefangen, daran zu arbeiten, seiner Frau eine bessere, klarere Vorstellung von seinen Grenzen und Wünschen zu vermitteln, als sie ihm eines Abends einen ihrer alten Streiche spielte: Sie belauschte seine Telefonate. Obwohl er wütend war, sagte er nichts dazu. In dieser Nacht träumte er:

> Unser Chef hatte etwas Schreckliches getan. Ich wollte ihn zur Rede stellen, aber meine Kollegen von meinem letzten Job (wo ich vor einem unbeständigen Boß Kotau gemacht hatte) sagten mir, ich solle nichts sagen. Wenn ich das täte, würde ich gefeuert. Aber diesmal hatte ich genug. Ich sagte ihm meine Meinung und fühlte mich sehr erleichtert.

Robert lernte, das Risiko einzugehen, seiner unbeständigen Frau, die er als Chef empfand, die Meinung zu sagen. Er begann damit, sich selbst zu behaupten, und fühlte sich wohl dabei. Er wußte, daß er es riskieren mußte, von seiner Frau gefeuert (geschieden) zu werden, wenn er je eine angemessene Beziehung zu ihr haben wollte.

### *Wetteifern um die Kontrolle*

Die Dynamik, die Beziehungen antreibt, ist unendlich vielfältig, aber an irgendeinem Punkt seines Lebens hat jeder schon einmal mit einem Partner um die Kontrolle gekämpft. Der Kampf kann verdeckt oder offen stattfinden: im Schlafzimmer, in der Küche oder sonstwo, wo einer die Handlungen und manchmal auch die

Gedanken des anderen kontrollieren will. Wenn das Bedürfnis, den anderen zu kontrollieren, uns aus der Hand gleitet, dann entsteht eine andere Form von Ko-Abhängigkeit, die die Liebe in der Beziehung vergiftet. Wenn ein Partner eine Menge Energie darauf konzentriert, den anderen zu kontrollieren, dann wird dies zu seinem Lebensziel oder seiner Besessenheit. Der Partner vernachlässigt seine oder ihre eigenen Angelegenheiten und macht dem anderen gewöhnlich das Leben zur Hölle. Wenn Sie auf Ihre Träume achten, werden Sie Hinweise auf das Problem und auch Beschreibungen seiner Ursprünge finden.

Francisco und seine Frau Carmen waren in Paartherapie, als Francisco den folgenden Traum hatte:

> Nach dem Besuch einer Vorlesung, zu der ich in einem Jaguar gefahren war, erkenne ich, daß auf dem Rückweg jemand anderer fahren wird. Mir ist unbehaglich, weil ich nicht die Kontrolle habe, und ich versuche mir zu überlegen, wie ich doch wieder auf den Fahrersitz komme.

Francisco hatte seine Frau als stark kontrollierend und sich selbst als unbekümmerten Typ gesehen. Doch wie er in der Therapie lernte, waren seine eigenen Bedürfnisse, seine Frau zu kontrollieren, zwar weniger offensichtlich, doch auch recht stark. Als er den Jaguar als schnittig, agil, schlank und sexy beschrieb, sah Francisco gleich die Parallele zu seiner Frau, deren Bewegungen er oft als raubkatzenähnlich beschrieben hatte. Er erkannte, daß die Therapie seiner Frau half, statt seines Lebens ihr eigenes Leben besser zu kontrollieren, doch sein Verlust der Kontrolle über sie machte ihm dennoch zu schaffen. Solange seine Frau sich auf das konzentriert hatte, was er tat oder nicht tat, hatte er die Kontrolle gehabt. Jetzt verschob sie ihren Brennpunkt von ihm weg und interessierte sich mehr für ihre eigenen Angelegenheiten als für seine.

Ein anderes Ehepaar träumte in der gleichen Nacht von seinen Kontrollproblemen. Flora träumte:

> Mein Mann, Lorenz, und ich waren in einer schrecklich strengen Privatschule für Mädchen. Wir beschlossen, der unerbittlichen Direktorin zu entkommen, indem wir zu den Toiletten wegliefen und durchs Fenster kletterten. Als wir einen Augenblick in einer Toilette versteckt Atem schöpften, kam die Direktorin atemlos hereingerannt. Sie bat: «Bitte, laßt mich mit euch fliehen! Ich hasse die Unterdrückung hier!» Überrascht antworteten wir: «Sie können mit uns kommen, aber Sie müssen schwören, daß Sie uns nicht mehr vorschreiben, was wir zu tun haben!»

Flora sah mühelos in der Schuldirektorin sich selbst. Auch ihr Mann Lorenz erkannte sie darin. Er hatte sich oft über die kontrollierende Art seiner Frau beschwert, die ihn mit ihren Regeln und Vorschriften verrückt machte. In derselben Nacht träumte Lorenz, er versuche einer Horde feindlicher Amazonen zu entkommen, die darauf aus waren, ihn zu fangen oder einzusperren oder Schlimmeres ... Kaum hatte er Amazonen als Frauen beschrieben, die totale Kontrolle über ihre Männer hatten und kein Erbarmen kannten, wußte er, daß er ein nur leicht übertriebenes Bild seiner Beziehung zu seiner Frau betrachtete.

### *Das Inzesttabu*

Menschen, die nie einen Inzest erlebt haben, berichten manchmal von Träumen über Sex mit Familienangehörigen. Im Gegensatz zu den Träumen von Personen, die Inzest erlebt haben (über die wir im folgenden Kapitel sprechen werden), ist der inzestuöse Sex in solchen Träumen oft angenehm und nicht traumatisch, obwohl er als peinlich empfunden werden kann. Beim Erwachen fühlen sich manche Träumer schuldig, weil sie so etwas geträumt haben. Eine College-Studentin in Domhoffs Umfrage schrieb:

> Der einzige Traum, an den ich mich zur Zeit erinnern kann, ist einer, in dem ich mit meinem Bruder zusammen war, obwohl ich nicht weiß, ob wir Sex hatten. Ich erwachte beschämt und verwirrt. Das bin ich wohl noch immer. Ich glaube, seine Verlobte erwischte uns in diesem Traum, aber das war uns egal. Es war leidenschaftlich, und das Gefühl war beidseitig.

Die Scham, die die Träumerin empfand, als sie aus einem Traum von Sex mit ihrem Bruder erwachte, versperrte ihr vielleicht die Sicht auf den möglichen Kern des Traumes, nämlich daß es ihr schwerfiel, die Tatsache zu akzeptieren, daß die Verlobte ihres Bruders drohte, ihre besondere Beziehung zu ihrem Bruder zu stören. Wäre diese Beziehung tatsächlich physisch inzestuös gewesen, so wäre der Sex im Traum wohl sehr konfliktgeladen gewesen. Statt dessen beschrieb die Träumerin ihre Traumgefühle als leidenschaftlich und gegenseitig, und sie schrieb, daß es ihr und ihrem Bruder egal war, ob die Verlobte sie sah. Das Fehlen von Scham, Konflikt oder Zwang in dem Traum veranlaßt mich zu der Annahme, daß Bruder und Schwester hier auf einer emotionalen und nicht auf einer physischen Ebene übermäßig miteinander verbunden waren. Wahrscheinlich dienten die sexuellen Bilder als Metapher für exzessive emotionale Intimität.

Eine andere Studentin träumte:

> Ich war mit meinem Freund irgendwo, und irgendwie erschien mein Bruder in dem Traum. Er und mein Bruder wechselten dauernd die Rollen. Ich küßte beispielsweise meinen Freund, der verwandelte sich in meinen Bruder, und so hörte ich auf.

Sie schrieb: «Könnte das möglicherweise bedeuten, daß ich irgendwie Persönlichkeitsmerkmale meines Freundes mit Merkmalen meines Bruders assoziiere?» Tatsächlich ist das die wahrscheinlichste Antwort auf das Rätsel ihres Traumes. Die Tatsache, daß sie das Küssen einstellt, als sie ihren Bruder sieht, legt nahe, daß das Inzesttabu durch ihr Wissen um diese Ähnlichkeiten geweckt wurde und ihre sexuelle Beziehung zu ihrem Freund bereits beeinflußt hat.

Ein häufiges Phänomen tritt bei Paaren auf, die sehr vertraut miteinander geworden sind: Sie können anfangen, sich gegenseitig als «Familie» zu betrachten. Manchmal nennen sie einander vielleicht versehentlich Mutter oder Vater oder mit dem Namen eines Geschwisters. In solchen Perioden bemerken die Paare manchmal eine Zurückhaltung in ihrem Sexleben, die häufig auf ein Auftauchen des Inzesttabus zurückzuführen ist und sich in sexuellen Träumen widerspiegelt, in denen Familienmitglieder vorkommen.

Wenn eine Bruder/Schwester-Dynamik in einer Beziehung besonders stark oder übermächtig wird, so gibt das gewöhnlich Probleme, es sei denn, beide Partner hatten Geschwister, die sie sexy fanden und mit denen sie nie die Tabugrenze überschritten, so daß sie keine Schuldgefühle haben. Doch wenn ein Partner beginnt, sich eher wie ein Geschwister zu fühlen, so nimmt die Lust am Sex bei einem oder bei beiden Partnern ab, einer oder beide beginnen vielleicht ein Verhältnis. Janette träumte:

> Ein Team aus Bruder und Schwester beschloß zu heiraten. Die Sache wurde sehr sexy. Das erschien schön und natürlich.

Von diesem Morgen an begriff Janette, daß sie und ihr Mann in die Falle gegangen waren, einander als Bruder und Schwester zu behandeln. Sie kam zu dem Schluß, ihr Traumgefühl, dies sei in Ordnung, wäre absurd, weil sie die Geschwister im Traum nicht sexy fand und ihren geliebten Mann ebenfalls nicht. Dennoch genoß sie die heile, nicht bedrohende, ungefährliche emotionale Atmosphäre, die sie mit ihm geschaffen hatte. Es widerstrebte ihr, diese zu stören, indem sie versuchte, eine weniger verschmolzene, erwachsene Ich/Du-Beziehung wiederherzustellen.

Wenn Sie von Sex mit Ihrer Mutter oder Ihrem Vater, einer Schwester oder einem Bruder träumen, so sollten Sie sich selbst auffordern, die Persönlichkeit Ihres Traumpartners zu beschreiben. Ist Ihr Traumliebhaber ein Familienmitglied, das sanft, freundlich und kreativ ist, oder ist er kritisch und egoistisch und erstickend? Erinnert Ihre Beschreibung Sie an irgendeinen Aspekt Ihres Partners oder einer anderen Person? Wie verläuft der Sex in dem Traum? Wenn es Probleme gibt, spiegeln diese Probleme wider, die Sie in Ihrer Beziehung haben? Erinnern die hervorgerufenen Gefühle (Glück, Traurigkeit, Groll, Scham, Besitzergreifung und so weiter) Sie an Gefühle, die Sie bei Ihrem Partner im Wachzustand haben? Wenn ja, und das ist ein Problem, so wäre es vermutlich der Mühe wert, mit Ihrem Partner über die Sache zu sprechen. Wenn das Problem sich besonders peinlich oder schmerzlich anfühlt, wenn zu den Traumgefühlen Scham und Zwang gehören, dann *gibt* es vielleicht tiefere Wurzeln dafür, die auf früheren sexuellen Mißbrauch hindeuten könnten. In diesem Fall wäre es von Vorteil, einen erfahrenen Therapeuten zu konsultieren.

Manchmal sind Träume von sexuellen Aktivitäten mit Familienmitgliedern das Tor zu verstörenden, aber wichtigen Erinnerungen. Alexander Leavy und Joseph Weissberg[2] haben ihre Verarbeitung von Träumen in der Sexualtherapie beschrieben und sagen, die Traumarbeit beschleunige den therapeutischen Prozeß, da sie ein Verständnis der unbewußten Faktoren liefere, die die sexuelle Fehlfunktion verursachen und perpetuieren. Eine ihrer Klientinnen war eine Ehefrau, der es widerstrebte, die Genitalien ihres Mannes zu berühren. Nachdem sie eine angeratene therapeutische Übung durchgeführt hatte, zu der gegenseitige genitale Stimulation gehörte, hatte sie zwei Träume.

*Traum 1:* Sie spielte mit dem Penis ihres Vaters, und er hatte eine Erektion. Sie war erregt, fasziniert und neugierig und überhaupt nicht erschrocken.
*Traum 2:* Sie und ihr Bruder spielten sexuelle Spiele miteinander. Ihre Mutter kam herein und war wütend.

Leavy und Weissberg schreiben dazu:

«Hier stimulierte die (therapeutische) Übung Träume von inzestuöser Aktivität in der Kindheit, was auf positive unbewußte sexuelle Wünsche nach dem Penis (wenn auch dem des Vaters) hindeutet, kombiniert mit mütterlicher Mißbilligung und angedrohter Vergeltung. Die Verdeutlichung der Tatsache, daß der Penis ihres Ehemannes im Gegensatz zu dem ihres Vaters tatsächlich zu ihrem Genuß zur Verfügung stand, erzeugte einen dramatischen Durchbruch in ihrem Widerstand gegen diese Phase der Behandlung.»[3]

Ihre Arbeit mit diesen Träumen half der Träumerin, eine mögliche Ursache für ihr Problem zu identifizieren, und ihr Therapeut konnte ihr helfen, indem er ihre Schuldgefühle bei der Berührung ihres Bruders und ihres Vaters von der Beziehung zu ihrem Mann trennte. Im folgenden Kapitel werden wir uns Träume genauer anschauen, die dem Träumer helfen, sexuellen Mißbrauch zu erkennen und zu bewältigen.

## *Vertrauen, Unsicherheit und sexuelle Befriedigung: Träume von Untreue*

Träume, in denen Ihr Partner untreu ist oder an Untreue denkt, können sehr besorgniserregend sein. Solche Träume wecken gewöhnlich Zweifel und Eifersucht, die zwischen den Partnern diskutiert werden oder auch nicht. Träume von Untreue sind häufig metaphorischer Ausdruck von Untreue, die nicht wörtlich zu nehmen, sondern emotionaler Natur ist. Flora, die seit fünf Jahren mit ihrem Freund Carl zusammenlebt, träumte:

> Eines Nachts beim Sex mit Carl wird mir klar, daß er während der ganzen Zeit unserer Beziehung eine Affäre hatte. Jeden Tag hat er diese Maus von einer Frau gesehen, die auf mädchenhafte Weise sehr abhängig und bedürftig ist. Ich bin wütend. Jetzt verstehe ich, warum er so wenig Energie für romantische An-

wandlungen mir gegenüber hat und mir nie den Hof macht. Ich sage Carl, ich wolle, daß das aufhört. Er sagt, die andere Frau brauche ihn so sehr, daß er sich ihr einfach nicht verweigern könne.

Die Schlüsselfragen aus unserem Interview:

***Interviewer:*** Können Sie diese Maus von einer Frau überhaupt beschreiben?

***Flora:*** Soviel ich weiß, war sie unreif und brauchte jede Menge Unterstützung und Förderung. Sie war nicht so sehr auf Sex aus wie auf Schmusen. Sie stellte intensive Forderungen, die jemand wie Carl schwer ablehnen konnte, weil er ein Rettertyp ist. Das gibt ihm das Gefühl, stark und wertvoll zu sein.

***I:*** (Ich rekapitulierte ihre Worte und fragte dann:) Erinnert diese Beschreibung Sie an jemanden?

***F:*** Ich gebe es ungern zu, aber sie paßt auf mich, genauer, auf einen Teil von mir. Ich bin sicher, daß Carl keine Affäre mit einer anderen hat. Aber der erwachsenere, sexuell orientierte Teil meiner selbst, mit dem ich mich im Traum identifiziere, fühlt sich betrogen, weil ich Carl darauf trainiert habe, dem kleinen Mädchen in mir, das dringend Zärtlichkeit braucht, so viel Aufmerksamkeit zu schenken. Warum konnte ich das früher nicht sehen? Es ist jetzt so offenkundig.

Eine andere häufige Version eines Untreue-Traums, in dem der andere Mann oder die andere Frau einen Aspekt des Träumers repräsentiert, ist die, in der etwa eine Nicht-Blondine träumt, ihr Mann habe ein Verhältnis mit einer blonden Sexbombe. Manchmal mag sich ein solcher Traum als Widerspiegelung tatsächlichen Interesses des Mannes an einer sexuellen Begegnung außerhalb der Beziehung erweisen, doch häufig drückt er etwas Näherliegendes aus. Meine Klienten haben bemerkt, daß solche Träume oft in der Nacht nach unbefriedigendem und gewöhnlich hastigem Sex mit dem Partner auftreten. Nachdem sie einem imaginären Wesen von einem anderen Planeten eine Blondine beschrieben haben, schauen sie in den Traum hinein. Was folgt, ist eine typische Antwort auf die Frage:

***Interviewer:*** Tun wir so, als käme ich von einem anderen Planeten. Wie sind Blondinen?

***Antwort der nicht blonden Träumerin:*** Ich weiß, es ist nicht fair, so zu verallgemeinern, aber ich betrachte Blondinen als Frauen, die Männern leichten Sex geben, die immer verfügbar sind und nicht erst groß zum Sex überredet werden müssen. Ich finde, daß sie billig sind, und sie bedrohen mich. Für den Sex ziehen Männer Blondinen vor.

Diese Antwort, einmal rekapituliert, schlägt oft eine Brücke zu der Träumerin selbst, die sich als billige Blondine betrachtet, wann immer sie die sexuellen Bedürfnisse ihres Partners zu Zeiten befriedigt, in denen sie eigentlich keinen Sex will, entweder weil sie nicht in der Stimmung ist, oder weil sie Sex mit ihrem Partner nicht als sehr erfüllend erlebt. Die Träumerin befindet sich dann in der Position, auf sich selbst neidisch zu sein und von ihrem eigenen Rollenspiel bedroht zu werden. Sie sieht, daß sie sich von ihrem Mann betrogen fühlt, der der blonden Sexbombe erliegt und Zeit mit ihr verbringt und sie schließlich ihre Stellung usurpiert. Liza hatte einen lebhaften Traum dieser Art:

> Ich liege in freudiger Erwartung der Ankunft meines Mannes im Bett. Er hatte versprochen, mein Lieblingsdessert mitzubringen, etwas mit Schokoladensauce darauf. Er kommt zu spät. Dann steckt er den Kopf durch die Tür und sagt, er werde noch eine Weile nicht ins Bett kommen. Er wird mit einer Blondine Sex haben. Ich bin enttäuscht. Und es wird keine Schokoladensauce geben. Ich denke: «Wieder ein gebrochenes Versprechen.»
> Dann kommt eine Szene, in der ich im Bett auf meinem Mann liege. Ich grabe die Fingernägel in seinen Nacken. Ich will, daß er weiß, wie weh er mir getan hat. Ich möchte, daß er etwas von dem Schmerz spürt.

Liza sagte den Teilnehmern ihrer Traumgruppe, die Blondine entspräche ihrem Stereotyp von einem leichten Mädchen. Sie fügte hinzu, sie habe ihren Mann zwar ermutigt, über Sex zu lesen und abwechslungsreichere, länger andauernde Liebesspiele mit ihr zu haben, gäbe ihm aber den schnellen Fleisch-und-Kartoffel-Sex, den er bevorzuge. Sie beschrieb uns Schokoladensauce als «köstlichen, besonderen Festschmaus», nach dem sie hungerte: «Schokolade ist sexy, sinnlich. Schokoladensauce ist einer der höchsten Genüsse des Lebens. Schokoladensauce ist das, was mein Mann mir sexuell versprochen und nicht gegeben hat.»

Liza sah jetzt ein, daß sie aufhören mußte, die leichte Blondine zu spielen, und keinen Sex zu Zeiten und auf Arten haben durfte, die sie nicht interessierten. Sie mußte ihrem Mann zu verstehen geben, daß sie diese Schokoladensauce wirklich dringend haben wollte. Bis dahin hatte er geglaubt, Liza sei mit ihrem Sexleben relativ glücklich. Diese Szenarios scheinen bei den Frauen, mit denen ich arbeite, sehr häufig zu sein. Wenn Ihr Partner also träumt, er habe im Traum eine Affäre mit jemand anderem, so schauen Sie richtig hin, bevor Sie schießen.

Der oder die andere Geliebte kann auch nicht-sexuelle Beziehungen repräsentieren, von denen Sie Ihre Beziehung bedroht glauben. Karen, seit vierundzwanzig Jahren verheiratet, war sehr bestürzt über folgenden Traum:

> Ich entdecke, daß mein Mann ein Verhältnis mit Skip hat. Ich bin eifersüchtig und schrecklich wütend.

***Interviewer:*** Wer ist Skip? Und wie ist er?

***Karen:*** Skip ist Teil eines homosexuellen Paares, dem mein Mann und ich nahestehen. Ich komme sehr gut mit ihm aus, und ich kann mit ihm über alles reden.

***I:*** Erinnert Skip Sie an sonst jemanden in Ihrem Leben?

***K:*** Nun, mit meinem Mann ist auch sehr leicht auszukommen, aber ich bin sicher, daß er nicht schwul ist und keine Affäre mit Skip hatte. Warum träume ich bloß so etwas?

***I:*** Erzählen Sie mir mehr von Skip und Ihrer Beziehung zu ihm.

***K:*** Skip und sein Freund haben uns eingeladen, bei ihnen zu wohnen, während wir unser Haus bauen, und wir überlegen es uns.

***I:*** Wie fühlten Sie sich am Ende des Traums?

***K:*** Ich fühlte mich eifersüchtig, wütend, ausgeschlossen.

***I:*** Haben Sie im wachen Leben auch manchmal dieses Gefühl in bezug auf die Beziehung Ihres Mannes zu Skip?

***C:*** Oh! Nun ja, tatsächlich. Sie verbringen in der Tat viel Zeit miteinander. Und ich vermute, wenn wir zusammen wohnten, könnte das schlimmer und zu einem großen Problem für mich werden.

Nachdem Karen die Gefühle des Ausgeschlossenseins und der Eifersucht auf Skips enge Beziehung zu ihrem Mann erkennen konnte, war sie besser für die Entscheidung gerüstet, ob und unter welchen Umständen sie das Angebot von Skip und seinem Freund ohne Unbehagen annehmen könnte. Sie konnte jetzt auch mit ihrem Mann über ihre Gefühle sprechen, die gar nicht so schwer zu handhaben waren, nachdem sie einmal ans Tageslicht gekommen waren.

Manchmal sind schmerzhafte Träume, in denen Sie erfahren, daß Ihr Partner ein Verhältnis mit jemand anderem hat, Ausdruck Ihrer Unsicherheit und Eifersucht. Wenn Sie sich selbst interviewen, werden Sie diese Träume vermutlich leicht erkennen können, weil die Liebhaber und die Traumgefühle Sie dauernd an Ihre Unsicherheiten im Wachzustand erinnern. Wenn Sie regelmäßig solche Träume haben, dann halten Sie nach Szenen Ausschau, die nahelegen, daß Sie an Ihrem Selbstwertgefühl arbeiten müssen, und überlegen Sie, ob Sie nicht einen Psychologen konsultieren möchten, der Ihnen dabei hilft.

Manchmal gestehen Leute sich im Traum zum ersten Mal ein, daß ihr Partner tatsächlich ein heimliches Verhältnis hat. In solchen Fällen werden die verräterischen Anzeichen für die Affäre irgendwie übersehen oder ignoriert, bis die träumende Person etwas hervorbringt, vor dem sie die Augen nicht mehr verschließen kann. Ein paar Jahre lang hatte Beate folgenden wiederkehrenden Traum:

> Ich bin auf einer der häufigen Dinnerpartys, die mein Mann und ich geben, aber irgendwie scheine ich hauptsächlich als Beobachterin anwesend zu sein. Ich merke, daß zwar alle normal aussehen, aber ich weiß, daß sie sämtlich verkleidet sind. Ich erwache in Tränen aufgelöst, ohne zu wissen, warum.

Eines Nachts träumte sie schließlich:

> Mein Mann und ich sind wieder auf einer unserer Dinnerpartys. Der Brotkorb wird herumgereicht, aber nur an die Frauen. Als er mich erreicht, sehe ich, daß er kein Brot enthält, sondern den Penis meines Mannes.

Beate erwachte im Schockzustand. Sie nahm all ihren Mut zusammen und fragte ihren Mann, ob er ein Verhältnis habe. Er sagte, er könne sich nicht vorstellen, warum sie einen so albernen Traum habe. Diesmal jedoch war Beate so verstört über den Traum, daß sie einige Nachforschungen anstellte und entdeckte, daß ihr Mann tatsächlich mit den meisten der Frauen geschlafen hatte, die regelmäßig ihre Dinnerpartys besuchten. Beate sagte die nächste Dinnerparty ab und ließ sich von ihrem Mann scheiden.

Hin und wieder hat ein Mensch, der sich zu jemandem hingezogen fühlt, mit dem zu schlafen er als unmoralisch oder unklug empfindet, einen Traum, der ihn in dieser Entschlossenheit bestärkt. Pascal, der eine verheiratete Frau liebte, träumte:

> Ich bin im Bett mit Marcia, für die ich tiefe Liebe empfinde (wie im wachen Leben, wo ich beschlossen habe, keine sexuelle Beziehung zu ihr zu haben, weil sie mit einem guten, treuen Ehemann verheiratet ist). Wir liegen im Bett und werden uns unserer Nacktheit, unserer aneinandergeschmiegten Körper

und einer schönen, tiefen Harmonie zwischen unseren Seelen bewußt. Plötzlich sah ich hinter ihrem Körper das Gesicht ihres Mannes, der mich ruhig anschaute. Ich wußte, daß es nicht richtig war, dazusein, wo ich war.

Ich habe auch Träume von Leuten gehört, die gerade ein außereheliches Verhältnis hatten. Ein Mann erzählte mir von einem Traum, in dem er versuchte, ein wildes Tier im Schlafzimmerschrank festzuhalten, damit es seine Frau nicht verletzte. Ein anderer träumte von einer Schlange unter dem Ehebett. Er mußte seine Frau vor der Schlange beschützen. Er allein wußte, daß sie da war. Beide Träumer schlugen eine Brücke zwischen den Traumtieren und dem Gefühl, ihre Ehefrauen beschützen zu wollen, und ihren Affären.

Betty, eine verheiratete Frau, die soeben ihr erstes Verhältnis angefangen hatte, träumte:

Ich war aus einer dunklen, kalten, mittelalterlichen Kammer auf eine sonnenbeschienene Wiese getreten, wo ich einen freundlichen, lächelnden Cowboy traf, der in einem offenen Lieferwagen auf mich wartete. Ich war ein bißchen ängstlich, beschloß aber, einzusteigen und ein Abenteuer zu haben.

Betty schlug rasch eine Brücke von der dunklen mittelalterlichen Kammer zu ihrer Rolle als Ehefrau eines förmlichen, konventionellen, kühlen Managers. Der Cowboy erinnerte sie an ihren neuen, unkonventionellen und jüngeren Freund. Im Traum war sie glücklich mit ihrer Wahl. Im Wachzustand war sie nicht bereit, das Risiko einzugehen, ihren Mann tatsächlich zu verlassen, aber die Affäre fühlte sich sonnig und befreiend an. Der Traum verschärfte ihre Erkenntnis, daß ihr Leben in der Kammer schlimmer war, als sie sich hatte eingestehen wollen, und ließ sie einen Blick darauf werfen, wie es wäre, wenn sie trotz ihrer Angst das Sonnenlicht wählte.

Die häufigste sexuelle Phantasie von Männern und Frauen ist

die, eine sexuelle Begegnung mit einem anderen Partner zu haben.[4] Auch sexuelle Träume konfrontieren uns häufig mit einem neuen oder unerwarteten Partner, wenn auch meist mit einem breiteren Spektrum von Auswirkungen. Während wir in Phantasien die Bilder neuer Partner fast immer benutzen, um unsere sexuelle Erregung zu steigern, können neue Partner im Traum nicht nur das, sondern noch mehr. Sie können unser Selbstvertrauen aufbauen; sie können uns verlegen machen, erschrecken oder abstoßen. Neue Partner können uns auch verrückt vor Eifersucht und Unsicherheit machen, wenn wir erfahren, daß sie regelmäßig in den Träumen unseres Partners oder Ehegatten auftauchen.

Sie können träumen, mit jemand anderem als Ihrem Partner Sex zu haben, ohne sich (im Traum) Sorgen zu machen, daß Sie untreu sind. In anderen Träumen aber werden Sie sich dabei ertappen, daß Sie darüber nachdenken, ob Sie ein Verhältnis anfangen und Ihrem Partner im wachen Leben untreu sein wollen. Eine häufige Argumentationslinie in solchen Situationen ist: «Ich würde eigentlich schrecklich gern, aber ich bin verheiratet.» Oder auch: «Was wäre, wenn mein Partner es herausfände?» Oft verzichtet der Träumer auf die sexuelle Gelegenheit. In solchen Fällen sollten Sie nicht nur eine gute Beschreibung des Traumliebhabers und eine Brücke zu ihm einholen, sondern auch abschätzen, wie Sie sich im Traum fühlten, als Sie die sexuelle Einladung ablehnten. Wenn Sie erleichtert erwachen, weil Sie der Begegnung ausgewichen sind, dann warnen Sie sich wahrscheinlich im Traum, entweder einer konkreten sexuellen Attraktion oder einer Beziehung, Aktivität oder Einstellung zu widerstehen, mit der Sie Ihren Traumliebhaber durch eine Brücke verbinden. Wenn Sie traurig erwachen, weil Sie eine köstliche Gelegenheit verpaßt haben, beschreiben Sie das Gefühl und schlagen Sie eine Brücke zu einer Situation, sexuell oder nicht, in Ihrem wachen Leben.

Wenn Sie träumen, Sie hätten beschlossen, sich die Untreue zu gestatten, dann achten Sie darauf, wie Sie sich dabei fühlen und wie die Traumhandlung sich entwickelt – war der Sex befriedigend, gab es Störungen oder schmerzhafte Konsequenzen? Dann fragen Sie sich, wie Sie sich beim Erwachen fühlten. Wenn die Dinge schlecht verliefen oder Sie mit der Angst aufwachen, einen schrecklichen Fehler begangen zu haben, dann stellen Sie sich die Frage, ob Sie im Begriff sind, Ihre wichtigste Beziehung zu gefährden, indem Sie sich allzusehr auf eine andere Person oder ein konkurrierendes Interesse oder sogar auf einen anderen Aspekt Ihres Partners einlassen, falls Sie merken, daß Ihr Traumliebhaber eine Seite Ihres Partners im wachen Leben repräsentiert. Ein Traum, in dem Sie Ihre primäre Beziehung gefährden, ist vielleicht durchaus wünschenswert, falls Sie sich zufällig in einer ungesunden, abhängigen Verstrickung befinden.

Wenn die Angelegenheit gut oder sogar viel besser verläuft, nachdem Sie einen Seitensprung akzeptiert haben, fragen Sie sich, ob eine stärkere Annäherung an die Person (oder Einstellung oder den Aspekt Ihrer selbst oder Ihres Partners), zu der Sie eine Brücke von Ihrem Traumliebhaber geschlagen haben, im wachen Leben nicht vielleicht eine gute und bereichernde Sache wäre.

### *Verschmelzungsbeziehungen*

Wenn ein Paar extrem voneinander abhängig ist, wenn die Partner es nicht ertragen können, Dinge getrennt zu tun, äußerst besitzergreifend und eifersüchtig aufeinander sind, sich ständig beklagen, endlos zanken und ihre Konflikte nicht zu lösen vermögen, dann sind ihre Identitäten gewöhnlich auf ungesunde Weise verschmolzen. Aus irgendeinem Grund sind solche Paare so verstrickt, daß sie eine «Verschmelzungsbeziehung» haben. Nach dem ersten heißen Monat oder so einer neuen Liebschaft sollten solche Verhaltensweisen als Warnzeichen angesehen werden, daß einer oder beide Partner versuchen, unerfüllte Bedürfnisse nach Beistand und Identität zu befriedigen, die noch aus der Kindheit übriggeblieben sind. Das erotische Leben solcher Paare ist oft für einen oder beide Partner unbefriedigend, weil sie so miteinander verschmolzen sind, daß die aufregende Begegnung mit dem «anderen» nahezu unmöglich wird.

Im Traum oder im Wachzustand kann ein solcher Partner den Sex benutzen, um sich genährt zu fühlen oder keine Angst zu empfinden (andere tun das vielleicht mit Drogen und Alkohol). Wenn Sie beim Sex mit Ihrem Partner zu oft das Gefühl haben, Sie seien wie ein kleiner Junge oder ein kleines Mädchen, und/oder Sie seien wie ein nährender Elternteil, dann haben Sie möglicherweise ein Problem. Träume von Sex mit einem freundlichen Geschwister oder mit einem besonders unreifen und bedürftigen Freund könnten bedeuten, daß Sie und Ihr Liebhaber eine Verschmelzungsbeziehung haben. Das Gefühl der Zusammengehörigkeit macht einen gewissen Teil der meisten Beziehungen aus und kann entweder als wunderbar sicher oder als einengend empfunden werden; wenn es jedoch übertrieben stark ist, vereitelt es fast immer eine erwachsene Ich/Du-Erotik. Wenn einer oder beide Partner das klare Gefühl ihrer Individualität verlieren, entstehen oft große Probleme. Wenn zwei Individuen sich begegnen und in einer kurzen, magischen Verschmelzung aufgehen, können sie einen Zustand der Ekstase erleben. Wenn die beiden aber prinzipiell verschmolzen sind und durch den anderen ganz zu werden versuchen, woher sollte dann der Zauber einer Beziehung zwischen zwei vollständigen Individuen kommen?

### *Dominanz/Unterwerfung*

Träume, in denen man sich dem Sex unterwirft und dafür Liebe oder Schutz eintauscht, weisen gewöhnlich auf die Dynamik hinter den sexuellen und/oder sozialen Konflikten des Träumers im wachen Leben hin. Einige von uns sind in der Annahme aufgewachsen, sich die Liebe anderer verdienen oder erkaufen zu müssen, und dies kann dazu führen, daß sie sich als Erwachsene dem Sex und vielfältigen unangemessenen Forderungen von Partnern oder sogar Freunden unterwerfen, um Liebe und Zuneigung zu erringen. Wenn jemand sich im Traum dem Sex unterwirft, um körperlichen Schaden oder Tod zu vermeiden, dann werden die wachen Konflikte des Träumers wahrscheinlich als sehr viel dramatischer und bedrohlicher erlebt. Diese Träume sollten uns auf die Möglichkeit aufmerksam machen, daß der Träumer früh im Leben gelernt hat, schreckliche Strafen würden die Folge sein, wenn er oder sie sich nicht den Forderungen anderer unterwirft. Wenn jemand Gewaltandrohungen mit sexueller Aktivität in einem Traum assoziiert, dann sollte man den Grund dafür herausfinden. Der Psychiater Dr. Bernard Beitman schickte mir folgenden Traum einer einundzwanzigjährigen Frau, die im zweiten College-Jahr war.

> Ich bin behindert und kann mich nicht allein fortbewegen. Ich rolle auf einer flachen Plattform mit kleinen Rädern herum. Einen Rollstuhl habe ich nicht. Ich versuche, mit einem Mann Schritt zu halten, aber ich kann es nicht. Wir durchqueren ein übles Stadtviertel. Ich werde von einer Männerbande angegriffen. Ich kann mich nur retten, indem ich ihnen anbiete, ihnen einen zu blasen. Ich entkomme mit Sperma am ganzen Körper.

Die Deutung der Träumerin: «Ich fühle mich behindert und nicht so leistungsfähig wie die Männer. Ich kann nur zurechtkommen, indem ich ihnen sexuell zu Diensten bin. Ich erkenne, daß ein Teil der Behinderung an mir liegt und von mir bewerkstelligt wurde.» Dr. Beitman kommentierte: «Ich empfand dies als archetypische Aussage über die Stellung der Frau in der Welt.»

Manchmal, wie in obigem Fall, reflektieren diese Träume auf einer sozialen Ebene Gefühle von Dominanz und Unterwerfung, die das sexuelle, zwischenmenschliche und berufliche Leben des Träumers beeinflussen. Manchmal spiegeln diese Träume, wie wir im folgenden Kapitel sehen werden, schmerzhaften, das Leben prägenden, frühen sexuellen Mißbrauch wider.

Zwischenmenschliche Beziehungen sind selten frei von Schattierungen von Dominanz und Unterwerfung. Wenn diese Dynamik aber zu einseitig ist, hemmt sie die Entwicklung einer stützenden Beziehung, in der beide Partner sich frei fühlen, ihre eigenen Bedürfnisse zu behaupten und auf die Bedürfnisse des anderen zu reagieren.

### *Langfristige Muster erkennen*

Für die meisten von uns ist es ein großer Schock, wenn wir entdekken, daß wir in unserer Partnerwahl dazu neigen, die Dynamik vergangener Beziehungen zu wiederholen. Bei unseren wichtigsten Liebesbeziehungen suchen wir uns gewöhnlich unbewußt Partner aus, mit denen wir im wesentlichen genauso umgehen, wie wir mit unserer Mutter oder unserem Vater umgingen – oder, in manchen Fällen, mit einem Geschwister. Wenn Sie einen distanzierten, kritischen Vater hatten, dann waren wohl auch Ihre wichtigsten Freunde distanziert und kritisch. Vielleicht haben Sie auch die Gewohnheit, Männer zu wählen, die so sind wie Ihre Mutter oder Ihr älterer Bruder. Wir scheinen unausweichlich dazu getrieben, familiäre Gefühle in unseren intimen Beziehungen wiederzuerschaffen, selbst wenn diese Gefühle sehr schmerzhaft sind. Dieser Trieb zur Wiederholung vertrauter Muster ist leichter zu erkennen, wenn wir beobachten, wie unsere Freunde/Freundinnen sich noch einen Liebhaber vom gleichen Typ zulegen wie dem, mit dem es schon die letzten Male nicht geklappt hat. Am Ende sind viele von uns imstande, unsere repetitiven Muster auszumachen, bei denen wir Liebhabern erliegen, die einem Elternteil oder Geschwister ähnlich sind, oder auch der verbreiteten Variante – nämlich Partner zu wählen, die der extreme Gegenpol eines Elternteils oder Geschwisters sind. Relativ wenige Menschen gelangen jemals zu einer klaren Einsicht, wie viele unserer romantischen Wahlen von Mustern bestimmt sind, die bis zu unseren Beziehungen zu unseren Eltern und Geschwistern zurückreichen, und deshalb vermögen wir diese Muster oft niemals zu durchbrechen. Für Menschen, die befriedigende frühe Beziehungen hatten, kann das ein Segen sein. Für solche, die in problematischen Elternhäusern aufwuchsen, ist es ein Fluch.

Unsere Träume vergleichen regelmäßig unsere jetzigen Beziehungen mit unseren frühesten und bieten uns die Chance, wiederkehrende Muster und Motivationen, die unser Leben beeinflussen, auszumachen. Indem wir einengende oder destruktive Muster erkennen und überwinden, können wir lernen, mit größerer Freiheit bewußter zu wählen. Wir erwerben die Fähigkeit, nach eigener Einschätzung unserer Bedürfnisse und Vorlieben zu handeln und nicht nach alten, gewohnheitsmäßigen Reaktionen, die Kindheitsbeziehungen nachgebildet sind.

Wenn Sie feststellen, daß Sie von Ihrer Mutter und Ihrem Vater oder einem Ihrer Geschwister träumen, so interviewen Sie sich über die Person im Traum und schauen Sie, ob Sie zuvor unerkannte Ähnlichkeiten mit dem gegenwärtigen Partner entdecken. Ein verflossener Freund, der in Ihrem Traum auftritt, kann durchaus dieselbe Funktion haben: Indem Sie ihn beschreiben, merken Sie vielleicht, daß er Sie nicht nur an eine ganze Reihe früherer Liebhaber erinnert, sondern auch an einen Elternteil oder ein Geschwister. Wenn das so ist, können Sie Ihre Tendenz zur Wahl solcher Partner untersuchen und Veränderungen ins Auge fassen, falls Ihnen das wünschenswert erscheint.

Hans träumte davon, mit einer unerwarteten Geliebten Sex zu haben:

> Ich schlafe mit Eliane, einer Frau, mit der ich vor ein paar Jahren zusammengelebt habe. Zuerst ist der Sex sehr heiß, aber es dauert nicht lange, und ich langweile mich. Ich langweile mich einfach unglaublich mit ihr, obwohl sie einen phantastischen Körper hat. Plötzlich frage ich mich: «Was mache ich mit ihr im Bett?» Das ist verrückt.

Bei unserem Interview fragte ich Hans:

***Interviewer:*** Wie ist Eliane?

***Hans:*** Sie war süß, sexy, lieb, freundlich, eine Frau, die sich gut um mich kümmerte. Aber sie war auch nicht sehr intelligent. Wir hatten nicht den gleichen sozialen Hintergrund, wenig gemeinsame Interessen, und sie war nicht sonderlich helle. Wir trennten uns, weil ich zu dem Schluß kam, daß ich eine klügere, interessantere Frau wollte.

***I:*** Sie ist also süß, sexy und lieb und kümmerte sich gut um Sie, aber sie ist nicht sehr intelligent, und Sie hatten nicht die gleichen Interessen. Erinnert Sie das an jemanden?

***H:*** Ich gebe das sehr ungern zu, aber wenn Sie es so ausdrücken, erinnert sie mich an meine neue Freundin. Vermutlich bin ich bei ihr der gleichen Liebenswürdigkeit und Fürsorge erlegen.

***I:*** Waren Sie noch mit anderen derartigen Frauen zusammen?

***H:*** Vermutlich waren alle meine langfristigen Freundinnen so. Meine Beziehungen zu intelligenteren Frauen dauern nie lange. Ich scheine mir immer entweder extrem fürsorgliche oder extrem nicht-fürsorgliche und etwas harte Frauen auszusuchen.

***I:*** Welches war Ihre allererste Beziehung zu einer lieben, nicht sehr intelligenten Frau wie Eliane?

***H:*** Die zu meiner Mutter. O Gott. Das hört sich einfach zu banal an. Aber es stimmt. Wie kommt es, daß ich nie vorher gesehen habe, was doch auf der Hand liegt? Die Frage ist also, ob ich wirklich die alte, bequeme Art von Beziehung will oder ob ich je fähig sein werde, eine Frau zu finden, die sowohl fürsorglich als auch interessant ist, und das Leben mit ihr zu genießen. Ich weiß, daß es solche Frauen gibt, aber ich scheine sie einfach nie zu finden.

Hans steckte im Alltagstrott fest. Um herauszukommen, mußte er seine Ansprüche auf extreme Fürsorge herunterschrauben. Dann mußte er lernen, nach Frauen Ausschau zu halten, sich von ihnen angezogen zu fühlen und mit ihnen auszukommen, die anregender waren, aber dennoch stützend und fürsorglich genug für ihn. Diese Muster sind schwer zu verändern; das erfordert Zeit und Entschlossenheit.

David, der seit ein paar Jahren geschieden war und gerade daran dachte, auszugehen und neue Frauen kennenzulernen, hatte drei Nächte hintereinander den folgenden Traum:

> Ich sehe meinen Vater in einer ländlichen Umgebung, vielleicht bei der Gartenarbeit in der Stadt, wo wir früher lebten. Vielleicht uriniert er. Er schaut über eine Schulter wie ein Hirsch mit einer verächtlichen, mißbilligenden Miene. Dann spüre ich, wie die Brustwarze einer Frau von meinem linken Auge zur Nase über mein Gesicht streift. (Das war sehr lebhaft; ich spürte es noch, als ich wach war.) Ihr Gesicht kann ich nicht sehen. Zuerst finde ich den Traum erfreulich, aber als ich ihn in der zweiten und dritten Nacht träume, ist mir bewußt, daß er mich nicht nur freut, sondern mich gleichzeitig auch erstickt und etwas in mir unterdrückt.

Davids Vater hatte sich, wie der Hirsch im Traum, ihm gegenüber immer verächtlich verhalten, und das war seinem Selbstwertgefühl nicht gerade förderlich gewesen. Geringes Selbstwertgefühl schien eines seiner Probleme beim Wiedereintritt in die Single-Szene zu sein. Doch was ihn an dem Traum überraschte, war die Erkenntnis, daß er zwar die Fürsorge einer Frau mochte (er sah die Brustwarze sowohl als Nahrungsquelle wie auch als Quelle erotischer Erregung), sich davon aber auch erstickt fühlte. Davids Mutter und seine frühere Frau waren sexy und fürsorgliche Frauen, aber sie waren auch erstickend, indem sie ihn mehr verhätschelten, als ihm lieb war. David kam zu dem Schluß, daß seine Angst, von einer Frau erstickt und unterdrückt zu werden, der Hauptgrund dafür war, daß er so lange gewartet hatte, ehe er sich mit neuen Frauen zu treffen begann.

Ich habe mit sehr vielen Frauen gearbeitet, deren Träume sie mit der überraschenden und oft unerwünschten Einsicht konfrontierten, daß ihr jetziges Beziehungsmuster wesentlich von ihrer frühen Vaterbeziehung bestimmt war. Diese Frauen sind alle sehr gescheit und gewöhnlich belesen in Psychologie. Die Bestürzung, die sie empfinden, wenn sie feststellen, daß sie ihre Männer nach ihren unerfüllten Bedürfnissen und den frühen Prägungen durch den Vater gewählt haben, wird nur noch von der Überraschung übertroffen, daß das tatsächlich ihnen passiert ist, nicht nur anderen.

Ich habe zwei von Louises Träumen ausgewählt, weil sie beredt zeigen, wie stark «Daddys Fluch» sein kann, der Bann, unter dem die meisten Frauen leben, bis sie ihre automatischen, vorprogrammierten Reaktionen auf Männer erkennen. Louise ist eine Künstlerin, überaus gescheit, deren Vater ein charismatischer, mächtiger Industriemagnat war. Zur Zeit des Traumes lebte sie mit ihrem Freund Dani zusammen, der auf einer sexuell offenen Beziehung bestand. Sie beschrieb ihn als brillanten, arroganten Mann, der niemals Kompromisse machte und aufgrund einer schrecklichen Kindheit unter schmerzlichen Minderwertigkeitsgefühlen litt.

Louise beschrieb den König im folgenden Traum als Person mit der absoluten Macht, über die Art ihres Lebens zu bestimmen. Sie schlug eine Brücke von seiner Stärke und Besitzergreifung zu ihrem Vater, der in seinem Beruf und zu Hause solche Macht ausübte. Im Traum spielte sie die Rolle der Königin, was sie in gewissem Maße auch in der Familie tat, da ihre Mutter Alkoholikerin war. Hier ist ihr erster Traum:

> Schauplatz des Traumes ist das mit reichen Tapisserien ausgestattete Schlafzimmer der Königin – sie hat ein hochmütiges, sinnliches Gesicht und seidene Gewänder.
> Warum müssen die Männer, die der Königin aufwarten, sämtlich Eunuchen sein, frage ich mich. Weil sie sie in den Armen halten, während sie mit dem König schläft, kommt die Antwort. Sie dürfen nicht in der Lage sein, ihr Gewalt anzutun. Aber sie geraten durchaus in Erregung – und das ist sehr erotisch, das gefällt ihr –, obwohl es für sie schwierig und frustrierend ist, da sie nicht nach ihrer Leidenschaft handeln können.
> Ich frage mich, ob sich nicht vielleicht ein intakter Mann einschleichen könnte. Nein, sein Bart und seine Erektion würden

ihn verraten. Aber ich denke bei mir, daß ich die Geschichte so schreibe, daß er es doch tut – und ich denke, daß die Königin sich in ihn verlieben wird. Aber der König wird ihn vielleicht umbringen.

Als wir zum Interview übergingen, schlug Louise von dem König nicht nur eine Brücke zu ihrem Vater, sondern auch zu ihrem Freund Dani, der ungewöhnlich charismatisch war und den sie sehr bewunderte. Doch als Louise mit ihrer Beschreibung fortfuhr, hörten wir, daß Dani auch extrem egoistisch und im Grunde unsicher war. Er betrachtete sich selbst als eine Art Weisen, dem von Natur aus jederzeit mehrere anbetende, sexuell verfügbare Frauen in seinem Leben zustanden. Louise, die von Danis (und ihres Vaters) Charisma fasziniert war, war auch seine Gefangene. Es stand ihr nicht frei, mit einem intakten Mann zusammenzusein. Sie war die gehorsame Freundin-Königin-Bewundererin eines sehr unsicheren Königs. Ihr nächster Traum entwickelte dieses Thema weiter:

Der zweite Traum handelt ebenfalls von der Königin. Sie scheint alles zu haben. Sinnlich, selbständig, aber nicht wirklich. Sie ist nicht glücklich. Die Königin erwacht nackt in ihrem mit Tapisserien geschmückten Bett in ihrem Schlafzimmer mit den steinernen Wänden. Sie ist jung und blond und hat riesige Brüste. Sie rekelt und reckt sich sinnlich und fährt mit der Hand über ihren Körper. Dann schlägt sie die Augen auf und sieht, daß einer ihrer Höflinge still in der Zimmerecke sitzt und sie beobachtet. Sie schickt ihn hinaus.

Dieser Mann ist eine wichtige Figur. Die Königin ist viele hundert Kilometer von ihrem eigenen Königreich entfernt, weil sie einen Krieg führt. Die Dinge laufen nicht gut. Sie vertraut diesem Mann nicht – sie ist nicht sicher, daß er vertrauenswürdig ist –, aber sie muß ihm vertrauen, sich auf ihn verlassen, weil er in diesem Krieg ihre rechte Hand und der höchstgestellte ihrer Höflinge ist. Sie könnte den Krieg ohne ihn nicht führen.

Er hat alle wesentlichen strategischen Informationen – unbehaglich spürt sie, daß er eigentlich mehr Macht hat als sie selbst.
Die Königin verschickt eine dringende Botschaft – vielleicht an den Feind? Es ist unklar. Sie drückt ihr königliches Siegel in das Wachs auf dem Pergament. Sie gibt es dem Höfling, dem sie nicht vertraut, weil sie keine andere Wahl hat. Er verneigt sich und geht hinaus. Die Königin fürchtet, daß er mit dem Feind unter einer Decke steckt und die Bitte um Hilfe lesen wird.
Die Königin ist außerhalb des Schlosses, wo die Armee kampiert. Das Lager ist riesig und sieht aus wie ein hochragendes Apartmenthaus aus grauem Stein mit kleinen Fensterscharten wie in einem Gefängnis. Es steht in Flammen. Unheil! Die Truppen verbrennen. Männer springen aus den Fenstern, um sich in Sicherheit zu bringen, und stürzen zu Boden. Die Armee wird dezimiert.
Ein Brief Napoleons, des Feindes, trifft ein. Er lacht über ihre Bitte um Ergebung oder Waffenstillstand. Er wird weiter vordringen, um sie zur Schlacht zu zwingen. Sie muß sich zurückziehen. Der Höfling sieht zu, wie sie den Brief liest. Sie hat versagt. All diese Kämpfe und Toten, wozu? Sie ist verwirrt und verängstigt. Napoleon erkennt eindeutig, daß er stärker ist als sie und die Macht hat.
Die Armee zieht sich zurück, sie gehen nach Hause. Die Königin lagert in ihrem seidenen Zelt. Der Höfling kommt zu ihr. Er will mit ihr schlafen. Passiv willigt sie ein. Er fängt an, sie gierig zu berühren, und zuerst ist das mild erotisch, doch dann verliert sie jedes Interesse. Er wirkt unbeholfen und grob. Sie kann seinen Kuß nicht erwidern. Sie erkennt, daß sie das nicht will, und sie läßt ihn aufhören.

Louise sah die Königin als ihr erotisches Selbst, das nur selbständig erschien, in Wirklichkeit aber der Gnade gewisser Männer in ihrem Leben ausgeliefert war. Das Schlafzimmer mit den Steinwänden kam ihr wie eine Festung vor, in der sie sowohl beschützt als auch gefangen war. Sie beschrieb die Rolle eines Höflings als einer Person, die der Königin aufwartet, im allgemeinen aber selbst auch von Adel ist. Sie schlug eine Brücke von dem höchstrangigen Höfling zu ihrem Freund Dani. Im Traum ist die Königin weit von ihrem eigenen Königreich entfernt, wo sie sicher wäre, so wie Louise sich in ihrer gegenwärtigen Lebenssituation irgendwie entwurzelt fühlte. Ihre Erkenntnis im Traum, daß ihr Höfling mehr Macht hatte als sie selbst, spiegelte das unangenehme Ungleichgewicht der Beziehung zwischen ihr und Dani wider, und sie fragte sich, ob die gefängnisähnlichen Fenster vielleicht darauf hinwiesen, daß sie sich bei Dani wie eine Gefangene fühlte.

Als sie danach Napoleon als ungeheuer mächtigen General mit riesigem Ego beschrieb, der die Welt zu erobern versuchte, erkannte sie, daß Napoleon eine perfekte Charakterisierung ihres Vaters und, in geringerem Maße, Danis war. Ihre persönliche Macht wurde in der Tat dezimiert durch ihre Abhängigkeit von dem Freund/Höfling sowie vor allem durch den Krieg, den sie gegen ihren Vater führte, weil sie fest entschlossen war, ein Leben in der Gegenkultur zu führen, das in starkem Gegensatz zum sehr konservativen Stil ihres Vaters stand. Sie hatte gemeint, Dani würde ein Teil ihrer Flucht aus der Welt ihres Vaters sein, aber mittels des Traumes begann sie zu sehen, daß sie mit ihrem Freund etwas von der gleichen Unterwerfungsdynamik geschaffen hatte, die sie mit ihrem napoleonischen Vater erlebt hatte. Nachdem sie den Krieg verloren hat, sieht sie den Höfling als unbeholfen und grob, und dies beschreibt sie als weitere Seite von Dani, die klarer wird, als sie erkennt, daß Dani sie nicht retten wird und daß ihr Kampf ihrem Vater und den anderen Napoleons auf der Welt gilt. Der Höfling ist nicht mehr attraktiv für sie.

Solange Louise in das Charisma zeitgenössischer Napoleons verstrickt bleibt, wird sie deren Gefangene bleiben, wenn auch als Königin. Ihre Chancen, einen intakten Mann in der Person eines mächtigen, arroganten Egoisten zu finden, sind etwa so groß, als suche sie unter den Eunuchen danach. Ihre eigene Macht geht verloren, und ihre insgeheim unsicheren Liebhaber sind auf Beistand aus.

Wenn ein Partner den Sex exzessiv dazu benutzt, Fürsorge und Beistand zu erhalten oder gegen seine Angst anzugehen, dann werden die Träume beider Partner lebhaft beschreiben, wie dies gesunde, reife, erotische Ich/Du-Beziehungen vereitelt. Die letzte Szene aus Louises Traum hilft ihr noch weiter, ihren Groll über ihre relative Machtlosigkeit zu erkennen. Doch der ganze Traum zeigt ihr, wie sie zur Entstehung einer solchen Situation in ihrem Leben beigetragen hat. Genau diese Tiefenanalyse sexueller Beziehungen, einschließlich ihrer historischen Wurzeln, macht Träume so ungeheuer wertvoll zum Durchbrechen von Daddys – oder Mutters – Fluch.

# 8 Alpträume: Sexueller Mißbrauch

Für viele Menschen ist es außerordentlich schwierig, über diese traumatischen Erlebnisse zu sprechen. Laura schickte mir zu ihrer Geschichte den nachfolgenden Brief.

*Mein Traum selbst schien sich nicht eigentlich auf Inzest zu beziehen. Ich träumte, ich betrachte meinen Grabstein, auf dem als Daten meiner Geburt und meines Todes 1938–1983 angegeben waren. Tatsächlich bin ich 1950 geboren, und ich hatte den Traum im Jahre 1989 (im Juni oder Juli). Im Traum bemerkte ich, daß 38 die Umkehrung von 83 ist, doch während des Traumes kannte ich die Bedeutung dieser Zahlen nicht.*
*Dann träumte ich, daß meine Schwester (in der realen Welt habe ich keine Schwester) einer Operation unterzogen werden sollte, bei der man ihr das Herz herausschnitt. Ich sah sie in Laken gehüllt auf einer Bahre liegen, mit geöffneter Brust, und ein großes, rotes, pulsierendes Herz wurde herausgeschnitten.*
*Dann wurde in meinem Traum eine als «Voodoo» bezeichnete Handlung vollzogen. Ich wußte, wenn sie erfolgreich war, konnten wir meiner Schwester das Herz wieder einsetzen, ihr Brustkorb würde es annehmen, zuwachsen, und sie würde leben. Außerdem würde sie Superkräfte haben.*
*Das geschah, und sie erhob sich von der Bahre. Dann wußte ich, daß ich diejenige war, die man dieser Operation unterzogen hatte, und ich besaß nun die Macht, nicht verletzt werden zu können. Ende des Traums.*
*Als ich erwachte, hatte ich das starke Gefühl, etwas sei mit mir*

*passiert, als ich drei Jahre alt war, etwas so Schreckliches, daß mein dreijähriges Selbst es als Herausschneiden des Herzens interpretierte. Etwas so Schreckliches, daß das kleine Mädchen beschloß, kein wirkliches Herz zu haben und nicht mehr zu fühlen. (Das, glaube ich, ist die Superkraft, die im Traum vorkommt.)*

*Ich wußte jedoch nicht, was dieses schreckliche Ereignis war. Ich fing allerdings an, mich danach zu fragen und zu rekonstruieren, wo ich mit drei Jahren gewesen war und was mit mir passierte.*

*Tatsächlich gelang es mir, ein paar unglaublich frühe Erinnerungen hervorzuholen, von denen einige sehr schmerzlich waren, aber nicht für die entsprechende Zeit und den Ort (ich wußte, daß mein Vater zu diesem Zeitpunkt in einem fremden Land stationiert war und wir bei ihm waren). Ich erinnerte mich an einiges aus der Zeit, als ich eineinhalb Jahre alt war, aber an nichts als Dreijährige.*

*Dann, letzten August, einen Abend nach einem AA-Treffen, erinnerte ich mich. (Ich war seit etwa zwei Wochen trocken, als das passierte, und erkenne heute, daß ich nur getrunken hatte, um mich nicht erinnern zu müssen.) Ich unterhielt mich bei dem AA-Treffen mit einer Frau, die erwähnte, sie sei als Kind sexuell belästigt worden.*

*Irgendwo in meinem Hinterkopf gingen mir die Augen auf, ein geisterhafter Finger tippte mir auf die Schulter, und eine Stimme schien zu sagen: «Das ist es, weißt du; die Antwort, nach der du suchst.»*

*Und dann erinnerte ich mich. Oh, nicht an alles, nicht sofort, aber da wußte ich, daß mein Vater mich belästigt hatte. Später wurde mir klar, daß die Zahlen 3 und 8 bedeuteten, daß ich in diesem Alter von meinem Vater mißbraucht wurde. Meine «Schwester» war eine losgelöste oder abgespaltene Version meiner selbst.*

*Es ist mir nicht möglich, Bestätigung für die Tatsache meines Mißbrauchs zu bekommen. Meine Eltern sind beide tot, und mein Bruder sagt, er wisse nichts davon.*

*Interessanterweise habe ich tatsächlich immer einige Erinnerungen an Inzest gehabt. Aber weil ich alle mit diesen Ereignissen verbundenen Emotionen total vergessen hatte, bezweifelte ich, daß es sich um reale Erinnerungen handelte. Ich hatte (als Erwachsene) angenommen, ich sei eine jener Frauen, die Sex mit ihrem Vater wollten und als Wunscherfüllung solche falschen Erinnerungen hervorbrachten. Ich las später, daß Inzestopfer sich nicht selten auf diese Weise an die Dinge erinnern und daß es sich um eine echte Erinnerung und keine Erfindung handelt. Ich glaube, diese Erkenntnis bestätigte meine Erinnerungen mehr als alles andere. Ich habe alle Persönlichkeitsstigmata eines mißbrauchten Kindes und auch alle eines Kindes von Alkoholikern (was meine Eltern ebenfalls waren). Ich mache eine Therapie bei einem Berater für Inzestopfer, und ich hoffe, eines Tages zu genesen. Ich bin gerade in dem Stadium, in dem die Schichten der Abwehrmechanismen abgebaut werden, die mir dies fast vierzig Jahre lang verborgen haben, und ich kann noch nicht sagen, wie ich das Trauma des Mißbrauchs ganz überwinden werde.*

Dieses Kapitel handelt von Tragödien und manchmal qualvollem Schmerz. Ich habe es geschrieben, weil es so viele Erwachsene gibt, die als Kinder mißbraucht wurden und weder wissen, was sie dagegen tun sollen, noch, daß sie viele Leidensgefährten haben, die ebenfalls mißbraucht wurden und sich noch immer schämen. Ich möchte den Opfern helfen zu entdecken, daß ihre Träume zu ihrem Überleben und Aufblühen beitragen können. Ich hoffe auch, Psychotherapeuten Richtlinien für die Erkenntnis an die Hand geben zu können, wann die Träume ihrer Klienten von Inzest und anderen Mißbrauchsthemen handeln. Falls Sie dieses Kapitel verstörend finden, so zwingen Sie sich nicht, es gleich zu lesen. Blättern Sie weiter und kommen Sie auf dieses zurück, wenn Sie sich dazu bereit fühlen.

Alle Frauen, die mir schrieben, sagten, ehe sie sich an den Mißbrauch erinnerten oder diesen erkannten, hätten sie ein Leben voller Angst, Scham und Furcht gelebt, ohne zu wissen, warum. Im typischen Fall zweifelten sie die meisten ihrer Wahrnehmungen und Gefühle an. Viele waren Alkoholikerinnen geworden, und wenige hatten je gehört, daß ihre zahlreichen Alpträume vielleicht versuchten, ihnen etwas mitzuteilen. Die Art der Träume und die realen Probleme mit Vertrauen und Intimität waren die gleichen. Und die schreckliche Angst, sie bildeten sich die Dinge nur ein oder wollten Sex mit dem Vater, war ebenfalls gleich. Lauras Brief bringt beredt viele der Probleme und den Schmerz zum Ausdruck, den Inzestopfer erleben.

Erwachsene, die als Kinder sexuell mißbraucht wurden, daran aber wenig oder gar keine Erinnerung haben, erkennen oft erst nach einem Alptraum oder einer Serie von Alpträumen, daß sie mißbraucht wurden, oder sie merken es ganz allmählich. Tatsächlich sind sexuelle Alpträume möglicherweise eines der zuverlässigsten, wenn auch meist übersehenen Anzeichen für sexuellen Mißbrauch, selbst wenn das Opfer kein bewußtes Wissen um das Trauma besitzt.

Man schätzt, daß eine von drei bis vier Frauen und einer von neun Männern in der Kindheit sexuell mißbraucht wurden. Genaue Zahlen sind nicht erhältlich, da die Erinnerungen an den Mißbrauch oft total verdrängt sind. Wenn ein Opfer sich erinnert, empfindet er oder sie möglicherweise starkes Widerstreben, jemandem davon zu erzählen. Therapeuten übersehen die Zeichen häufig, weil es ihnen entweder an Erfahrung mangelt oder weil das Opfer die Zeichen vor sich selbst und anderen so erfolgreich verbirgt. Manche Therapeuten sehen solche Anzeichen auch deshalb nicht, weil sie aus irgendwelchen Gründen unfähig sind, das Thema zu behandeln.

Ich arbeite mit Frauen, die seit Jahren in Therapie sind, von ihrem frühen Mißbrauch nichts wissen und «bloß» kommen, um zu lernen, wie sie ihre Träume verstehen können. Gewöhnlich wird binnen ein oder zwei Sitzungen der Mißbrauch im Traum dargestellt, und wir nehmen den heiklen Prozeß seiner Betrachtung in Angriff. Ich möchte, daß Psychotherapeuten in Traumarbeit besser ausgebildet werden, denn diese Methode kann wie keine andere mir bekannte die Schichten von Angst und Verdrängung durchdringen. Außerdem kann die Träumerin selbst das Tempo bestimmen und die Truhe ihrer dunklen Geheimnisse erst öffnen, wenn sie sich ihren eigenen, maßgeschneiderten Weg zu Erinnerung und Genesung «erträumt» hat.

Opfer sexuellen Mißbrauchs sind in der Regel depressiver und ängstlicher und neigen eher zu Dissoziation und sexuellen Verhaltensstörungen als Menschen, die sexuell nicht mißbraucht wurden.[1] Marion Cuddy und Kathryn Belicki von der Brock University in Ontario, Kanada, haben festgestellt, daß Opfer sexuellen Mißbrauchs häufiger unter Schlafstörungen leiden und doppelt so viele Alpträume und wiederkehrende Alpträume haben wie Personen, die in der Kindheit keinen sexuellen oder physischen Mißbrauch erlitten haben.[2] Susan Brown stellte in einer Studie fest, daß Frauen mit einer Vorgeschichte von Inzest in ihren Träumen mehr Unheil erlitten und in ganz einmaliger Weise Sex und Aggression vermischten.[3]

## *Träume von Aggression und Sex*

Brown glaubt, die Vermischung von Sex und Aggression im Traum sei ein deutliches Anzeichen dafür, daß die Träumerin Inzest erlebt hat. Ganz so weit würde ich nicht gehen, denn ich entsinne mich einiger Fälle, in denen Frauen, die anscheinend nicht mißbraucht wurden, von Aggression in sexuellen Situationen träumten, und Frauen, die vergewaltigt wurden, ebenfalls.[4] Meine Erfahrung bei der Arbeit mit Träumen von Opfern sexuellen Mißbrauchs bestätigt allerdings, daß sexuelle Bilder, die mit Bildern von Aggression verwoben sind, in den Träumen mißbrauchter Frauen sehr häufig vorkommen. Und ich betrachte diese Vermischung tatsächlich als rote Flagge, die auf möglichen sexuellen Mißbrauch aufmerksam macht. Mehr als eine meiner Klientinnen hat mir Träume wie den folgenden berichtet:

> Ein Mann hat mich gefangen und ein Gewehr in meine Vagina gesteckt.

In einer Version dieses Traumes sagte der Mann der Träumerin, wenn sie sich wehre oder jemandem etwas erzähle, werde er ihr den Kopf wegschießen, indem er die Waffe in ihrem Körper abfeuere. Die sexuellen Träume von mißbrauchten Männern und Frauen können sehr häßliche Formen annehmen. Bilder von klaffenden, blutigen Löchern zwischen Beinen, in Brüsten und anstelle von Köpfen, Bilder von haßerfüllter Gewalt und Besitzergreifung und Folter spiegeln den brennenden emotionalen und manchmal physischen Schmerz wider, den mißbrauchte Kinder erlitten haben und als Erwachsene weiter erleiden.

Träume, von Leuten zum Sex gezwungen zu werden, die dem Träumenden körperlichen Schaden androhen, wenn er oder sie Widerstand leistet, sind sehr häufig, ebenso wie der Wunsch des Träumenden, ein jüngeres Geschwister, das im Traum auftritt, zu beschützen oder zu retten. Deborah träumte:

> Ein Paar bringt mich in das Hinterzimmer eines Restaurants. Dort ist meine Schwester an das Bett gefesselt. Der Mann hat vor, mich ebenfalls zu fesseln und uns dann beide zu vergewaltigen. Ich habe schreckliche Angst und möchte weglaufen. Aber ich kann meine Schwester nicht im Stich lassen, und der Mann ist zu stark, als daß man ihn überwältigen könnte. Vielleicht wird er, wenn ich mich freiwillig hinlege, meine kleine Schwester verschonen.

Die Angst, die Deborah in diesem Traum fühlte, war so schrecklich und groß, daß sie zur Erinnerung an den Inzest mit ihrem Vater vor dreißig Jahren führte. Als sie ihrer Schwester von dem Traum und den Erinnerungen erzählte, wollte diese nicht mit ihr darüber reden. Später bestätigte sie jedoch, daß sie selbst ähnliche Alpträume und Erinnerungen hatte. Beide hatten gedacht, ihren Vater möglicherweise zu Unrecht des Inzests zu beschuldigen, aber nach einigen Monaten Therapie beschlossen sie, ihre Eltern zur Rede zu stellen, und bekamen stichhaltige Bestätigungen für den Mißbrauch.

Bevor ich fortfahre, möchte ich Ihnen einen Traum zeigen, der Aggression mit Sexualität vermischt, scheinbar aber in keinem Zusammenhang mit sexuellem Mißbrauch in der Kindheit steht:

> Ich bin in unserem ehelichen Schlafzimmer mit einem Mann, der behauptet, Fotograf zu sein. In Wirklichkeit aber lädt er Frauen in das Schlafzimmer ein, um Sex mit ihnen zu haben und sie anschließend umzubringen. Ich bin seine Assistentin. Er verlangt von mir, dies und das zu tun, und ich erfülle seine Forderungen willig und unterwürfig. Als wir uns auf das nächste Opfer vorbereiten, merke ich, daß er das Foto, das er von ihm machen wird, irgendwie dazu benützen will, dem Opfer selbst die Schuld an seiner bevorstehenden Ermordung zu geben! Ich bin *außer mir.* Plötzlich wird mir klar, daß *ich* sein nächstes Opfer sein soll. Ich weiß das, weil er mich mit dem Lauf der Waffe meines Mannes in der Hand fotografiert.

Beachten Sie, daß die Träumerin, als sie bedroht wird, nicht ängstlich, sondern wütend ist. Gewöhnlich haben Opfer von Mißbrauch eine Vorgeschichte sexueller Alpträume, in denen sie sich verängstigt, gefangen und hilflos fühlen. Erst wenn sie anfangen, sich ihrem Mißbrauch zu stellen, erinnern sie sich, in ihren sexuellen Träumen wütend gewesen zu sein. Christina erinnert sich an keinen Mißbrauch, hat keine Vorgeschichte sexueller Alpträume und leidet auch nicht an den üblichen Symptomen des Mißbrauchs.

Christina verstand diesen Traum als Schilderung, wie sie sich sexuell von ihrem Ehemann benutzt fühlt. Er war ihr gegenüber nie gewalttätig, aber er hat auch nicht auf ihre Bitten um sinnlicheren, leidenschaftlicheren und kreativeren Sex reagiert. Christina sagte, ihr Mann habe ihr sexuelles Interesse umgebracht, indem er nicht auf ihre Vorlieben einging und ihr wütend vorwarf, sie verderbe den gemeinsamen Sex mit ihren Forderungen nach einem Vorspiel, das länger als zehn Minuten dauert.

Träume präsentieren nur dann so eindringliche Porträts von

Problemen, wenn diese außerordentlich wichtig sind. Dieser Traum half Christina, den Ernst ihrer Situation zu sehen, und zeigte ihr, daß sie die perfekte Ko-Abhängige spielte, indem sie an dem Liebe-sie-und-töte-sie-Szenario ihres Mannes mitwirkte. Indem sie weiterhin unbefriedigenden Sex mit ihrem Mann hatte, perpetuierte sie ihr Problem. Dieser Traum öffnete Christina die Augen für ihr langfristiges Muster unterwürfiger Abhängigkeit und für die sexuelle Ausbeutung durch ihren Mann, doch er führte nicht zu Gefühlen, früher im Leben sexuell mißbraucht worden zu sein.

Nicht alle Träume, die Sexualität mit Aggression vermischen, handeln von Kindheitsmißbrauch; ziehen Sie also keine voreiligen Schlüsse, die Ihnen Angst einflößen, ehe Sie den Traum sorgfältig erforscht haben. Wenn der Schuh Ihnen nicht paßt, so ziehen Sie ihn nicht an. Wenn Sie von sexuellem Mißbrauch träumen, werden die Gefühle, die Sie bei der Diskussion des Traumes haben, gewöhnlich erkennen lassen, ob Sie alte, tiefe und vergessene Wunden durch Mißbrauch berühren. Sie sollten keine Schlüsse ziehen, ehe Sie nicht an mehreren oder sogar vielen Träumen gearbeitet haben, die Bilder von Mißbrauch verwendeten, und mit einem erfahrenen Spezialisten alle Gefühle besprochen haben, die Sie bedrängen.

## *Ist es wirklich passiert, oder war es nur ein Traum?*

Viele Menschen sind unfähig, einen Elternteil oder anderen Verwandten oder Freund zu der Bestätigung zu bewegen, daß vermuteter Mißbrauch tatsächlich stattgefunden hat. Dies kann dem Opfer große Sorgen und Zweifel bereiten, denn er oder sie möchte natürlich keinen lebenden Verwandten, der es mißbraucht haben könnte, zu Unrecht beschuldigen und die Zurückweisung dieser Person und vielleicht der ganzen Familie riskieren. Diese Zurückweisung kann eintreten, ob der Mißbrauch nun bestätigt wird oder nicht. Sie mögen alle Symptome eines mißbrauchten Kindes aufweisen (Depression, Mißtrauen, geringes Selbstwertgefühl, Alkoholismus, Sex- oder Drogenabhängigkeit, Selbstmordgedanken und so weiter), Ihre Familie mag der Lehrbuchbeschreibung einer Mißbrauchsfamilie entsprechen (nicht fürsorglich, nicht beschützend, gegen die Außenwelt verschlossen, mit einer schwachen oder abwesenden Mutter und einem kontrollierenden, mißtrauischen, argwöhnischen Vater, der physische Macht oder Drohungen benutzt, um seinen Willen durchzusetzen), und doch sind Sie vielleicht niemals in der Lage, sich an die Einzelheiten irgendeines Mißbrauchs zu erinnern, weil diese zu tief vergraben sind.[5] Es besteht auch die Möglichkeit, daß Sie nicht mißbraucht wurden, selbst wenn Ihre Familie dem Profil einer Mißbrauchsfamilie zu entsprechen scheint.

Merkwürdigerweise sind die Forschungsspezialisten Masters, Johnson und Kolodny der Ansicht, daß es nicht immer notwendig ist, über früheren sexuellen Mißbrauch zu sprechen. Sie meinen:

«Manchen Menschen ist durchaus wohl bei einer ‹Vergeben und Vergessen›-Haltung; sie haben kein Verlangen, mit irgend jemandem (über ihren Mißbrauch) zu sprechen. Andere, die einvernehmliche, nicht ausbeutende Inzestbeziehungen erlebt haben, erkennen vielleicht nicht einmal eine Notwendigkeit, zu vergeben und zu vergessen, da sie die gesamte Erfahrung möglicherweise als positiv betrachten.»[6]

Diese Einstellung ist mir unbegreiflich. Ich selbst und viele Kollegen kennen keinen einzigen Fall, in dem der Inzest für das mißbrauchte Kind nicht ausbeuterisch war, selbst wenn er an der Oberfläche einvernehmlich aussah. Zwar kann das Opfer dem Täter manchmal vergeben, aber der Wunsch, nicht über den Mißbrauch zu sprechen, und das Bedürfnis, ihn zu vergessen, sind nach Meinung aller mir bekannten Therapeuten Symptome von Verleugnung, Verdrängung und des durch den Mißbrauch angerichteten Schadens. Masters, Johnson und Kolodny erkennen natürlich, daß jeder, der unter «verbleibenden Gefühlen von Schuld, Groll, Wut oder geringem Selbstwert leidet, die mit der Inzesterfahrung zusammenzuhängen scheinen», gut daran täte, einen Psychotherapeuten zu konsultieren.[7] Ich möchte hervorheben, daß viele Menschen unter Schuldgefühlen und geringem Selbstwertgefühl leiden und Schwierigkeiten haben, gesunde intime Beziehungen aufrechtzuerhalten, aber keine Ahnung haben, daß diese Symptome zum großen Teil aus sexuellem Mißbrauch stammen, der vielleicht teilweise oder völlig «vergessen» wurde. Ob diese Symptome mit Mißbrauch zusammenhängen oder nicht, sie sind Anzeichen für die Notwendigkeit professioneller Hilfe durch Therapeuten, die sich bewußt sind, daß an ihrer Wurzel manchmal verdrängter Mißbrauch steht.

Therapeuten wissen schon lange, daß Menschen, die schwerwiegende Traumata wie sexuellen Mißbrauch erlitten haben, sich besser fühlen, wenn sie sich erst einmal der Tatsache des Mißbrauchs stellen und damit beginnen können, seine Auswirkungen aus einer erwachsenen, auf der Realität basierenden Perspektive zu bewältigen. Das Leugnen und Verdrängen von Gefühlen verbraucht Energie und erfordert verschiedene Formen emotionaler Panzerung, die die emotionale Freiheit, Entwicklung und Gesundheit eines Menschen signifikant einschränken können.

James Pennebaker und seine Kollegen an der Southern Methodist University in Dallas, Texas, führten faszinierende Forschungsarbeiten über die psychologischen und physiologischen Auswirkungen der Aufdeckung von Traumata durch. Sie stellten fest, daß zwei Gruppen von Leuten, die vier Tage lang je fünfzehn Minuten anonym ihre Gefühle oder aber die Tatsachen und die Gefühle der bestürzendsten und traumatischsten Ereignisse ihres Lebens niederschrieben, psychologischen und physischen Nutzen daraus zogen, während das bei Kontrollgruppen nicht der Fall war, die einfach über triviale Ereignisse oder nur über die Tatsachen ihrer Traumata, nicht aber über ihre Gefühle schrieben.

Den beiden ersten Gruppen ging es zunächst schlechter – sie berichteten jeweils nach der täglichen Niederschrift von größerer Angst und stärkeren Depressionen. Dies ist die natürliche Folge emotionalen Großreinemachens. Wenn Sie anfangen, einen

Schrank aufzuräumen, nehmen Sie zuerst all die Sachen, die sich darin angesammelt haben, heraus, legen sie auf den Boden, und Ihr Zimmer sieht schlimmer aus als zu Anfang. Dann beginnen Sie den Inhalt zu sortieren und Nutzloses wegzuwerfen, und damit beginnt der Prozeß des Aufräumens und der funktionelleren Organisation Ihres Schrankes. Bei der Nachuntersuchung vier Monate später stellte sich dann auch heraus, daß die ersten beiden Gruppen glücklicher, gesünder und angstfreier waren als die Kontrollgruppen, die durch das Experiment nicht beeinflußt schienen.[8]

Pennebaker und Susman führten eine zweite, ähnliche Untersuchung durch, bei der sie fünfzig Studenten in zwei Gruppen unterteilten. Die erste Gruppe schrieb vier Tage nacheinander jeweils zwanzig Minuten lang über die Tatsache und Gefühle traumatischer Erfahrungen, die Kontrollgruppe während derselben Zeit über triviale Erlebnisse. Diesmal wurden vor und sechs Wochen nach dem Experiment Blutuntersuchungen vorgenommen. Die Forscher stellten fest, daß sich bei der Gruppe, die über Traumata schrieb, die Immunsystemfunktionen verbessert hatten und daß diese Gruppe auch das Gesundheitszentrum signifikant seltener aufsuchte als die Kontrollgruppe, die über triviale Ereignisse geschrieben hatte.[9]

Zur weiteren Erforschung der gesundheitlichen Auswirkungen von Aufdecken oder Verbergen traumatischer Geschehnisse befragten Pennebaker und Susman zweihundert Angestellte eines großen Konzerns. Das Ergebnis:

Menschen, die in der Kindheit traumatische Erfahrungen gemacht und diese niemandem anvertraut hatten, litten mit signifikant größerer Wahrscheinlichkeit an Krebs, Bluthochdruck, Magengeschwüren und schweren Grippeanfällen als Personen, die entweder keine Traumata erlebt oder aber diese jemandem anvertraut hatten.[10]

Pennebaker weist darauf hin, daß bei der Mitteilung traumatischer Geheimnisse möglicherweise das Gehirn lernt, Informationen effizienter zu verarbeiten. Traumatische Erfahrungen beinhalten negative Emotionen, die in den rechten Frontalbereichen des Gehirns verarbeitet werden. Das bewußte Denken scheint in hohem Maße von der Verarbeitung in den Sprachzentren des Gehirns abhängig, die man normalerweise im linken Schläfenkortex findet. Pennebaker stellt die Hypothese auf, daß ein Individuum dadurch, daß es über traumatische Ereignisse spricht, seine zuvor gehemmte sprachliche Organisation des Ereignisses im linken Schläfenkortex verbessert und so die kohärente und wirksame Verarbeitung der schmerzhaften Erinnerungen steigert. Pennebaker schreibt:

«Wenn Menschen aufgefordert werden, sich traumatischen Erfahrungen zu stellen, treten im Körper signifikante Veränderungen auf. Wenn sie über Traumata im Vergleich zu oberflächlichen Themen schreiben oder sprechen, so legen Individuen eine größere Kongruenz der Gehirnwellenaktivität in der Zerebralhemisphäre, geringere SCL (*skin conductance levels*, Niveau der Hautleitfähigkeit, assoziiert mit der Absonderung von Schweiß an Handflächen und Fußsohlen) und eine verbesserte Immunfunktion an den Tag. Diese Auswirkungen sind bei solchen Personen am ausgeprägtesten, die etwas Wesentliches enthüllen – das heißt bei Menschen, die extrem persönliche Themen aufdecken, über die sie vorher nicht mit anderen gesprochen hatten.»[11]

Träume, die Gefühle und Erinnerungen an traumatische Ereignisse aufrühren, können die ersten Anzeichen sein, an denen eine Person vergessene oder verdrängte Traumata erkennt. Die ersten Träume drehen sich vielleicht nur um Gefühle, die aus dem Nirgendwo zu kommen scheinen. Später, wenn der Träumer offener wird, werden auch die Träume deutlicher und helfen ihm, über das traumatische Thema zu sprechen und daran zu arbeiten.

Wenn Sie argwöhnen, daß Sie als Kind mißbraucht wurden, rate ich Ihnen dringend, sich einen guten Therapeuten zu suchen und über Ihre Gefühle zu sprechen. Danach könnten Sie in Erwägung ziehen, sich einer Gruppe von Inzestopfern anzuschließen. Selbst wenn meine Klienten zu verschlossen waren, um gut mit ihrem Therapeuten zu arbeiten, oder einen unerfahrenen Therapeuten hatten, stellte sich nach einigen Gruppensitzungen fast immer die brennende Frage: «Bin ich mißbraucht worden, oder bilde ich mir das nur ein?» Die Geschichte einer Reihe mißbrauchter Frauen zu hören, hilft Ihnen, ziemlich rasch zu erkennen, ob Sie sich wie eine von Ihnen fühlen und wie wahrscheinlich es ist, daß Sie selbst ein Opfer sind.

Gruppengespräche tragen dazu bei, Schuldgefühle zu lindern und das Selbstwertgefühl zu verbessern, und helfen zudem allen Beteiligten durch die Erkenntnis, daß sie mit ihrem Elend nicht allein und ihrer Geschichte wegen auch keine Ausgestoßenen sind. Einige Frauen hatten zum ersten Mal das Gefühl, akzeptiert, glaubwürdig und verstanden zu sein.

Wenn es schon so wohltuende Folgen hat, vier Tage lang nur jeweils zwanzig Minuten über traumatische Erfahrungen zu schreiben, wie können Sie dann erst Ihre Tagesnotizen in Ihrem Traumtagebuch für Ihre persönliche Arbeit nutzen! Wenn Sie bisher noch kein Traumtagebuch geführt haben, so versuchen Sie, sich mindestens eine Woche lang täglich Notizen zu machen. Sie sollten die Tatsachen und Gefühle aufschreiben, die mit dem jeweiligen Tag verbunden waren. Dann sollten Sie,wenn Sie sich dazu bereit fühlen, über die Tatsachen und Gefühle der schlimmsten Erfahrungen schreiben, die Ihnen widerfahren sind. Tun Sie das am ersten Abend fünf bis zwanzig Minuten lang. Dann schreiben Sie an Abenden, an denen Ihnen danach zumute ist, das Thema weiter zu erforschen, erneut etwas über Ihre Erfahrungen. Nehmen Sie sich Zeit. Sie brauchen mit dem Aufräumen Ihrer Schränke nicht zu einem bestimmten Zeitpunkt fertig zu sein.

## *Mißbrauch und Gegenreaktion*

Ein verstörendes Phänomen unter Therapeuten ist die «Inzest-Gegenreaktion». Es macht den Anschein, als seien einige Therapeuten mit mehr Eifer als sorgfältiger Untersuchung auf den Inzest-Zug gesprungen und hätten nach vermuteten heimlichen Inzestphänomenen gesucht, um Probleme zu erklären, die andere Ursprünge haben. Es hat schon Prozesse gegeben, bei denen der Vorwurf sexuellen Mißbrauchs wohl eher von finanziellen und Sorgerechtsmotiven veranlaßt war als von der Wahrheit. Etliche Therapeuten, die bestürzt sind über diesen Mitläufereffekt und die zweifelhaften Prozesse, äußern mir gegenüber ihre Wut über die falschen Anschuldigungen in einer Weise, die ich verwirrend finde. Ihre Tendenz, die meist vagen Erinnerungen als Phantasien und Wünsche zu betrachten, erscheint mir ebenso voreingenommen wie die der Therapeuten, die jeden Verdacht auf Mißbrauch als feststehende Tatsache ansehen.

Sigmund Freud, der als erster erkannt hat, daß Träume lange verdrängte Inzest-Erinnerungen darstellen können, vertrat später den Standpunkt, diese «Erinnerungen» seien nur wunscherfüllende Phantasien. Noch immer ist umstritten, ob dies ein Rückzug aufgrund von Freuds Unfähigkeit oder Unwillen war, daran zu glauben, daß seinen Patienten oder ihm selbst so schreckliche Dinge zugestoßen sein könnten, ob er fürchtete, seine Kollegen zu kränken, die selbst Väter waren, oder ob er in der Tat entdeckt hatte, daß einige Fälle nur Wunscherfüllungen waren, und dann schlicht allzusehr verallgemeinerte.[12] Heute jedoch, da Häufigkeit und Folgen des Mißbrauchs besser bekannt sind und verstanden werden, würde wohl kaum ein Therapeut Freuds A-priori-Annahme akzeptieren, daß solche Erinnerungen nur Wünsche sind.

## *Konfrontation*

Wenn Sie glauben, daß Sie mißbraucht worden sind, dann suchen Sie Hilfe. *Nachdem* Sie mit einem Spezialisten das Thema erforscht und ein Hilfssystem und eine Konfrontationsstrategie entwickelt haben, sind Sie viel besser in der Lage, weitere Schritte zu unternehmen, etwa den Täter oder andere Familienmitglieder zur Rede zu stellen, von denen Sie meinen, sie hätten Sie vor dem

Mißbrauch schützen müssen. Bettinas nachfolgender Brief ist eine lebhafte Schilderung ihrer Entdeckung und der Konfrontation.

*Ihr Artikel veranlaßt mich, Ihnen von meinen Traumerfahrungen zu schreiben. Es tut gut zu wissen, daß ich mich bezüglich meiner Unkenntnis meiner sexuellen Belästigung im Alter von 3–4 Jahren in guter Gesellschaft befinde. Ich habe sie erst «entdeckt», als ich 32 Jahre alt war, was den meisten Leuten unbegreiflich ist. Wie konnte ich «vergessen», daß mein Vater mich mißbraucht hat?*
*Mit 32 Jahren begann ich bei Besuchen im Haus meiner Eltern unter starkem Herzflattern zu leiden. Am Weihnachtstag hatte ich eine Meinungsverschiedenheit mit meinem Vater, und an diesem Abend spielte mein Herz einfach verrückt. Monatelang war ich danach reizbar, unleidlich und einfach biestig. Nachts verfolgten mich Träume, die ich als «Haßträume» bezeichnete. Gewöhnlich kamen ich selbst und meine Mutter darin vor. Sie bestrafte mich zu Unrecht für etwas, was ich nicht getan hatte. (Eine sehr lebensechte Erfahrung. Sie ist manisch-depressiv und war/ist gelegentlich sehr unbeherrscht.) Ich pflegte im Traum den Versuch zu machen, meinem Vater «meine Seite» der Geschichte zu erklären, aber er ließ zu, daß sie mich bestrafte. Ich wachte dann hysterisch weinend auf und empfand Haß – schieren Haß auf meine Eltern. In jedem Traum versuchte ich, brav zu sein, und wurde dann durch die Umstände ins Stolpern gebracht.*
*Ich entschied, daß ihre Kontrolle über mich aufhören mußte, und ging zu einem Berater. Ich muß den Mißbrauch geradezu ausgedünstet haben, denn als erstes fragte er mich, ob ich je von meinen Eltern mißbraucht worden sei. Ich lachte töricht und sagte: «Nein, ich glaube nicht.»*
*Der Berater schlug vor, ich solle meine Träume beobachten. «Schreiben Sie alles auf, sobald Sie erwachen», sagte er zu mir. Das tat ich. In derselben Nacht hatte ich den Traum, der mir sagte, mein Vater habe mich belästigt. Es dauerte zwei Wochen, bis ich die Symbole begriffen hatte (sie waren so simpel, daß mir das heute*

*komisch vorkommt). Als ich erneut den Berater aufsuchte, hatte ich alle Bruchstücke zusammengesetzt.*
*Mein Traum: Ich war in meiner heutigen Küche an der Arbeitsbank. Ich war 3 oder 4 Jahre alt. Ich überzog zusammen mit Präsident Nixon einen Kuchen mit Glasur. Ich war ein Kind, aber ich war nicht ich selbst. Vielleicht war ich ein Junge. Ich sagte: «Ich gebe dir ein Stück von meinem Fraternitätskuchen.» Nixon wollte unbedingt ein Stück haben und sagte: «Mit Glasur?» «Ja», sagte ich. Etwas Glasur aus der Schüssel floß vom Messer auf die Arbeitsfläche. Ich nahm einen kleinen, C-förmigen Brösel und tauchte ihn in den verschütteten Zuckerguß. Ich dachte, den könne er haben, aber nichts von dem Kuchen. Das würde den Kuchen verderben. Dann ging Nixon ins Wohnzimmer und bat mich immer weiter um etwas Kuchen. Er fragte auch dauernd, ob Butter in der Glasur sei. «Ja, da ist Butter drin», antwortete ich. Ich erwachte.*
*Hier eine Liste der Bilder, die ich gleichentags bei dem Versuch aufstellte, den Traum zu analysieren. Ich hatte das Gefühl, er bedeute, daß ich belästigt worden war, aber ich wußte nicht, wen Präsident Nixon repräsentierte.*
*Nixon = «Tricky Dick», der in Watergate «einbrach», ein Heimlichtuer, Heuchler, Lügner und eine Autoritätsfigur.*
*Kuchen = ein «Stück» = Sexualität («den Kuchen haben und auch essen»).*
*Weiße Glasur = jungfräulich («Glasur auf dem Kuchen»).*
*Glasur = Sperma oder Samen.*
*C-förmiger Brösel = Klitoris.*
*Fraternität = Geheimgesellschaft für Männer, Geheimnis und Rituale, geschlossene Gesellschaft mit Mitgliedschaft, Initiationsriten.*
*Butter = «Stück» Butter, «Pfund» Butter. Dad mag nur Buttercremeglasur. Andere Arten haßt er. (Nachdem mir eingefallen war, daß Dad nur Buttercremeglasur mochte, wußte ich, daß er Präsident Nixon war.)*
*Mein Traum bestätigte sich schließlich. Zum Schluß, nach viel wütendem Leugnen, gab mein Vater zu, daß er mich belästigt hatte. Zuerst beschuldigte er mich, ich würde lügen, hätte die Sache*

*erfunden und so weiter. Ich schwieg, aber ich war entschlossen. Ich sagte ihm, ich wolle nur in Gegenwart meines Beraters darüber reden. Er hat zugegeben, mich belästigt zu haben, zuerst nur einmal, dann, es bei mehreren Gelegenheiten getan zu haben. Meine jüngere Schwester, die in Los Angeles wohnt, hat ihm vorgeworfen, sie auch belästigt zu haben. Noch immer wird sie von Träumen über sexuellen Mißbrauch geplagt. Wir hatten mehrere Familiensitzungen bei meinem Berater, und mein Vater geht zu einem anderen Therapeuten. Ich bin sicher, daß er uns regelmäßig belästigt hat und daß er abblockt oder lügt. Ich war bereit, ihn niemals deswegen zu beschuldigen. Mein Therapeut meinte, er würde es leugnen, und ich würde den Preis dafür bezahlen müssen. Tatsächlich übernahm meine jüngere Schwester es, ihn anzuschuldigen, und zusammen waren wir schließlich in der Lage, an die Wahrheit heranzukommen. Eigentlich war es meine Mutter, die ihm die Wahrheit entlockte. Sie fragte ihn dauernd, wieso wir solche Anschuldigungen erheben würden. Am Ende gab er klein bei.*
*Mein Therapeut/Berater hat mir geholfen, mit meiner Belästigung durch meinen Vater fertig zu werden. Nachdem ich den Mißbrauch akzeptiert hatte, fing ich an, mehr zu träumen. Die Träume drehten sich stärker um mich. Meine Gedanken über Sexualität. Meine Angst vor Männern. Ich merkte, daß ich das Gefühl hatte, mit jedem Mann schlafen zu müssen, der das wollte. Ich fragte mich, warum ich erstarrte, sogar in einem Laden, wenn ein Mann mich bloß ansah. In einem Traum fiel eine Wagenladung häßlicher, wirklich häßlicher Männer über mich her. Meine Reaktion bestand darin, mich hinzulegen und die Beine in die Luft zu heben. (Sehr klug!) So fühle ich nun nicht mehr. Ich kann einem Mann ins Gesicht sehen und spüren, daß er sich vielleicht sogar zu mir hingezogen fühlt, aber ich habe die Kontrolle. Eine Riesenlast ist mir von den Schultern genommen worden!*
*Aber ich bin noch immer sehr wütend. Ich scherze, um der Wut Luft zu machen. Ich träume auch einen Traum, den ich mit 3 oder 4 Jahren hatte. Ich bin ein Junge – mein Gegenpol. Wenn ich ein Junge bin, belästigt mein Vater mich nicht. Er hat meinem Bruder*

*nie etwas getan, nur den Mädchen. Das basiert auf etwas, was in meiner Erinnerung ein wirklicher Ausweg war. Nach diesem Traum vor etwa einem Jahr erinnerte ich mich wirklich, «ein Junge gewesen zu sein». Es war ein Zustand, in den ich mich versetzte, um zu entkommen. Ich benutzte ihn als Zuflucht. Das erklärt, warum ich in meinem Kuchenglasur-Traum ein Junge bin. Auch die Fraternität bzw. Verbindung fällt mir dazu ein.*
*Das Schreiben war für mich jetzt ein weiteres Stück Therapie. Meine jüngere Schwester sollte Ihnen auch schreiben. Sie hat ein paar richtig schöne Träume zu bieten. Ich hoffe, daß die sie eines Tages befreien.*

Konfrontationen können sehr befriedigend sein und dem Opfer einen großen Teil der Zweifel an seinem Mißbrauch nehmen. Aber sie sind auch sehr schmerzhafte Erfahrungen. Wenn Familienmitglieder erzürnt jede Möglichkeit eines Mißbrauchs leugnen und Sie dann zurückweisen und beschuldigen, weil Sie so etwas überhaupt gedacht haben, dann brauchen Sie viel Hilfe und Vertrautheit mit typischen Konfrontationsmustern. Wenn Sie die Person, die Sie mißbraucht hat, zur Rede stellen wollen, so gehen Sie bitte zuerst in eine Therapie oder in eine Selbsthilfegruppe von Inzestopfern.

## *Häufige Traumelemente bei Erwachsenen, die als Kind mißbraucht wurden*

Die nachfolgenden Bilder, die ich häufig in den Träumen mißbrauchter Frauen gefunden habe, sind nicht unbedingt sichere Anzeichen für Mißbrauch. Wir dürfen nicht vergessen, daß das gleiche Bild von verschiedenen Menschen auf verschiedene Arten benutzt werden kann, die unterschiedliche Interpretationen nahelegen. Wie wir schon darlegten, können Träume von Sex mit einem Geschwister zeigen, wie ähnlich Ihr Partner diesem Geschwister ist. Wenn der Traum keine Untertöne von Zwang,

Scham oder Schuld enthält, handelt er wahrscheinlich nicht von Inzest. Es ist wichtig, sich jedes Bild in seinem Traumkontext wie auch im Kontext des Lebens des Träumers anzusehen.[13] Welche Gefühle ruft das Bild hervor, woran erinnern diese Gefühle den Träumenden, und wie passen diese Gefühle in die Struktur der Traum- und Lebenserfahrung des Träumers?

### *Frauenträume von kleinen Jungen*

Bettinas Geschichte erinnert mich an ein weiteres Bild, das ich häufig in den Träumen mißbrauchter Frauen gefunden habe, nämlich, ein kleiner Junge zu sein oder zu sehen, wie ein kleiner Junge belästigt wird. Bettinas Interpretation spiegelt wider, wie auch meine Klientinnen den kleinen Jungen als Abwehr gegen die Gefahren benutzten, ein Mädchen zu sein, sowie als Distanzierung von dem Schmerz des Mädchenseins, sofern es mit Mißbrauch verbunden ist. Meine Klientinnen haben kleine Jungen oft als weniger gefährdet beschrieben, vom Vater belästigt zu werden, und sie haben häufig Dinge gesagt wie: «Früher glaubte ich, und das glaube ich noch heute, daß ich nicht mißbraucht worden wäre, wenn ich ein Junge gewesen wäre. Deshalb habe ich mir gewünscht, ein Junge zu sein.» Natürlich werden auch viele Knaben in der Kindheit belästigt, doch hier erörtern wir, wie meine Klientinnen die relativen Risiken beurteilten.

### *Mißbrauchte oder vernachlässigte junge Tiere*

Frauen, die mir Träume erzählen, in denen sie kleine Kätzchen oder junge Hunde entdeckten, die schrecklich mißhandelt oder vernachlässigt worden waren, empfinden tiefe Rührung, wenn sie ihre Gefühle für die kleinen Tiere beschreiben. Sie können dann relativ leicht erkennen, daß sie selbst sich in ihrem tiefsten Inneren lange Zeit wie die verbrannten, verhungerten, erfrorenen oder geprügelten kleinen Tiere gefühlt haben. Manchmal treten diese auch als Eichhörnchen oder Rehe auf. Die Tiere sind immer wehrlos und entlocken der Träumerin, die den Traum noch einmal durchlebt, oft Tränen.

Wenn wir anfangen, mit diesen Träumen zu arbeiten, ist die Träumerin oft nicht fähig, weiter zu gehen als bis zur Erkenntnis der Tiefe ihres Schmerzes. Die Person, die für die Mißhandlung verantwortlich ist, tritt im Traum nicht auf. Die Träumerin grübelt dann darüber nach, ob sie diejenige ist, die das zarte kleine Tier in ihrem Inneren vernachlässigt hat, oder ob es eine Kraft in ihrem Leben gab, die zu dieser Mißhandlung oder Vernachlässigung führte.

Wenn letzteres der Fall ist, deuten gewöhnlich zahlreiche weitere Träume und auch Symptome im wachen Leben der Träumerin darauf hin. Wenn die mißbrauchte Träumerin anfängt, einen Teil ihrer Abwehrmechanismen zu lockern, werden ihre Träume weniger rätselhaft. Im Fall der Träume von mißhandelten kleinen Tieren erfolgt dann ein Hinweis auf den körperlichen, emotionalen oder sexuellen Mißbrauchstäter oder (in seltenen Fällen) seine Identifikation, und die Träumerin erlebt bewußter, während sie träumt, sie sei das mißhandelte kleine Tier. Auch hier ist die Unterscheidung tatsächlichen Mißbrauchs von Gefühlen, Ängsten und Träumen von Mißbrauch oft zeitaufwendig und erfordert eine Fülle von bestätigenden Träumen, wachen Erinnerungen, aufschlußreichen Symptomen und Familiengeschichte.

### *Vampire*

Obwohl sie eine Vielfalt lebensbedrohlicher Gefahren repräsentieren können, erscheinen Vampire in den Träumen von Opfern sexuellen Mißbrauchs häufig, um Inzest oder andere Arten von Belästigung darzustellen. Selbst in den Träumen von Frauen, die nicht belästigt wurden, schildert das Bild des dunklen Vampirs, der seine Opfer mit Gewalt in seinen Bann zieht, oft sexuelle Konflikte. Der Schrecken, den die Träumerin empfindet, wenn sich ihr ein Vampir nähert, ist oft mit einem Prickeln vermischt, mit der Lust an der Unterwerfung und dem Verzicht auf alle Verantwortung für das, was möglicherweise passieren könnte. Gewöhnlich weiß die Träumerin, daß sie sich nicht der Macht des Vampirs überlassen darf, und manchmal ist ihr bewußt, daß sie jüngere Traumfiguren vor seiner destruktiven Kraft beschützen muß. Solche Träume helfen der Träumerin manchmal bei der Erkenntnis, daß ein neuer Freund nicht gut für sie ist und daß sie seiner sexuellen Anziehungskraft und der Versuchung widerstehen muß, ganz in seinen Bann zu geraten.

Wenn Vampirträume blutig und gewalttätig werden, wächst die Wahrscheinlichkeit, daß sie von Mißbrauch handeln. Träume wie der folgende veranlassen die Träumerin gewöhnlich, eine Brücke zu noch schrecklicheren Erinnerungen an elterlichen Inzest zu schlagen:

> Ein Vampir kam ins Badezimmer, wo ich mich anzog. Er küßte mich, und plötzlich waren seine Zähne in meiner Brust, und er saugte und saugte. Mein ganzes Blut strömte aus meiner Brust, und ich wußte, daß ich sterben würde, wenn ich mich nicht wehrte. Ich versuchte, meine Brust loszureißen, aber er war zu stark. Schließlich überließ ich ihm die Brustwarze und schnitt mir die Brust ab, um mich zu befreien.
>
> Ich stolperte ins Schlafzimmer, wo mein Bruder schlief, und schrie, er solle mir helfen. Er sagte, ich solle mich nicht so anstellen. Der Vampir lachte. Ich griff in die Kommode und nahm etwas Knoblauch heraus, den ich ihm in den Mund stopfte. Er wurde schwächer, aber ich hatte Angst, ihn nicht fernhalten zu können. Ich schrie und schrie ...

## *Mütter als Spinnen, Skorpione und Käfer*

Ich kenne relativ wenige Inzestträume von Männern, aber anhand von denen vermute ich, daß giftige oder erstickende oder in anderer Weise für den Träumer abstoßende Insekten möglicherweise der Funktion der Vampire in Frauenträumen entsprechen. Bei den männlichen Inzestträumen, mit denen ich gearbeitet habe, erfüllt ein Insekt (oft als Mutterinsekt beschrieben) wie eine Schwarze Witwe oder ein Skorpion den Träumer mit Abscheu und vielleicht ein wenig Angst. Dann erscheint die Mutter des Träumers, und er wird von ihr sexuell erregt, doch das läßt ihn Abscheu vor seiner Mutter und vor sich selbst empfinden. Im Traum kann die Mutter auch als erstickend erlebt werden. Interessanterweise haben die von ihren Müttern mißbrauchten Männer, mit denen ich sprach, nicht wie Frauen von schrecklicher Angst berichtet, sondern von Ekel; einige erwähnten auch Furcht und Übelkeit und manchmal das Empfinden, in aufreizender Weise erstickt zu werden. Ich frage mich, wie die Träume von Männern aussehen mögen, die von ihren Vätern mißbraucht wurden. Wir hoffen, viele weitere Traumbeispiele von Männern zusammentragen zu können, die als Kinder mißbraucht wurden, um festzustellen, ob eine größere Anzahl von Träumern dieses Muster bestätigt.

## *Miterleben von Mißbrauch und Verfolgung*

Die Vermischung von sexuellen mit aggressiven und bedrohlichen Bildern kann viele Formen annehmen. Das sexuelle Element kann manifest oder explizit sein, wie etwa bei der Waffe in der Vagina der Träumerin, es kann beinhalten, daß der Träumende zusieht, wie ein kleiner Junge oder ein Mädchen belästigt wird, oder er kann Verfolgung durch Männer oder Ungeheuer beinhalten, gegen die die Träumerin sich nicht wehren kann.

Margot war Ende Dreißig, als sie träumte:

> Ich bin im Begriff, ein kleines Mädchen von etwa drei Jahren in schönem warmen Wasser zu baden. Es ist wiederholt von Mafia-Typen belästigt worden, die die Hände nicht von ihm lassen konnten. Anscheinend habe ich es gerettet. Das Mädchen fragt mich, ob es beim Baden sein Kleid anbehalten könne. Es ist so traumatisiert worden, daß es sich auf diese Weise schützen möchte. Wie traurig. Ich beruhige es und sage, es sei jetzt sicher und könne sein Kleid anbehalten, solange es wolle.

Margot schlug sofort eine Brücke von den Mafia-Typen zu ihrem Mann, der oft ausruft, er könne die Hände nicht von ihr lassen, selbst wenn sie ihm sagt, sie fühle sich von ihm belästigt. Dann baute sie eine Brücke von der Belästigung zu ihrem Gefühl, ihren Mann nicht dazu bewegen zu können, in vielen Lebensbereichen ihre Grenzen zu respektieren – physisch, emotional und zeitlich. Er liebkoste sie nicht nur in der Öffentlichkeit und privat mehr, als ihr lieb war, sondern stellte auch extreme Anforderungen an ihre Zeit und ihre emotionale Fürsorge. Sie weinte und weinte während unserer Sitzung, weil sie erkannte, daß ihre Gefühle der Verwundbarkeit durch ihren Mann sehr tief und schmerzhaft waren. Sie fühlte sich überwältigt von seinem Bedürfnis, daß alles nach seinem Willen lief. Da Margot keine Brücken zu Kindheitssymptomen schlug und nicht glaubte, eine Vorgeschichte oder gegenwärtige Symptome von Mißbrauch zu haben, galt uns dieser Traum als Beispiel dafür, wie Kindesmißbrauch als Metapher verwendet werden kann. Margots Traum zeigte ihr, daß sie sich in ihrer Beziehung zu ihrem Mann wie ein belästigtes Kind fühlte.

Im Traum verfolgt zu werden, ist so häufig, daß wohl jeder diese Art von Traum schon einmal gehabt hat, in dem zum Ausdruck kommt, daß man vor etwas wegläuft und sich bedroht fühlt. Ich beginne Mißbrauch zu vermuten, wenn die Träumerin den Traum seit ihrer Kindheit häufig und regelmäßig hat, wenn sie ihren Schrecken und ihre Hilflosigkeit stark empfindet und/oder wenn der einzelne Verfolger relativ viel größer ist als sie selbst. Wenn die Träumerin im Interview beginnt, die Gefühle, die sie als Kind hatte, mit einem Familienmitglied in Verbindung zu bringen, ist damit zu rechnen, daß auch andere Träume uns in dieselbe Richtung sexuellen und/oder physischen Mißbrauchs führen.

Normalerweise können Sie nicht anhand eines einzigen Traums den Schluß ziehen, daß Sie mißbraucht worden sind. Wenn Sie argwöhnen, daß Ihre Träume Mißbrauch widerspiegeln, so arbeiten Sie mit einem guten Analytiker oder Therapeuten an einer ganzen Reihe von Träumen und achten Sie darauf, welche Muster des Träumens, welche Muster bezüglich Ihrer Gefühle sich selbst und Ihrer Geschichte gegenüber und welche Muster von Beziehungen auftauchen. Diese Muster werden Ihnen ein klareres Verständnis für Ihre Situation verschaffen.

### *Träume von sexuell aufdringlichen Familienangehörigen*

Träume, in denen Vater oder Mutter oder andere Angehörige dem Träumenden ihre sexuelle Aufmerksamkeit aufdrängen, sind wahrscheinliche Hinweise auf Mißbrauch, wenn die Beschreibung der Traumgefühle durch den Träumer diesen Linien folgt. Zu Beginn des Erinnerungsprozesses erzählen Männer und Frauen mir Träume, in denen Vater oder Mutter darauf bestehen, unter die Kleider des Träumers oder eines Traumkindes zu schauen, was dem Träumer großes Unbehagen verursacht. Vielleicht besteht die Mutter auch darauf, das männliche Kind zu baden, und verweilt zu lange beim Einseifen oder Abtrocknen seiner Genitalien, wobei der Junge sich benutzt oder überwältigt, nicht umsorgt, fühlt.

In späteren Stadien, wenn die Erinnerung weniger bedrohlich ist, erinnert sich der Träumer vielleicht an Traumszenen, in denen der Elternteil oder sonstige Angehörige tatsächlich Geschlechtsverkehr und andere sexuelle Aktivitäten mit dem Träumer vornahmen. Nicht alle Träume, in denen der Träumer sexuellen Kontakt mit einem Familienmitglied hat, deuten auf sexuellen oder sonstigen Mißbrauch hin. Es kann sein, daß die meisten

Leute, wenn wir alle uns an den größten Teil unserer Träume erinnern könnten, zumindest einen Traum anführen würden, in dem sie Sex mit einem Familienmitglied hatten oder mit diesem im Bett waren. Wenn sie nicht von intensiver Scham oder Angst gefärbt sind, können diese Träume eine Vielfalt von Bedeutungen haben. Wie wir in Kapitel 7 sahen, spiegeln einige möglicherweise aktuelles sexuelles Interesse an der Traumgestalt oder jemand anderem wider, an den diese Traumgestalt den Träumer erinnert. So kann beispielsweise ein Traum von Sex mit Ihrer Mutter oder Schwester Ihre Art und Weise sein, sich auf die (positiven oder negativen) Merkmale zu konzentrieren, die Ihr gegenwärtiger Partner mit dem Familienmitglied im Traum gemeinsam hat. Die Interpretation jedes Traums hängt von den Gefühlen und metaphorischen Brücken ab, die die Bilder hervorrufen. Interviewen Sie sich selbst sorgfältig oder suchen Sie professionelle Hilfe, und Sie werden entdecken, was Ihr spezieller Traum für Sie bedeutet.

### *Geiselnahme oder Gefangenschaft*

Träume, in denen man im Gefängnis ist, kommen in vielen Situationen vor, in denen kein Mißbrauch vorliegt und das Wachleben des Träumers keine Vorgeschichte von sexuellem oder physischem Mißbrauch aufweist. Träume, die keinen bestimmten Gefängniswärter identifizieren und kein Entsetzen auslösen, sondern Gefühle von Einengung und Frustration, haben gewöhnlich mit analogen Situationen zu tun, die die Träumerin geschaffen hat oder in ihrem Leben gerade erfährt. So kann es sein, daß sie sich durch ihre gehemmten, rigiden Denk- oder Verhaltensweisen selbst zur Gefangenen gemacht hat. Oder sie hat sich auf eine Ehe oder Karriere eingelassen, die sich wie ein Gefängnis anfühlt. Selbst wenn der Gefängniswärter oder Entführer als jemand dargestellt wird, der eine Karikatur des Ehepartners des Träumenden ist, kann das Thema durchaus ein gegenwärtiger emotionaler Mißbrauch des ko-abhängigen Träumers sein, ohne Kindheitsmißbrauch zu widerspiegeln.

Wenn die Emotionen jedoch bis zu panischem Entsetzen und jämmerlicher Hilflosigkeit reichen und wenn diese Gefühle Kindheitsgefühle wachrufen, dann kann Mißbrauch im Spiel sein. Im Alter von siebzehn Jahren hatte Linda einen Traum, den sie noch zwanzig Jahre später nicht vergessen konnte.

> Ich wurde von einem «bösen Wissenschaftler» gefangengehalten, der ein älterer Weißer zu sein schien, kleinwüchsig und mit einem weißen Laborkittel. Wir waren in einem Raum, der wie ein Labor aussah, hoch oben in einem Turm. Er schien irgendein schmerzhaftes Experiment mit mir vornehmen zu wollen. Ich hatte wahnsinnige Angst. Ich versuchte zu fliehen, indem ich aus dem einzigen Fenster des Raumes flog. Ich flog tatsächlich hinaus, aber er kam hinter mir her und zog mich wieder hinein.

Zwanzig Jahre nach diesem Traum, unmittelbar vor dem Tod ihres Vaters, begann Linda, die ersten Mißbrauchs-Rückblenden zu erleben. Wie bei vielen Frauen traten diese zuerst beim Autofahren auf. Beim Fahren fing Linda an, über ein paar Messer nachzudenken, die sie und ihre Schwester gefunden hatten, als sie am Vortag die Wohnung ihres sterbenden Vaters putzten. Am Vortag hatte sie beim Anblick der Messer leises Unbehagen empfunden, aber nun wurde sie beinahe hysterisch, und ihr Körper reagierte heftig, wie es oft bei Frauen in ihrer Situation der Fall ist.

> Ich fing fassungslos an zu weinen und bekam fast körperliche Krämpfe. Ich ertappte mich dabei, daß ich immer wieder sagte: «Tu mir nicht weh, tu mir nicht weh.» Ich sah das sehr bösartige Gesicht meines Vaters und hörte seine Stimme sagen: «Wenn du dich nicht bewegst, werde ich dir nicht weh tun.» Ich hatte panische Angst. (Jetzt weiß ich, warum Bienen mich so in Schrecken versetzen. Wenn jemand sagt: «Wenn du dich nicht

bewegst, tun sie dir nicht weh», löst das bei mir einen Angstanfall aus.)

Heute glaube ich, daß mein Vater diese Messer gegen mich benutzte und daß er mich auch mit einer Waffe bedrohte, die er in seinem Schlafzimmerschrank aufbewahrte. Ich glaube, er war der verrückte Wissenschaftler, der ritualisierte Folterungen an mir vornahm und alle Arten von «Werkzeugen» benutzte, die er in meine Vagina einführte, und der mich mit dem Tod bedrohte. Aus dem Fenster zu fliegen, war meine Metapher für eine Flucht mittels Dissoziation, und tatsächlich hatte ich eine Zeitlang eine multiple Persönlichkeit genannte Störung.

Flugträume sind – wie in diesem Fall – nicht immer angenehm; manchmal sind sie Metaphern für Fluchtmechanismen wie Verleugnung und Dissoziation. Indem sie dissoziierte, konnte Linda ihr Selbst gewissermaßen von dem Schmerz loslösen, den sie erlitt. Diese Dinge schienen jemand anderem zu passieren, während sie, Linda, entweder zusah oder sich davonmachte. Dies ist ein Mechanismus, der Menschen helfen kann, das scheinbar Unerträgliche auszuhalten.

Linda und die anderen Frauen, die es gewagt haben, ihrem Entsetzen ins Gesicht zu schauen, brauchen unbedingt stützende Beziehungen zu guten Therapeuten und Selbsthilfegruppen. Linda und viel zu viele weitere Opfer von Inzest hatten das Pech, Therapeuten aufzusuchen, die sie in flagranter Mißachtung aller professionellen (und menschlichen) Maßstäbe und ihrer Berufsethik sexuell mißbrauchten, indem sie Sex mit ihnen hatten oder angemessene verbale und emotionale Grenzen überschritten. Seit Jahren versucht die therapeutische Gemeinschaft zwar, solche faulen Äpfel auszusortieren, doch leider gibt es in unserem Beruf noch immer zu viele davon.

Die Träume dieser Frauen porträtieren den Therapeuten als Mißbrauchstäter, werden in der Therapie von Träumerin und Therapeut aber gewöhnlich «übersehen». Gelegentlich träumen

Patientinnen, die von Therapeuten mißbraucht werden, die sie wöchentlich sehen, Träume, in denen Vampire, Mißbrauch durch Familienmitglieder oder bösartige Menschen oder Tiere vorkommen, die die Träumerin einmal in der Woche trifft. Solche Parallelen wie wöchentlicher Mißbrauch sind kein sicheres Anzeichen für therapeutischen Mißbrauch, aber sie können darauf hindeuten. Sie können auch das unausgesprochene Gefühl der Träumerin bezeichnen, aus finanziellen Gründen von ihrem Therapeuten benutzt oder ausgenutzt zu werden. Sie können allerdings auch die unangemessene Angst der Träumerin vor jedem widerspiegeln, der einem mißbrauchenden Elternteil ähnelt, einfach weil er sich in der Elternrolle des Therapeuten befindet, und so Übertragungsgefühle repräsentieren.

In jedem Fall sind diese Träume wichtig und sollten mit dem Therapeuten besprochen werden. Ein guter Therapeut wird ohne Abwehr und ohne zu richten die Gefühle, Beschreibungen und Brücken, die das Trauminterview auslöst, hervorholen, sich anhören und der Träumerin helfen, darüber zu reflektieren. Wenn die Träumerin den Therapeuten zum Beispiel als Teufel wahrnimmt, so wird ein guter Therapeut dies untersuchen und, falls erforderlich, die Therapie entsprechend modifizieren. Das Auftreten eines solchen Traumes kann signalisieren, daß es an der Zeit ist, einen anderen Therapeuten aufzusuchen und eine zweite Meinung einzuholen. Wenn bei Ihnen Zweifel aufkommen, ob Ihre Therapie richtig verläuft, ist es vollkommen in Ordnung, die Besorgnisse zuerst mit Ihrem Therapeuten zu besprechen und dann für ein paar Sitzungen einen anderen Therapeuten aufzusuchen, um die Sache aus einem neuen Blickwinkel zu betrachten. Wenn Sie das tun, sind Sie weder illoyal noch unfreundlich zu Ihrem Therapeuten. Sie übernehmen die Verantwortung dafür, die bestmöglichen therapeutischen Ergebnisse zu erreichen. Wenn Ihr Therapeut ein guter Vertreter seines Berufsstandes ist, dann hat er dasselbe Ziel für Sie. Berufsstandard und -ethik erfordern, daß Ihr Therapeut mit Ihrem Wunsch kooperiert, jemand anderen zu konsultieren, und Ihnen sogar Namen von Kollegen nennt. Wenn

Sie indessen das Gefühl haben, Ihr Therapeut hätte seine beruflichen Grenzen überschritten, werden Sie sich wohl selbst einen anderen Therapeuten suchen wollen. Denken Sie daran: Falls sich herausstellen sollte, daß Sie überreagiert haben, erkennen Sie das wahrscheinlich schneller, wenn Sie einen anderen Therapeuten konsultieren. Es braucht Ihnen nicht peinlich zu sein, wenn Sie merken, daß Sie überreagiert haben. Dies ist Ihre Therapie, Sie zahlen für die beste Dienstleistung, die Sie finden können, und jeder gute Therapeut wird Verständnis für Ihr Bedürfnis haben, sich darüber Klarheit zu verschaffen.

Es gibt einige Therapeuten und Therapeutinnen, die unverzeihliche Vorteile aus der Verletzlichkeit ihrer Patienten und deren Unfähigkeit ziehen, feste Grenzen zu setzen. Sie rationalisieren ihren Sex mit ihren Patienten mit Aussprüchen wie diesen, die mir mißbrauchte Patienten und einige mißbrauchende Therapeuten mitteilten: «Ich habe meiner Patientin eine heilende Erfahrung verschafft, indem ich Sex mit ihr hatte.» Oder: «Indem ich mich sexuell um sie (oder um ihn) gekümmert habe, konnte ich meiner Patientin (meinem Patienten) eine neue, korrigierende Elternerfahrung vermitteln.» Wenn Ihr Therapeut oder Ihre Therapeutin jemals solche Dinge zu Ihnen gesagt hat, dann ist er oder sie gefährlich, und das gilt auch für Sätze wie: «Ja, es ist inzestuös, wenn wir Sex miteinander haben, aber Ihre Wunde kann nur heilen, indem Sie dies noch einmal erleben.» Oder: «Mir liegt wirklich an Ihnen. Sie ziehen mich an, obwohl ich mich dagegen zu wehren versuche. Ich denke, wir sollten herausfinden, wie es ist, miteinander zu schlafen.» Solche Dinge von Ihrem Therapeuten zu hören und ihn oder sie sexuell zu engagieren, kann für Sie anfangs vielleicht sehr befriedigend sein. Doch höchstwahrscheinlich ist es auf lange Sicht äußerst schädlich für Sie, und es hilft Ihnen *nicht*, irgendein Problem zu lösen.

Ich kann mir *keine* Situation vorstellen, in der es entschuldbar wäre, wenn ein Therapeut auch nur sagt: «Ihre Brüste ziehen mich an» oder «Ich wünschte, ich könnte mit Ihnen schlafen.» In der empfindlichen therapeutischen Beziehung gibt es keine therapeutische Rechtfertigung dafür, daß der Therapeut seine sexuellen Gefühle einem Patienten gegenüber mit dem Patienten bespricht. Wenn ein Therapeut Schwierigkeiten mit seinen Gefühlen für einen Patienten hat, so hat er sich zwecks professioneller Anleitung und Unterstützung an einen anderen Therapeuten zu wenden. Und natürlich ist es *niemals* in Ordnung, wenn der Therapeut einen Patienten auf irgendeine sexuelle Weise berührt. Solche Überschreitungen der therapeutischen Grenzen vertiefen die Wunde des Patienten und verstärken sein Mißtrauen gegenüber der Welt.

Sexuell mißbrauchte Frauen halten manchmal nach Therapeuten Ausschau, mit denen sie destruktive Muster erneut ausagieren können. Ich kenne Frauen, die darauf bestanden, daß ihr neuer Therapeut die unangemessenen sexuellen Muster fortsetzte, die frühere Therapeuten etabliert hatten. So fühlten sich beispielsweise einige Frauen zurückgewiesen und brachen die Therapie ab, als ihre neuen Therapeuten sich weigerten, ihre Beine oder Brüste zu berühren, ihnen beim Masturbieren zuzusehen oder sie zu küssen. Patientinnen, die sexuell verführerisch sind, brauchen Therapeuten, die klare therapeutische Grenzen respektieren, die der Patientin helfen, solche Gefühle zu besprechen und zu untersuchen, die sich aber weigern, ihr beim Ausagieren der Gefühle beizustehen.

Es haben mir aber auch Frauen gesagt, sie hätten die Therapie abgebrochen, als ihr Therapeut sie aufforderte, über ihre sexuelle Vorgeschichte und ihre sexuellen Gefühle zu sprechen. Es ist schwierig, wenn nicht unmöglich, Ihre emotionalen Konflikte durchzuarbeiten, ohne Ihr Sexleben zu untersuchen. Solange Therapeuten ihre sexuellen Wünsche und ihre Hände bei sich behalten – und das tun bei weitem die meisten –, ist es von großem Nutzen, sexuelle Themen zu erforschen.

Achten Sie immer darauf, aus Ihren Träumen keine voreiligen Schlüsse zu ziehen! Wenn Sie zu Ihrem Therapeuten einen guten Kontakt hergestellt oder erfolgreich einen bestimmten therapeutischen Bereich bearbeitet haben, träumen Sie vielleicht manchmal von angenehmem, einvernehmlichem, befriedigendem Sex mit ihm. Norma war als kleines Mädchen von ihrem älteren Bruder mißbraucht worden. Als sie Mitte Dreißig war, suchte sie einen Therapeuten, um ihre Gefühle bezüglich dieses Mißbrauchs zu bearbeiten, und hatte dabei ein Gespräch mit einem männlichen Therapeuten, zu dem sie sich sofort stark hingezogen fühlte. Beim Anfangsinterview schien der Therapeut sehr erfahren in der Behandlung von Mißbrauchsopfern und zu Recht von Kollegen empfohlen. Norma war froh, endlich einen Therapeuten gefunden zu haben, der sowohl ihre Gefühle verstand als auch über eine Methode zu ihrer Behandlung zu verfügen schien. Sie war jedoch besorgt, weil sie sich von ihm so angezogen fühlte. Ehe sie entschied, ob sie nun zu ihm in Therapie gehen sollte oder nicht, inkubierte Norma einen Traum über die Frage. Sie träumte:

> ... Der Doktor war auf dem Sofa in meinem Apartment. Zur gleichen Zeit wollte ich schlafen gehen, aber in meinem Bett. Plötzlich gab es nur noch mein Bett, und der Doktor lag darin. Ich sagte: «Oh, nein. Das bedeutet, daß wir zusammen im selben Bett schlafen. Wir können nicht ... nicht nur das: was wird, wenn Ihre Frau zurückkommt ... das wird sehr schlecht aussehen.» Er sagte: «So ist es nicht. Sie wird nicht zurückkommen.» Er rückte näher und fragte, ob ich ihn als Arzt oder als Liebhaber sehen wollte. Ich hätte gern gelogen und gesagt, als Arzt, aber er legte zwei Finger auf den Puls an meinem Hals, um zu sehen, ob ich die Wahrheit sagen würde. Mein Puls pochte heftig, und ich wußte, ich wollte mit ihm schlafen.
>
> Wir schauten einander voller Liebe an, und ich wußte, daß meine Gebete um einen wunderbaren Liebhaber erhört worden waren. Er legte sich auf mich, drang in mich ein, und ich fühlte mich ganz frei, das zu nehmen, was ich wirklich haben wollte. Ich bemerkte, daß seine Brustwarzen ganz klein und dunkel wurden und sein Penis sehr klein war, aber das war uns egal, weil wir so verliebt waren.

Bei unserem Interview beschrieb Norma den Traumdoktor als sehr attraktiv und rücksichtsvoll. Er schien wirklich interessiert, die Wahrheit darüber zu erfahren, ob sie ihn lieber als Arzt oder als Liebhaber hätte. Unausgesprochen hieß das, sie müsse sich entscheiden und er könne nicht beide Rollen kombinieren. Norma wurde bewußt, wie stark sie sich von ihm angezogen fühlte und daß sie ihn tatsächlich als Liebhaber wollte. Ihr Traum machte ihr klar, daß sie keine Therapie über sexuellen Mißbrauch und Themen der Grenzziehung bei einem Mann machen wollte, der, wenn auch ohne eigene Schuld, so intensives sexuelles Verlangen in ihr weckte. Man hätte diese Gefühle zwar therapeutisch nutzen können, aber sie entschied, sie habe genug schwieriges Material zu verarbeiten. Sie wollte den Prozeß nicht problematischer machen als nötig. Die Tatsache, daß sie im Traum die dunkle, kränkliche Brustwarze des Arztes und seinen sehr kleinen Penis bemerkte, verriet ihr, daß es im Paradies Probleme geben würde, wenn sie genauer hinschaute. Norma beschloß, sich einen anderen Therapeuten zu suchen, und war erleichtert, ihre Gefühle nicht beherrschen zu müssen in einer Therapie bei diesem anscheinend sehr guten Therapeuten, der nur zu diesem Zeitpunkt ihres Lebens nicht der richtige für sie war.

## *Das Aufarbeiten lohnt sich!*

Es lohnt sich, den quälenden Schmerz sexuellen Mißbrauchs durchzuarbeiten, denn danach werden Sie in der Lage sein, Ihr Leben neu in die Hand zu nehmen und Stolz, Zuversicht und Angstfreiheit zu erleben. Sie werden lernen, den Teufelskreis mißbräuchlicher Beziehungen und Liebschaften zu durchbrechen und nicht mehr zwanghaft sexlose, ungefährliche Männer als Schutz vor den mißbrauchenden zu wählen, die Sie früher anzogen. Sie werden wieder über Ihre Sexualität verfügen und wählen können, ob und mit wem Sie sie teilen wollen. Pamela, die von ihrem Onkel und ihrem Vater mißbraucht worden war, beschreibt, wie der verdrängte Mißbrauch ihren Umgang mit Menschen und ihre Lebensqualität bestimmte:

> Was mein Leben betrifft, so habe ich wiederholt Beziehungen zu Männern aufgenommen, die in mancher Hinsicht sehr meinem Onkel ähnelten (Frauenhasser), in anderer meinem Vater (feige). Ich bin mit dem Wunsch aufgewachsen, brav zu sein und Männern zu gefallen – schau nett aus, sei nett, sei mutig, zeige kein Zeichen von Verwundbarkeit. Ich dachte, wenn ich nett genug wäre, würde mir nie wieder jemand weh tun, und wenn ich tapfer genug wäre, würde ich mich nie mehr schämen oder Angst haben müssen. Mann, ich habe mich in jeder Hinsicht geirrt!
> Statt dessen habe ich ein extrem eingeengtes Leben geführt. Gut, nett und tapfer. Wirklich sehr trocken.

## *Die Phasen der Heilung*

Johanna King und Jacqueline Sheehan von der California State University haben die Phasen beschrieben, die Mißbrauchsopfer in der Therapie gewöhnlich durchlaufen.[14] Diese Phasen werden durch bestimmte Arten von Träumen angezeigt, die sowohl dem Opfer als auch dem Therapeuten helfen können, die Herausforderungen jedes Stadiums zu bewältigen. Natürlich gibt es bei diesen Phasen gewisse Überschneidungen, und der Prozeß von Wachstum und Einsicht kann in jeder Phase durch Wellen des Widerstands unterbrochen werden. Ich habe das Modell von King und Sheehan mit ihrer Erlaubnis leicht modifiziert und ausgearbeitet.

### *Anfänglicher innerer Widerstand*

In dieser Phase haben die Opfer vielleicht einen Verdacht, wollen aber nichts wissen. Vielleicht sind sie nicht in der Lage, sich an Träume zu erinnern, oder sie wollen sie nicht mitteilen. Sie können Träume haben, in denen sie sich anzuhören weigern, was ein Freund oder Lehrer ihnen zu sagen versucht:

> Ein guter Lehrer möchte, daß ich mir eine Vorlesung über Inzucht anhöre. Ich sage, das könnte ich nicht ertragen. Ich gehe weg und mache die Tür hinter mir zu.

Die Therapiesitzungen gehen möglicherweise sehr langsam voran, und das Opfer bleibt sehr verschlossen und auf der Hut, auch wenn es scheinbar ungeduldig darauf wartet, daß die Therapie «wirkt».

### *Aufdeckung*

Jetzt kommen die Träume mit immer klareren Hinweisen auf Inzest. Sie schließen gewöhnlich den Mißbrauch anderer Personen (nicht der Träumerin) oder die Mißhandlung von Tieren, jungen Katzen, kleinen Mädchen oder Jungen ein. Dann kann das Opfer träumen, es beobachte oder erfahre den Mißbrauch von Kindern seines eigenen Geschlechts, begangen von Gestalten, die die Träumerin an jemanden aus ihrer Familie erinnern. Dann können Träume auftreten, in denen die Träumerin sich selbst eindeutig als Opfer identifiziert und ein bestimmtes Familienmitglied (oder mehrere) als Täter. Eine Träumerin schreit im Traum vielleicht sogar laut heraus: «Es ist mein Vater. Papa hat es getan.»

Manchmal empfindet das Opfer in den frühen Phasen der Entdeckung so viel Angst, Kummer oder Scham, daß es die Therapie abbricht oder verlangsamen muß, bis es den Schmerz ertragen kann. Es ist wichtig, Tempo und Intensität der Therapie Ihren gegenwärtigen Bedürfnissen zu dem jeweiligen Zeitpunkt Ihres Lebens anzupassen. Träume, in denen die Träumerin das Gefühl hat, angetrieben zu werden oder zu schnell zu fahren, können einen Therapeuten, der mit Träumen zu arbeiten versteht, auf dieses Problem aufmerksam machen.

### *Die Folgen des Mißbrauchs*

Ein Teil der Bewältigung des Mißbrauchs durch die Träumerin ist die Erkenntnis, wie er ihr ganzes Leben beeinflußt hat: ihr Selbstbild, ihr Selbstwertgefühl, ihr Vertrauen und ihre Fähigkeit, an sich selbst und ihren Beziehungen Freude zu haben. Einschätzungsträume umfassen Szenen, in denen die Träumerin sich selbst oder eine Gefährtin sieht, die verkrüppelt, verletzt oder physisch oder emotional in einer Weise eingeschränkt ist, die ihre Lebensfreude beeinträchtigt.

### *Einsicht und Wachstum*

Fortschritte in der Therapie und im Wiederaufbau des Selbstwertgefühls des Opfers spiegeln sich in Träumen von neuem Aufbau oder Wiederaufbau. Vielleicht werden alte Schlafzimmer auseinandergenommen und neu eingerichtet, Transitsysteme verbessert, Restaurants einem neuen und vertrauenswürdigen Management unterstellt. Verlorene kleine Tiere können reifen und stärker werden, und Gestalten, die das Selbstbild verkörpern, werden vielleicht gesünder und sicherer.

### *Neuorientierung*

Wenn die Wunde der Träumerin weiter heilt, sehen wir Träume, die deutlichere und sicherere Grenzen setzen:

> An irgendeinem Punkt des Traumes mache ich sehr deutlich, daß ich aus Sicherheitsgründen nicht im Erdgeschoß des Hotels bleiben werde. Ich verlange, daß sie mir ein höhergelegenes Zimmer geben, und zu meiner Überraschung kooperieren sie und geben mir ein reizendes Zimmer mit Aussicht und einem sehr guten Schloß an der Tür. Ich fühle mich sicher und glücklich.

Träume, die sich um ein Können drehen, erscheinen, wenn solide Fortschritte erzielt sind, und sei es nur in kleinen Bereichen. Das Können, das sie schildern, ist dem gegenwärtigen Können der Träumerin oft überlegen. Diese Träume dienen dazu, sie zu beglückwünschen, ihr Ziele zu setzen und sie zu motivieren.

### *Ein beispielhafter Traum*

Sophia schlug eine Brücke von dem riesigen Tier im folgenden Traum zu ihrer Sexualität und allen sie umgebenden Mißbrauchsthemen.

> Ich komme in ein Wohnzimmer. Andere Leute sind da. Ich setze mich auf eine Couch, und ein riesiges, sehr schwarzes, zottiges, behaartes Tier kommt auf mich zu. Zuerst denke ich, es sei eine große Wildkatze, etwa ein Jaguar. Es könnte aber ebensogut ein großer Hund sein. Es ist riesig.
> Das Tier kommt zu mir. Weil ich sitze, ist es größer als ich. Wenn im Wachen der Kopf einer großen Katze höher ist als der eigene, dann hat sie die Macht und wird wahrscheinlich angreifen. Ich bin absolut atemlos vor Angst, als das Tier zur Couch

kommt. Seine Dompteuse ist gerade nicht da. Sie ist ausgegangen. Ich muß das allein schaffen. Ich muß mit dieser Bestie fertig werden.

Die Leute in dem Wohnzimmer beobachten mich und fragen sich, was passieren wird. Die große Jaguar-Bestie kommt zu mir, ihr Kopf ist über mir. Ich tätschle dem Tier den Kopf und drücke seine Schnauze herunter. Es ist ein bißchen wie Spielen, aber auch Kommunikation. Während ich das tue, habe ich solche Angst, daß ich kaum funktionieren kann.

Sein Fell ist zottig und dick und plusterig. Ich merke, daß ich einen ähnlichen Pelz trage. Wie dicke Hosen oder einen Rock aus Fell. Dieses Fell, das ich trage, gibt mir Autorität oder Macht oder die Erlaubnis, mit dieser Jaguar-Bestie umzugehen. Irgendwie identifiziert mich der Pelz als Teil dieser Bestie, der vielleicht an ihrer Stärke beteiligt ist.

Das Tier ist riesig und wild, aber es reagiert auf meine schwachen Versuche, es unter Kontrolle zu halten und von einem Angriff auf mich abzuhalten. Es schnurrt und spielt beinahe. Aber es ist noch immer mächtig und überwältigend. Es dreht sich um und verläßt den Raum. Ich bin erleichtert.

Sophias Fähigkeit, ihre Angst zu kontrollieren und wenigstens versuchsweise mit der großen schwarzen Bestie ihrer sexuellen Geschichte umzugehen, war für sie der Beginn einer neuen Ära. Allmählich ist sie in der Lage, die Bestie der Sexualität nicht mehr als schreckerregend wahrzunehmen, sondern als in gewisser Weise kontrollierbar und fast spielerisch. Ihre sexuellen Probleme sind noch immer überwältigend, aber sie spürt jetzt, daß sie sie überwinden wird.

Sophia konnte diesen Traum erst träumen, nachdem sie sich durch eine Menge Angst und Schmerz gekämpft hatte. Die nächsten beiden Träume zeigen sowohl das Entsetzen ihrer Erinnerung als auch die Hoffnung auf Genesung.

Ich sehe eine mexikanische Familie in einer katholischen Kirche sitzen. Tatsächlich sehe ich den Vater, einen schwergewichtigen Mann, der seinen kleinen Sohn auf dem Schoß hält. Der Junge ist noch sehr klein, vielleicht drei oder vier Jahre alt. Er windet sich und macht Wirbel. Ich kann den Penis des Vaters sehen. Er belästigt den kleinen Jungen. Ich bin besorgt und möchte etwas tun, um das auf der Stelle zu beenden.

Jetzt sehe ich, wie ein kleines Mädchen vom Vater belästigt wird. Sie windet sich und zappelt herum, während er etwas mit ihr macht. Sie ist sehr klein, wie ein Krabbelkind oder eine Dreijährige. Jetzt tritt sie aus der Szene heraus. Sie sagt: «Mein Vater hat es getan.» Oder: «Mein Vater hat mich belästigt.» Jedenfalls macht sie deutlich, daß ihr Vater es getan hat, nicht irgendein Mann. Es war ihr Vater. Ich bin bestürzt und entsetzt. Ich denke dauernd: Wir müssen dem ein Ende machen! Das ist überaus wichtig. Mich verzehrt das Gefühl, daß wir das unbedingt beenden müssen. Während ich aufwache, beginne ich zu schreien, aber es kommt kein Ton heraus. Ich bemühe mich sehr und schreie heftiger und lauter. Ich versuche, das zu beenden. Ich stöhne und gebe Geräusche von mir und wecke mich dadurch selbst.

Das Nachdenken über diesen Traum löste bei Sophia die Erinnerung aus, wie sie sich nach einem Besuch im Haus ihres schwulen Vaters und seines Freundes bei ihrer Mutter über einen wunden Anus beklagte. Später erinnerte sie sich, in diesem Haus gewesen zu sein und Angst gehabt zu haben, in die Nähe des Schlafzimmers zu gehen. Weitere Erinnerungen folgten. Sophia durchlebte Wochen starker Angst, setzte aber ihre Therapie und ihre Traumarbeit fort. Nach mehreren Monaten hatte sie einen sehr langen Traum, aus dem hier Auszüge folgen:

Ich bin mit einigen Freundinnen zusammen, und wir amüsieren uns. Dann merke ich, daß mir das Atmen schwerfällt. Etwas Ungesundes liegt in der Luft. Die Luft ist grau, rauchig, schmutzig. Die Kirche, in die ich laufen wollte, um Schutz zu finden, sondert schwarzen Rauch ab. Sie ist total vernagelt, aber die Verschmutzung dringt überall durch die Ritzen und Spalten. Die Kirche fliegt fast in die Luft. Sie läßt ihren Dreck ab.

Und es hört nicht auf. Das ist das Ende der Welt. Ich denke, daß es nicht nur die Kirche ist. Die Kirche ist nicht schuld. Der Dreck und die Verschmutzung sind überall. Alle sind betroffen. Wir rennen und suchen Schutz. Doch der Schutz ist nur vorübergehend. Wir können nichts finden, wo wir uns davor schützen können. Es ist überall.

Ich renne. Mir wird klar, daß ich viel draußen war und viel von dem Schmutz mitbekommen habe. Ich erkenne, daß ich nicht gesund, sondern wahrscheinlich eine der kränksten Personen der Gegend bin. Mein rechtes Schienbein beginnt auch zu schmerzen. Ich hinke ein bißchen.

Überall rennen Leute. Es ist der Weltuntergang. Es ist schrecklich. Mein Freund Ralf und ich haben uns eine Art Zuflucht aus Karton gebaut, wie Obdachlose das tun. Wir müssen sie mit einigen kleinen mexikanischen Jungen teilen. Obwohl Ralf dabei ist, wollen sie Sex mit mir haben. Es fällt mir nicht schwer, sie abzuwehren, aber sie sind wütend und rachsüchtig. Wenn ich sie zu sehr ärgere, könnten sie zurückkommen und mich umbringen.

Natürlich kommen sie zurück. Sie sind ganz wild. Sie haben eine Waffe. Ich habe Angst. Als sie näherkommen, sehe ich die Plastikprägung im Lauf der Waffe, die Hersteller bei Spielzeuggewehren anbringen müssen, damit man gleich sieht, daß es keine richtigen Waffen sind.

Die kleinen Jungen kommen mit ihrem Gewehr in die Hütte. Es ist eine altmodische Waffe. Ich bitte, sie sehen zu dürfen, um sie zu bewundern. Ich streichle sie und gebe lobende Kommentare ab, die eindeutig erotisch gefärbt sind. Da das Ganze nicht echt ist und ich nicht wirklich bedroht bin, kann ich ihr Spiel mitspielen, damit sie sich beruhigen und verschwinden.

Aber dann zieht Ralf eine echte Waffe und bedroht die kleinen

Jungen. Sie laufen weg. Sie werden nie wiederkommen. Bei Ralf bin ich sicher.
In der folgenden Szene gebe ich einer Mutter zu verstehen, daß sie nicht jetzt gleich mit ihrer Tochter Kontakt aufnehmen soll, und dann merke ich, daß mein rechtes Bein anschwillt und dicker, dabei aber gleichzeitig kürzer wird. Ich merke, daß ich noch immer hinke. Ich hatte den Schmerz nicht bemerkt und auch nicht darauf geachtet, wie ich den Mobilitätsverlust des Beines ausgeglichen hatte. Ich war einfach gehumpelt. Ich merke, daß es Krebs ist, durch den Dreck verursacht. Ich war zu lange in der verseuchten Luft. Ich habe große Angst.
Alle sind noch immer in Panik und schreien, und plötzlich wird mir bewußt, daß ich einen schrecklichen Traum träume. Noch im Traum schlage ich eine Brücke zu den Verheerungen und Zerstörungen meiner Welt, die die Erinnerung an meinen Mißbrauch mit sich gebracht hat. Meine Welt ging unter. Nie wieder wird es sein wie früher, weil ich mich erinnert habe. Noch immer in dem Bewußtsein, daß ich träume, ziehe ich folgenden Schluß: Erinnerung ist gut für mich. Vielleicht ist es ungefährlich für mich, in dieser verseuchten Luft draußen zu sein. Vielleicht werde ich schließlich doch nicht sterben.
Jetzt bin ich in einem Film. (Trara! Was für eine Veränderung!) Ein großer Kerl mit langen blonden Haaren fühlt sich von mir angezogen. Mir ist unbehaglich, und ich gehe auf Distanz. Er ist nett und alles, aber ich achte jetzt sehr darauf, mich zu schützen. Er hat noch nichts Falsches getan; ich möchte bloß meinen Spielraum. Ich glaube, der Regisseur spricht mit mir über eine Handlung, die er in einer Szene haben will. Ich glaube, ich habe auch eine gute Rolle in dem Film.

Sophia schrieb dazu den folgenden Kommentar:

Ich verstehe nicht den ganzen Traum, aber ich erkenne die Zerstörung meiner Welt und daß es keinen Fluchtweg gibt. Ich bin herumgehumpelt und muß das Ausmaß des Schadens feststellen. Zu diesem Zeitpunkt möchte ich eigentlich keinen direkten Kontakt mit Mutter. Der große blonde Kerl ist, glaube ich, mein Freund Ralf. Also ein großer Bursche in dem Sinn, daß er mir sehr glaubwürdig erscheint, jemand, dessen Ideen mich überwältigen könnten. In letzter Zeit wahre ich meinen Spielraum, und Ralf ist wunderbar. Wir lassen die Dinge langsam angehen.

Das ist es, was ich durchmache. Manchmal fühle ich mich sehr stark, dann wieder emotional zerschmettert und sehr verletzlich. Gleichzeitig bin ich offener zu den Leuten, mit denen ich arbeite, und fühle mich von ihrer Macht nicht bedroht. Wenn mir jemand zulächelt, frage ich mich nicht gleich, was er will. Ich bewundere das Lächeln, die Augen, den Geist. Wenn mir danach ist, lächle ich zurück.

Ich mache unglaubliche Fortschritte.

Sophias Fortschritte werden besonders an einigen Schlüsselstellen des Traums deutlich. Sie zeigt ein gewisses Maß an Kontrolle mittels Einsicht, als sie erkennt, daß die Waffe nicht echt ist und daß sie sich davon nicht bedroht fühlen muß. Als sie träumt, daß Ralf eine echte Waffe benutzt, um die kleinen Jungen zu vertreiben, gewinnt sie Kontrolle, indem sie einen wirksamen Verbündeten an ihrer Seite hat. Sie schätzt die Auswirkungen ihres Inzests ab, indem sie erkennt, daß ihr Beinkrebs dadurch verursacht wurde, daß sie zu lange in der verseuchten Luft war. Dann erfolgt ein Durchbruch, und sie nimmt eine Neueinschätzung des Schmutzes vor; sie denkt, sie werde vielleicht doch nicht daran sterben, und sie meint, die Erinnerung sei eigentlich gut für sie! Diese neue Perspektive scheint eine neue Erfahrung mit einem gutaussehenden Mann auszulösen, der nicht bedrohlich wirkt und mit dessen Hingezogensein zu ihr Sophia umgehen kann. Sie beendet den Traum mit der Hoffnung, eine gute Rolle in dem Film zu bekommen, was sie mit einer guten Rolle für den Rest ihres Lebens interpretiert.

# 9 Einschränkende Muster in sexuellen Beziehungen aufbrechen – einer gesunden Intimität den Weg ebnen

Viele von uns sind in eingeengten und manchmal destruktiven Mustern ihres Sexuallebens gefangen. Manche verkümmern in leblosen, langweiligen sexuellen Beziehungen, in denen einem oder beiden Partnern der Sex bis auf die körperliche Erleichterung ein paarmal im Monat herzlich gleichgültig ist. Andere fühlen sich von ihren Sexpartnern in eine Falle gelockt oder tyrannisiert, wieder andere sind frustriert, weil die Liebe, die sie außerhalb des Bettes füreinander empfinden, sich nicht wenigstens ab und zu in heißen erotischen Sex umsetzt. Wie sollen wir aus diesen Mustern ausbrechen und unsere Partner aufgeklärter auswählen? Wie reinigen wir unseren Geist und unser Herz von den Trümmern der Vergangenheit, damit wir die Freuden von Erotik und emotionaler Intimität voll genießen können?

Der erste und einfachste Schritt besteht darin, sich selbst über Sexualität zu informieren. Viele Männer und Frauen, einschließlich einiger meiner Psychotherapeutenkollegen, haben seit Jahren kein gutes Buch über das Thema gelesen, weil sie zuviel zu tun haben, andere Prioritäten setzen oder meinen, sie wüßten schon genug. Gewöhnlich sind diese Menschen in bezug auf Sex viel gehemmter und weniger gebildet, als sie wissen oder zugeben.

Wenn es Ihnen oder Ihrem Partner widerstrebt, mehr über Sex zu erfahren, macht Ihnen vielleicht diese Zeile einer Freundin von mir Mut, deren Ehemann wußte, daß sexuelles Wissen ein lebenslanges Forschen ist: «Mein Mann hat jedes gute Buch über Sex gelesen, das jemals erschienen ist, und zwar in vier Sprachen. Hinsichtlich meines Sexlebens habe ich keinerlei Klagen.» Die

Reichen werden reicher. Wenn Sie Sexualität als eine wachsende, veränderliche, kreative Aktivität ansehen, die nie ganz zu beherrschen ist, werden Sie sich vermutlich niemals langweilen, weder im Bett noch außerhalb des Bettes.

## *Beziehungsmuster erkennen*

Aus der Geschichte Ihrer sexuellen Beziehungen können Sie sehr viel über Ihr Selbstbild und Ihre Beziehungsmuster lernen. Welche Arten von Beziehungen hatten Sie, und wie sahen Sie sich in jeder dieser Beziehungen? Wenn Sie diesen Rückblick schriftlich festhalten, ist er erstaunlich viel wirksamer, als wenn Sie ihn nur im Kopf vollziehen.

Machen Sie eine Liste aller wichtigen Liebespartner, die Sie je hatten oder nach denen Sie sich besonders stark sehnten; dann gehen Sie die Liste noch einmal durch und beschreiben kurz die Hauptdynamik jeder Beziehung. Haben Sie und Ihr Partner beispielsweise irgendeine der komplementären Rollen gespielt, von denen wir in Kapitel 7 sprachen, etwa als Retter/Geretteter oder als von Suchtmitteln abhängiger/ko-abhängiger Beschwichtiger? Haben Sie die Rolle des scheltenden oder tröstenden Erwachsenen für einen Partner gespielt, der sich verhielt wie ein abhängiges Kind? Basierte Ihre Beziehung auf Ko-Abhängigkeit, Geschwisterrivalität, Verschmelzung, gegenseitiger Unterstützung, einseitiger Unterstützung, Dominanz und Unterwerfung oder endlosen Machtkämpfen?

Waren Sie Ko-Abenteurer, Ko-Opfer oder Familien- und Geschäftspartner? Hat einer von Ihnen um Intimität gefleht, während der andere Distanz wollte? Wenn Sie die Rollen erkennen, die Sie gespielt haben, schärfen Sie Ihre Fähigkeit, ähnliche Muster in Ihrer jetzigen Beziehung auszumachen und zu entscheiden, ob Sie sie fortsetzen oder verändern wollen. Indem Sie aus erwachsener Sicht Beziehungsmuster betrachten, die möglicherweise aus Ihrer Kindheit stammen und die Sie ins Erwachsenenalter rübergenommen haben, verschaffen Sie sich die Möglichkeit, Entscheidungen auf der Basis von Überlegungen und Realitäten eines Erwachsenen zu treffen.

Listen Sie die Stark- und Schwachpunkte jeder Beziehung auf. Wie hat eine gegebene Beziehung Ihre Bedürfnisse befriedigt oder frustriert? Wußten Sie die emotionale oder finanzielle Sicherheit zu schätzen, die Ihr Partner bot? Fanden Sie Ihren Partner emotional unsensibel oder übermäßig sensibel und bedürftig? Beziehen Sie auch Ihre frühen Hoffnungen und Freuden sowie Ihre nachträglichen Einschätzungen ein. Hat sich beispielsweise ein Partner, der hilfreich und rücksichtsvoll wirkte, als meisterhafter Manipulator entpuppt, der bloß einen Sommer mit Ihnen verbringen wollte? Was hätten Sie, da man hinterher immer klüger ist, früher merken sollen, und was hätten Sie dann anders gemacht? Wenn Sie sich darüber Klarheit verschafft haben, denken Sie darüber nach, wie Sie die Erkenntnis für Ihre jetzige und zukünftige Beziehungen nutzen können. Die Rollen, die gespielt wurden, und die Dynamik, die die Beziehungen antrieb, mögen jedesmal verschieden oder auch in verschiedenen Beziehungen unterschiedlich gewesen sein. Doch wenn Sie so sind wie die meisten Menschen, haben Sie wahrscheinlich eine begrenzte Anzahl von Mustern wiederholt und können diese identifizieren, sofern Sie genau genug hinschauen. Ich würde vorschlagen, daß Sie einen Textmarker verwenden, um die Muster anzustreichen, die in mehr als der Hälfte der von Ihnen beschriebenen Beziehungen vorkommen; dann können Sie entscheiden, ob Sie diese Muster fortsetzen möchten oder nicht.

### *Die Familienbiographie*

Schreiben Sie eine kurze Persönlichkeitsskizze über Ihre Mutter, Ihren Vater und jedes Ihrer Geschwister. Beschreiben Sie auch alle anderen Menschen, die wichtige Personen Ihrer Kindheit waren, etwa die Großeltern oder ein Onkel oder eine Tante. Listen Sie deren Persönlichkeitsmerkmale auf, indem Sie Adjektive verwenden, die die herausragendsten Qualitäten und Fehler eines jeden am besten beschreiben. Beschreiben Sie die Beziehungsmuster, wie Sie miteinander umgingen, als Sie heranwuchsen. Wie fühlten Sie sich mit X? Bekamen Sie, was Sie brauchten, oder hungerten Sie nach Zustimmung und Liebe, die Ihnen verweigert wurden? Waren Ihre erwachsenen Bezugspersonen freundlich, anteilnehmend, distanziert, abwesend, erstickend, inkompetent? Hören sich irgendwelche dieser Persönlichkeitstypen oder Beziehungsarten vertraut an? Verzeichnen Sie in Ihrem Journal alle Parallelen, die Ihnen auffallen. Die Niederschrift einer kurzen Biographie der wichtigsten Personen in Ihrem Leben bringt fast immer überraschende und willkommene Resultate. Indem Sie das tun, werden Sie ein neues Verständnis für und neue Einfühlung in die Person gewinnen, über die Sie schreiben. Und Sie gewinnen Übung im Beschreiben, was für eine gute Traumarbeit so wichtig ist.

### *Das Beziehungsmuster der Eltern*

Beschreiben Sie nun, so gut Sie können, die emotionalen Muster in der Beziehung Ihrer Eltern und was Sie über ihr Sexleben wissen oder sich vorstellen. Waren sie einander offen und liebevoll zugetan, oder war der eine distanziert, während der andere um Aufmerksamkeit zu betteln schien? Hat einer immer geschimpft und kritisiert und der andere beschwichtigt? Haben Sie in Ihren Beziehungen ähnliche Muster nachgeahmt? Wenn Sie sichtbare Parallelen schriftlich festhalten, hilft Ihnen das nicht nur, sich an sonst flüchtige Einsichten zu erinnern, sondern auch, weiterhin gründlicher hinzuschauen und Ihre Fähigkeit zu Erkenntnis und Einsicht zu steigern.

## *Ahmen Sie ein bestimmtes Beziehungsmuster nach?*

Wir erben von unseren Eltern nicht nur die Gene. Wir alle haben in gewissem Maße unsere erwachsenen sexuellen Beziehungen in Anlehnung an oder als Reaktion auf die Beziehungen gestaltet, die wir als Kinder zu unseren Pflegepersonen hatten und die diese untereinander hatten. Erwachsene versuchen gewöhnlich nicht, einem Stein Blut zu entlocken, es sei denn, sie dachten als Kinder, Mutter oder Vater Stein würden Blut geben, wenn man sie auf irgendeine perfekte Weise behandelte. Wenn Sie erfolglos versucht haben, die Liebe und Billigung eines Elternteils zu gewinnen, der distanziert, perfektionistisch und kritisch war, dann werden Sie eine fast unwiderstehliche Tendenz haben, einen ähnlichen Typ zum Partner zu wählen, und gegen alle Logik versuchen, von diesem Liebe und Zustimmung zu erhalten. Wenn Sie mit einer kontrollierenden, erstickenden, aber liebevollen Mutter aufwuchsen, entdecken Sie vielleicht wiederholt, daß die Männer oder Frauen, mit denen Sie es ernst meinen, ebenfalls erstickend und kontrollierend sind. Warum? Weil Sie darauf geprägt wurden zu glauben, daß dies Liebe ist – vielleicht zum Wahnsinnigwerden, aber das einzig Wahre. Wenn Ihre Eltern sich ständig stritten, werden Sie wahrscheinlich eine ähnliche Beziehung schaffen – oder krampfhaft bemüht sein, dem Schicksal Ihrer Eltern zu entgehen.

Nachdem Sie Ihre Träume untersucht und diese Übungen schriftlich oder in Gedanken vollzogen haben, haben Sie inzwischen vermutlich einige der Quellen früher verblüffender Beziehungsverstrickungen identifiziert, in die Sie wiederholt geraten waren. Schreiben Sie die Parallelen auf, die Sie zwischen Ihren erwachsenen und Ihren Kindheitsbeziehungen gefunden haben, und denken Sie ein paar Tage darüber nach. Achten Sie darauf, was Sie als Reaktion träumen.

Wenn Sie sich dazu bereit fühlen, versuchen Sie einen Traum zu inkubieren, mit dem Sie Hilfe beim Erkennen und Durchbrechen negativer Muster suchen. Probieren Sie es mit Fragen wie: «Warum verfalle ich immer unerreichbaren Männern?» Oder: «Was hindert mich daran, mich für Partner zu erwärmen, die gut für mich und zu mir wären?» Oder: «Welche einengenden Muster agiere ich in meiner jetzigen Beziehung erneut aus?»

Wenn Ihre Kindheit besonders unglücklich war oder diese Übungen Ihnen zuviel Angst machen, beginnen Sie mit harmloseren Fragen wie etwa: «Was wäre ein guter erster Schritt, um mich auf die Bewältigung meiner Familienprobleme vorzubereiten?» Oder: «Was wäre ein guter erster Schritt, um meine Liebesbeziehungen zu verbessern?»

## *Die Optionen abwägen*

Das Inkubieren von Träumen kann eine große Hilfe sein, wenn Sie Schwierigkeiten haben, nach Einsichten zu handeln, die Sie aus Ihren Träumen und durch biographische und autobiographische Rückblicke gewonnen haben. Alex hoffte über ein Jahr lang, die Beziehung mit Betty zu retten. Betty hatte ihm gesagt, es sei vorbei, obwohl sie ihm periodisch Hoffnung machte, er habe noch immer eine Chance bei ihr. Obwohl Betty einen neuen Freund hatte, konnte Alex sie nicht loslassen. Er sagte ihr, sie solle sich Zeit lassen und er werde Geduld haben. Alex' Selbstuntersuchung, die auch die Analyse seiner Träume einschloß, hatte auf die Rolle des ungeliebten, aber stets treuen Verehrers hingewiesen, die er in seinem Leben mehr als einmal gespielt hatte. Eines Abends inkubierte er einen Traum, indem er die Frage stellte: «Was soll ich im Hinblick auf Betty tun?» Er träumte:

> Mohammed Ali steht am Straßenrand neben einer Limousine. Er wartet darauf, daß Ella aus der Eingangstür des Hauses hinter ihm kommt. Die Leute in dem Haus mögen Ali sehr. Er

steht da und wartet geduldig. Hinter mir ertönt eine reine, gottähnliche Stimme. Sie ist voll großer Weisheit, Kraft und Gewißheit. Die Stimme sagt: «Jeder weiß, daß Ella nicht aus der Tür kommen wird. Doch Ali wartet. Sie ist nicht mehr da, aber der große Krieger wartet. Ella ist tot!»
Jeder weiß es, aber der Champion wartet. Er steht standhaft da, aber Ella ist tot. Bumm! Das ist niederschmetternd, demütigend und erniedrigend. Ali hat seinen Wettkampf verloren. Ach, sogar der große Krieger Ali, der so viele Wettkämpfe ausgetragen und gewonnen hat, muß sich eingestehen, daß Ella tot ist. Er mußte es akzeptieren.

Zuerst verstand Alex den Traum nicht, aber er ahnte, daß er dessen Botschaft nicht mögen würde. Unser Interview verlief wie folgt:

***Interviewer:*** Wer ist Mohammed Ali? Und wie ist er?

***Alex:*** Er ist der größte Kämpfer, der je gelebt hat. Er hatte die Kraft zu sagen, was er glaubte, und er war ein Superboxer. Ali verlor drei Meisterschaften, und ich habe drei wichtige Beziehungen in meinem Leben gehabt und verloren. Und ich bin ein Kämpfer und bereit zu sagen, was ich glaube. Und wie Ali kann ich nicht glauben, daß Betty nicht zu mir zurückkommen wird.

***I:*** Wie ist Ella?

***A:*** Sie ist eine Frau, die ich in Oklahoma kannte. Heute ist sie um die siebzig und lebt als Autorin in Arizona. Sie ist eine freundliche, nachdenkliche Frau, die mich gern hat.

***I:*** Erinnert diese freundliche, nachdenkliche Frau, die Sie gern hat, Sie an jemanden?

***A:*** Natürlich. Betty war so, als wir noch zusammen waren. Ich vermute, ich muß das akzeptieren, nicht? Der Teil von Betty, der gut zu mir war, ist tot, sie kommt nie zurück.

Alex war nach diesem Trauminterview traurig, aber er begriff, er mußte akzeptieren, daß Betty nicht zu ihm zurückkehren würde, so liebevoll und stark er auch sein mochte. Ein paar Wochen später träumte Alex, er sähe Betty wieder und entdecke, daß sie erst zweiundzwanzig Jahre alt war statt wie in Wirklichkeit achtunddreißig. Dieser Traum half ihm zu erkennen, daß Betty, die er gern idealisierte, in Wirklichkeit ziemlich unreif für ihr Alter war. Die Träume halfen Alex nicht nur, seine Abhängigkeit von Betty zu überwinden, sondern machten ihn auch freier, sich nach einer befriedigenderen Liebesbeziehung umzusehen. Alex wurde seiner Heldenrolle als Mohammed Ali und seiner Liebe, wo es keine Hoffnung gab, überdrüssig. Manchmal kann ein trauriger Traum überaus befreiend sein.

## *Die richtige Wahl treffen*

Träume nehmen Ihnen nie die Wahl ab. Sie können jedoch unbewußte Motive enthüllen und Ihnen zeigen, worauf Sie in Wirklichkeit aus sind (etwa, inwiefern Sie destruktiv handeln oder festsitzen). Wenn Sie Ihre Situation aufrichtiger und objektiver betrachten, haben Sie gewöhnlich bald eine gute Vorstellung davon, wo Sie ansetzen müssen, etwas anders zu machen. Wenn Sie nicht nach Ihren Einsichten handeln, werden Ihre Träume Sie weiterhin in Ihrer festgefahrenen Position darstellen. Wenn Sie anfangen, positive Schritte zu tun, werden Ihre Träume Sie anfeuern, stärken und Ihnen den nächsten Schritt auf dem Weg zur Lösung Ihres Problems oder zur Verbesserung Ihrer Situation zeigen. Wenn Sie sich bei einem Problem in eine selbstzerstörerische Richtung bewegen, werden Ihre Träume Sie nicht in Ruhe lassen und Ihnen weiterhin Warnsignale und Hinweise auf die Schwierigkeiten geben, die Sie sich selbst schaffen. Wenn Sie einfach festsitzen, werden Ihre Träume stets aufs neue ähnliche Themen wiederholen, bis Sie etwas unternehmen – oder die immer gleichbleibenden Träume werden Sie bis ans Ende Ihres Lebens begleiten. Stets bleibt es Ihrem wachen Geist überlassen, die täglichen Entscheidungen zu treffen, die Ihre Lebensqualität einschließlich Ihres Sexlebens bestimmen.

Helga träumte, ein bedürftiger Mann rufe sie an, der sie an ihren langjährigen Freund und ihre extrem ko-abhängige Beziehung erinnerte. Frühere Träume hatten die wichtigsten Wiederholungsmuster aufgezeigt, die ihre Bindung an diesen Mann so überaus stark machten. In diesem Traum sagte sie ihm, und das war im Schlaf- wie im Wachzustand das allererste Mal: «Du bist krank und schwach, und ich will dich nicht.» Die Klarheit ihrer Traumreaktion war ein emotionaler Durchbruch, doch Helga mußte nachher noch den Mut finden, danach zu handeln.

Norma, eine Rechtsanwältin, die seit sechs Jahren mit einem depressiven Mann verheiratet war, hatte eine Reihe von Träumen, in denen es ihr nie ganz gelang, ihren Flug zu irgendeinem interessanten Zielort zu erreichen. In manchen Träumen verirrte sie sich auf dem Weg zum Flughafen, verpaßte den Flug, weil sie zu spät zu packen begonnen hatte, oder hatte einfach zuviel Angst vor dem Fliegen. Zwischen diesen Träumen lagen andere wie der, in dem sie an Bord einer Maschine ging, auf deren Sicherheit sie vertraute, dann aber noch einmal ausstieg, um Antiquitäten einzukaufen, und dadurch das Flugzeug verpaßte. In anderen Träumen übte sie das Fliegen an sicheren Orten wie ihrem Büro oder brachte einem kleinen Mädchen auf einem Fahrrad in kleinen Schritten das Fliegen bei. Norma schlug eine Brücke vom Fliegen zu einem freieren Leben für sich selbst, das zwar riskanter war, aber auch aufregender. Widerstrebend erkannte sie, daß sie ihren Mann würde verlassen müssen, um im Leben zu fliegen.

Eines Nachts träumte sie von einer Ausstellung, auf der ein Vogel gezeigt wurde. Von dem Vogel wurde behauptet, er sei gezähmt und bleibe lieber auf einem Pfosten sitzen, als wegzufliegen. Doch Norma entdeckte, daß der Vogel ein Kiwi war, und Kiwis können nicht fliegen. Daher zog sie den Schluß, daß der Verzicht auf das Fliegen in diesem wie in ihrem eigenen Fall kein großes Zeichen von Loyalität war. Er ging vielmehr auf Angst vor dem Handeln zurück.

Sie träumte auch den klassischen Traum «Ich wünschte, ich hätte das»:

> Eine Gruppe bricht nach London auf. Ich gehe packen, warte aber zu lange und verpasse den Flug. Halb bin ich froh, halb traurig. Dann schlafe ich in einem verschimmelten Zimmer neben meinem Mann. Draußen sehe ich ein romantisches Liebespaar, das sein glückliches Spiegelbild in meinem Fenster bewundert. Ich bin sehr traurig, die Freude der beiden nicht zu haben.

Norma arbeitete hart daran, sich den Tatsachen ihres Lebens und ihrer Beziehung zu stellen. Schließlich beschloß sie, ihren Mann zu verlassen. Nachdem sie es getan hatte, begann sie Flugträume zu haben, in denen das Fliegen ihr großes Vergnügen bereitete. Im wachen Leben hatte sie eine neue Ebene von Freiheit und den Mut errungen, Risiken einzugehen, was eine Parallele zu ihrer Begeisterung bei ihren Traumflügen war.

## *Selbstwertgefühl und Sexualität*

In letzter Analyse spiegeln Ihre Beziehungen Ihr Selbstbild wider. Fast immer wählen Sie einen Partner aus und bilden eine Beziehung, die Ihr Gefühl sich selbst gegenüber reflektieren. Wenn Sie sich selbst als Retter sehen, werden Sie einen Partner finden, der Rettung braucht. Wenn Sie glauben, daß Sie eine starke, wertvolle und interessante Person sind, werden Sie sich wohl kaum zu jemandem hingezogen fühlen, der es nötig hat, Sie niederzumachen oder zu mißbrauchen. Wenn Sie stark sind und nicht das koabhängige Bedürfnis empfinden, ein Retter zu sein, dann werden Sie keine Menschen anzuziehen brauchen, die sich auf Ihre Stärke stützen müssen, sondern werden eher Freunde wählen, die ebenfalls stark sind und Selbstvertrauen besitzen. In Ihren sexuellen Beziehungen unterliegen Sie demselben Muster, nämlich, daß das Selbstbild Schicksal ist. Ihr Körperbewußtsein beeinflußt Ihre sexuellen Beziehungen. Wie schön Sie Ihren Körper finden und welche Lust er Ihrer Meinung nach verdient, spielt eine große

Rolle für die Qualität Ihres Sexlebens. Wenn Sie denken, es sei eine Schande zu masturbieren oder zu wissen, welche Art von Phantasien oder Berührungen Ihnen Lust verschafft, wie können Sie dann Ihrem Partner zu verstehen geben, was Sie erfreut? Welcher Mann will schon ein Ratespiel spielen, das Ihnen peinlich ist und auf das Sie vielleicht nicht einmal die Antworten wissen? Wenn Sie ein besseres Sexleben wollen, müssen Sie Ihr Selbstwertgefühl und die Wertschätzung Ihres Körpers verbessern.

Geringes Selbstwertgefühl kann sich auf viele Arten zeigen. Gewöhnlich betrachten jene, die darunter leiden, ihre geringe Meinung von sich selbst gar nicht als Meinung, sondern als Tatsache. Sagen Sie sich Dinge wie: «Warum sollte jemand, der eine Menge auf dem Kasten hat, sich für mich interessieren?» Oder: «Ich bin keine sonderlich attraktive (sexy, interessante oder wertvolle) Person.» Wenn Sie das tun, sollten Sie zunächst einmal versuchen, die Möglichkeit in Betracht zu ziehen, daß diese Einschätzung Ihrer selbst auf Einstellungen beruht und nicht auf Tatsachen. Eine Verbesserung des Selbstwertgefühls erfordert sorgfältige Selbsterforschung: Sie müssen konzentriert die verschiedenen Arten untersuchen, auf die Sie sich selbst niedermachen und nicht zu schätzen wissen. Normalerweise ist es von Vorteil, wenn Sie die Ursprünge dieser Gewohnheiten untersuchen und sich ansehen, wie Ihre Lebenserfahrungen sie im Laufe der Jahre verstärkt haben. Wenn Ihr Vater Sie als Kind ständig kritisierte und Ihnen sagte, Sie könnten nichts richtig machen und würden nie etwas werden, dann haben Sie sich wahrscheinlich einige seiner Ansichten zu eigen gemacht. Mit Hilfe eines guten Therapeuten oder vielleicht durch eigenes Nachdenken erkennen Sie möglicherweise eines Tages, daß die Meinung Ihres Vaters nicht Ihren Wert, sondern seine eigenen Probleme widerspiegelte.

Eine kritische Einstellung zu Ihrem Körper kann es Ihnen verunmöglichen, Sex zu genießen. Vielleicht kritisieren Sie Ihren Körper und schämen sich seiner, weil Sie übergewichtig sind, weil Sie sich auf ein Merkmal konzentrieren, das Sie für eine Unzulänglichkeit halten, oder weil Sie sich der bloßen Tatsache schämen, daß es sich um einen sexuellen Körper handelt. Auch hier ist es hilfreich, zu ergründen, wann diese Einstellung Gestalt angenommen hat. Wann hat das Kind, das Sie einst waren, begonnen, seinem eigenen Körper zu mißtrauen und ihn nicht zu mögen? Welcher Einfluß war da am Werk? Mißbrauchende oder kritische Erwachsene? Religiöse oder soziale Urteile und Verbote? Hat eine Krankheit Ihren Körper in Mitleidenschaft gezogen? Oder haben Sie mit einer intakten Körpervorstellung gelebt, bis die Modezeitschriften Sie mit ihrer Vorliebe für total Magersüchtige angesteckt haben? In unserer Kultur sind Frauen ihrem Körper gegenüber in der Regel weit perfektionistischer und kritischer als Männer, und sie müssen sehr viel mehr an sich arbeiten, bis sie aus ihren alten, selbstentwertenden Denkgewohnheiten ausbrechen können, als die meisten Männer.

Psychotherapie kann Ihnen helfen, Ihr Selbstwertgefühl und Ihr Körperbewußtsein neu einzuschätzen und zu verbessern. Auch gute Bücher können Ihnen den Anfang erleichtern. Ich würde Ihnen John Bradshaws «Das Kind in uns. Wie finde ich zu mir selbst» sowie Lonnie Barbachs «For Yourself» und «Mehr Lust. Gemeinsame Freude an der Liebe» vorschlagen. Ihre Träume werden Ihnen helfen, die Konflikte zu verarbeiten, die sie in einengenden Selbstvorstellungen gefangenhalten, und Sie werden Ihre Fortschritte unterwegs registrieren und Ihnen dafür Beifall spenden. Wenn Sie die Initiative ergreifen und auch Bücher über Sex lesen, so beschleunigt das den Prozeß der Entwicklung einer reiferen, weniger konfliktbeladenen Sexualität und erleichtert Ihnen die Arbeit mit Ihren sexuellen Träumen.

### *Träume von der Verbesserung des Selbstwertgefühls*

Sophia, von deren Träumen wir einige schon diskutiert haben, ist Konzernmanagerin, war früher Mitglied einer Rockgruppe und macht bei einer Traumstudiengruppe mit. Sie benutzt ihre Träume und unterzieht sich einer Psychotherapie, um sich ihrem sexuellen Mißbrauch in der Kindheit und dessen Auswirkungen auf ihr Leben zu stellen. Sie erzählte uns binnen eines Monats zwei Träume, die ihre verblüffenden Fortschritte beim Erlernen von Selbstachtung und Selbstbehauptung widerspiegelten und auch zeigten, daß sie die bedeutende emotionale Unterstützung durch ihren Freund besser zu schätzen wußte. Der zweite Traum zeigt auch die Arbeit auf, die sie noch leisten muß.

Ich erlebe Abenteuer in New York City. Raffinierte, erwachsene, reife und unterhaltsame Abenteuer. Ich lerne Sally Trilling kennen. Sie spielt in einer Band ... Wir fühlen uns zueinander hingezogen. Ich empfinde große Liebe zu ihr. Sie wird verreisen, denn sie geht mit ihrer Band auf Tournee. Ich umarme und küsse sie. Ich werde sie vermissen, wenn sie fort ist. Jetzt bin ich mit Ralf zusammen (dem Partner, mit dem ich zusammenlebe). Er weiß von Sally und hat nichts dagegen. Ich habe einen Freund. Ich habe eine Freundin. Keine große Sache. Er macht mir Mut, diese andere Seite meiner selbst zum Ausdruck zu bringen, genau wie im wachen Leben.

Wir gehen durch die Stadt, noch immer auf der Suche nach Apartments, einer anderen Wohnung. Obwohl wir unsere Sachen in die neue Wohnung bringen, suchen wir noch immer nach einem Apartment, das für uns das richtige ist. Irgendwie ist das kein Widerspruch.

Nicht nur das, wir gehen auch an die alten Orte, wo ich früher wohnte, finden alte Sachen von mir und bringen sie in die neue Wohnung. Dauernd finde ich altes Zeug, das ich hinüberschaffe. Ich habe Angst, Ralf könnte ungeduldig werden. Meine Sachen werden die ganze Wohnung füllen. Vielleicht wird sie dann zu voll. Wir bringen einfach immer mehr Sachen hin. Aber er wird nicht ungeduldig. Vielleicht fragt er sich, wann und wo das enden wird, aber er sagt mir nicht, ich könne keine weiteren Sachen unterbringen. Und die Wohnung ist nicht zu voll. Es scheint, als gäbe es immer genug Platz für das nächste Möbelstück.

Wir gehen aus, um uns Wohnungen anzusehen. Andere schauen wir uns noch einmal genauer an, inspizieren sie, reden mit den Vermietern. Wir kommen an einen alten Ort, wo ich früher gewohnt habe ... Ich empfinde Traurigkeit und Bedauern beim Gedanken an die Zeit, als ich zum ersten Mal allein lebte, in Houston. Dort finden wir auch noch einige von meinen Sachen.
Jetzt bin ich wieder in der Wohnung in New York City, der erwachsenen Wohnung erwachsener Anliegen. Sie ist eine Wohnung für die Nacht, wie Bars und Lokale. Die Leute reden und essen und verabreden sich dort. Eine junge Frau namens Pia ist jetzt meine Freundin. Sie will sich vor allem amüsieren und legt Wert auf Geld, materielle Dinge, Sex, Status, Drogen und Partys.
Ich soll mich mit Pia treffen. Ich liebe sie. Früher hatten wir eine heiße Affäre. Doch als sie kommt, schreit sie: «Liebling!» Und dann eilt sie auf eine andere Frau zu, um sie zu begrüßen. Ralf sieht das und versucht, mich davor zu beschützen, daß ihr Verhalten mich verletzt. Pia geht mit ihrer neuen Freundin fort, und ich sehe das offenbar nicht und bin auch nicht verletzt. (Aus meiner Sicht als Beobachterin bekam ich alles mit, was vor sich ging. Doch als Sophia da unten auf der Tanzfläche, die auf die Frau wartete, sah ich es nicht und war folglich auch nicht gekränkt. Auch in der Rolle der Beobachterin, die von hoch oben das gesamte Bild betrachtete, war ich nicht gekränkt.)
Ich bin enttäuscht, weil ich diejenige nicht finde, mit der ich verabredet bin. Aber ich habe noch andere Dinge, die mir am Herzen liegen. Ich habe zu tun.

In ihr Tagebuch schrieb Sophia folgende Interpretation:

Die erste Frau, in die ich verliebt bin, Sally, ist sehr positiv und wunderbar. Ich liebe sie von Herzen. Die zweite Frau, Pia, ist sehr oberflächlich und selbstzerstörerisch. Trotzdem fühle ich mich auch zu ihr hingezogen. Ich erinnere mich, daß ich um diese Zeit im wachen Leben Ralf von den alten Zeiten erzählt habe, als ich noch Drogen nahm, viel unterwegs und ziemlich wild war. Ich habe das Gefühl, daß der Traum davon handelt, wer ich jetzt bin und wer ich einmal war. Ralf will mir nicht nur helfen, die wichtigen Bereiche meiner Vergangenheit zurückzuerobern, sondern beschützt mich auch (wie in dem Traum) vor diesem alten, wilden Teil meiner selbst. Er ist von diesem egoistischen, oberflächlichen Selbst weder verlockt, noch läßt er sich davon zum Narren halten.

Im nächsten Traum sehen wir, wie Sophia sich erfolgreich einer unerwünschten Hausgenossin entledigt (ihres früheren, destruktiven, wilden Selbst), nur, um anschließend Sex gegen Aufmerksamkeit einzutauschen, als ihr Traum eine weitere große Wachstumsherausforderung aufgreift: ihr hartnäckiges Gefühl, sie müsse sich unterwerfen, um Liebe und Aufmerksamkeit zu gewinnen.

Ich habe eine Hausgenossin, die nicht sehr nett ist. Eines Tages komme ich nach Hause und sehe, daß sie meinen Wagen aus der Einfahrt fährt. Ich sage ihr, das sei nicht in Ordnung, sie könne das nicht machen. Sie erwidert, Hugo hätte ihr gesagt, die Benutzung meines Wagens sei in ihrer Miete inbegriffen. Ich sage, das sei nicht der Fall, und ich hätte ihn nicht dazu ermächtigt. Ich veranlasse sie, auf der Stelle zu packen und auszuziehen. Ich lasse mir das nicht bieten!

Dann gehe ich durch den Teil des Hauses, den sie gemietet hatte. Donnerwetter! Was für ein schönes, glänzendes, riesiges, sauberes Schlafzimmer! Ich bin erstaunt, daß sie einen so wunderbaren Ort für sich hatte. Ich denke, statt ihn erneut an jemanden zu vermieten, werde ich ihn selber behalten. Toll!

Jetzt erscheint Rod Stewart auf der Szene. Er ist verrückt nach Sex und gewohnt, alles zu bekommen, was er haben will. Er braucht sich nicht darum zu kümmern, mit welchem Partner er zusammen ist. Er kann jederzeit alles kriegen, was er will. Ich mag ihn und bin gern mit ihm zusammen, aber der Sex, den wir jetzt haben, erschreckt mich. Er macht so merkwürdige Sachen, und ich finde mich in so eigenartigen Positionen, daß ich nicht weiß, wo oben und unten ist. Ich bitte ihn, es langsamer anzugehen. Ich bin nicht sicher, ob ich damit fertig werde. Er fühlt sich abgestoßen und hört auf. Ich habe Angst, daß er jetzt geht. Ich mag ihn wirklich gern und möchte bei ihm sein. Aber wenn ich ihn nicht tun lasse, was er will, entzieht er mir seine Zuneigung. Er ist wirklich charmant und klug, und ich mag seine Gesellschaft. Bereitwillig schlafe ich mit ihm. Das heißt, ich schlafe mit ihm, damit ich mit ihm zusammensein kann. Ich liebe ihn.

In der ersten Szene des Traums fordert Sophia im Haus Raum für sich, oder, wie sie sagte, sie erobert die positiven Teile ihrer Persönlichkeit zurück, die sie einem Aspekt ihrer selbst überlassen hatte, den sie nicht mochte. Die zweite Szene zeigt Sophia, die bezüglich ihres inneren Wachstums gute Fortschritte gemacht hat, bei der Konfrontation mit einem alten zwischenmenschlichen Konflikt. Hier die formlosen Notizen über das Selbstinterview, die Sophia in ihr Tagebuch eingetragen hat:

Ich erwachte mit dem Lied «Love Lies Bleeding in My Hand» von Elton John. Wenn ich einen Songtext kenne, der zu meinem Traum paßt, dann lasse ich ihn unbewußt am Ende des Traumes auftauchen, wenn ich gerade aufwache. Er betont die Botschaft der Emotionen. Er hilft mir, mich an die wichtigsten Gefühle zu erinnern. Es ist nicht ungewöhnlich, daß ich mit Songs aufwache.

Wenn ich früher meine Freunde wählte, habe ich anscheinend versucht, auf verschiedene Arten meinen Vater wiederzuerschaffen: Alkoholiker, Schwule wie mein Vater, Rockstar-Typen, die sexuell mißbrauchend sind oder Sex ohne jede Kommunikation haben. Rick war der letzte in der Reihe. Zufällig hieß mein Vater auch Richard und wurde von seiner Schwester Rick genannt.

Rod Stewart ist ein Rockstar. Rockstars tun auf zwischenmenschlicher Ebene nichts, um die Aufmerksamkeit zu verdienen, die sie von Frauen bekommen. Sie sind extrem fordernd. Sie haben keine Motivation, an einer Beziehung zu arbeiten. Wenn eine Freundin oder ein Groupie zu anspruchsvoll ist («Ich möchte eine monogame Beziehung» oder «Ich wünschte, du würdest mir mehr Aufmerksamkeit schenken»), kann der Rockstar sie einfach wegwerfen und sich eine neue nehmen. Überall warten die Frauen nur darauf, daß der Rockstar sie beachtet. Früher mochte ich Rockstars, aber jetzt nicht mehr. Ich möchte jemanden, der mich genausosehr will wie ich ihn. Ich will nicht täglich um die Loyalität und Aufmerksamkeit von jemandem konkurrieren müssen. Ich möchte jemanden, der bereit ist, an einer Beziehung zu arbeiten. Ich möchte jemanden, der bereit ist, seine Bedürfnisse, Fragen, Träume und Wünsche mitzuteilen.

Rod Stewart in meinem Traum ist total begehrenswert. Ich liebe ihn mit viel Weichheit und Sehnsucht. Es ist nicht sexuell. Der Sex ist da, weil er ihn haben will. Ich muß mitmachen, wenn ich mit ihm zusammensein will. Seine Gesellschaft, seine Aufmerksamkeit, seine Gespräche, sein Lachen sind das, was ich will. Als wir im Traum Sex haben, bin ich stumpf und ruhig. Ich versuche, es einfach geschehen zu lassen. Aber an einem Punkt ist es schlicht zuviel. Ich bekomme keine Luft mehr. Ich befinde mich in einer so ungewöhnlichen Position, daß ich das Gefühl habe, auf dem Kopf zu stehen. Ich habe keine Ahnung, wo der Fußboden ist, bin völlig desorientiert. Ich muß das beenden. Als ich es tue, wird Rod Stewart wütend. Er hat meine Einschränkungen satt. Ich gebe nach. Also gut, tu es. In Ordnung. Tu es. Nur verlaß mich nicht.

Der letzte Satz des Traumes, «Ich liebe ihn», gibt nicht die ganze emotionale Breite dessen wieder, was ich fühlte. Ich liebte ihn total. Ich würde *alles* tun, um bei ihm zu sein. Meine Liebe verzehrte mich. Ich liebte ihn ungeachtet der häßlichen Dinge, die er mir antat. Diese Dinge hatten mit meinen Gefühlen für ihn nichts zu tun. Ich erinnere mich nicht an Gefühle Rod Stewarts für mich im Traum. Die einzige Emotion, die er zeigte, war Widerwille, als ich ihn bat, mit dem Sex aufzuhören.

Sophia hat einige der destruktiven Muster ihrer Vergangenheit verändert und eine gegenseitig unterstützende Beziehung zu Ralf aufgebaut. Aber sie muß noch an sich arbeiten. Ihre Angst, alles tun zu müssen, was von ihr verlangt wird, um weiter geliebt zu werden, ist innerlich noch lebendig und eine schwere Bedrohung ihrer Fähigkeit zur Selbstbehauptung in Beziehungen, wenn sie nicht weiter daran arbeitet. Durch ihre tapfere Selbsterforschung hat sie ihre Kraft gesteigert und konnte diesen Tendenzen bislang entgegenwirken, indem sie einen Partner wählte, der so viel Selbstvertrauen hat, daß er sie nicht dominieren muß. Doch gelegentlich hat Sophia es noch immer nötig, sich von Ralf zu distanzieren, weil sie fürchtet, weiterhin allzu leicht in die eigene Unterwerfungsfalle zu tappen. Ganz befriedigende Intimität wird ihr erst möglich sein, wenn sie mehr Vertrauen in ihren Selbstwert und ihre Fähigkeit gewonnen hat, sich innerhalb der emotionalen Grenzen, die sie aufgrund ihres Sicherheitsbedürfnisses errichtet, ungefährdet zu fühlen.

Wenn Sie dazu bereit sind, sollten Sie versuchen, einen Traum zu inkubieren, der Fragen beantwortet wie:

- Was hindert mich am meisten daran, ein ausgeprägtes Selbstwertgefühl zu haben?
- Welches ist der beste erste Schritt, den ich tun könnte, um mein Selbstwertgefühl zu steigern?
- Was sind meine besten Eigenschaften?
- Was hindert mich daran, meine besten Eigenschaften zu schätzen?

## *Blockierungen beseitigen, die einer gesunden Intimität im Wege stehen*

Wieviel Intimität wollen Sie? Wieviel Vertrautheit, Offenheit, Zuneigung? Fühlt Intimität sich für Sie an wie eine Falle? Wenn Sie mit jemandem intim werden, an welchem Punkt beginnen Sie dann, Unbehagen zu empfinden? Sind Sie unfähig, in einer intimen Beziehung Ihr Gefühl von Unabhängigkeit und Autonomie aufrechtzuerhalten? Wenn Sie die Glückseligkeit sexueller und zwischenmenschlicher Intimität zwar erleben möchten, aber feststellen, daß sie sich Ihnen entzieht, können Ihre Träume Ihnen helfen herauszufinden, wie Sie möglicherweise Ihre eigenen Ziele sabotieren.

Wenn Sie unfähig sind, eine langfristige Beziehung einzugehen oder aufrechtzuerhalten, sagen Sie vielleicht: «Es gibt einfach nicht genug gute Frauen (oder gute Männer).» Das mag in manchen Situationen stimmen, aber größer ist die Wahrscheinlichkeit, daß Sie eines oder mehrere der folgenden Dinge tun, um sich selbst ein Bein zu stellen:

1. Sie vermeiden Intimität aus (früher vielleicht vernünftiger) Angst davor.
2. Sie wählen zwanghaft genau die Art von Menschen, die Ihnen nicht die Art von Liebe geben können, die Sie sich wünschen. Das geschieht dauernd, wenn wir beispielsweise ständig Partner wählen, die so sind wie unsere kalten, distanzierten Väter, während wir eigentlich die Liebe und Wärme suchen, die unsere kalten, distanzierten Väter uns nicht geben konnten.
3. Gemeinsam mit Ihrem Partner vernachlässigen Sie das aktive Engagement, das nötig ist, um eine lebendige, liebevolle Beziehung aufrechtzuerhalten. Um eine Beziehung auf Dauer vital und interessant zu halten, sind zwei Personen nötig. Oft nehmen beide Partner eine Beziehung als selbstverständlich hin, und eines Tages müssen sie feststellen, daß kein Leben mehr darin ist.

Träume, die sich auf die Probleme 1 und 2 konzentrieren, haben wir uns bereits angeschaut. Vermutlich haben Sie in Ihrem Tagebuch schon mehrere, die Ihnen helfen werden, an diesen wichtigen Blockierungen zu arbeiten. Das dritte Problem ist möglicherweise ebenso tödlich, aber es ist wesentlich unkomplizierter. Der denkwürdigste Traum, den ich je über Vernachlässigung gehört habe, ist ein Traum von Christa, einer Frau, die sich kurz zuvor nach zwanzig Ehejahren von ihrem Mann getrennt hatte.

> Eine weise und selbstsichere Stimme sagte sehr deutlich: «Ihr beide, du und dein Mann, habt euch beide schuldig gemacht, denn ihr wart in eurer Ehe schlampige Vermieter.» Die Stimme betonte, wir *beide* seien verantwortlich und schuldig.

Christa beschrieb schlampige Vermieter als Personen, die es unentschuldbarerweise versäumen, ihre Gebäude in Ordnung zu halten, und die Mieter zwingen, in immer heruntergekommeneren und manchmal menschenunwürdigen Behausungen zu leben. Sie hegte starke Verachtung für solche schlampigen Vermieter und war tief beeindruckt, daß sie und ihr Mann so nachlässig mit ihren sexuellen und sonstigen Beziehungsproblemen umgegangen waren, die sich im Laufe der Jahre zwischen ihnen ergeben hatten. Der Traum half ihr, nicht länger ihrem Mann die Schuld zu geben, sondern zu erkennen, daß auch sie die Drachen unter den Tisch gekehrt hatte. Christa entschloß sich, ihre Ehe zu retten zu versuchen, und begann eine Paartherapie.

Wenn Sie in einer Beziehung sind, von der Sie hoffen, daß sie andauert, so können Sie Ihre Träume benutzen, um Ihre Drachen zu finden und zu erlegen, bevor sie Ihr Haus niederbrennen. Hier ein paar Inkubationsfragen, damit Sie über die speziellen Fragen nachdenken, die Sie vielleicht selbst stellen möchten:

- Warum suche ich mir immer Partner aus, die . . .?
- Was hindert mich daran, meine Sexualität (meinen Partner etc.) so sehr zu genießen, wie ich es tun könnte?

- Wovor habe ich Angst?
- Wie kann ich mich in einer Beziehung sicher fühlen?
- Warum habe ich so wenig Interesse an Sex mit ...?
- Warum neige ich zu dem Gefühl, daß ..., wenn ich mit ... im Bett bin?
- Warum habe ich Schwierigkeiten, bei ... eine Erektion aufrechtzuerhalten? (Ich brauche wohl nicht zu erwähnen, daß Sie außerdem einen Arzt aufsuchen und feststellen sollten, ob es eine medizinische Antwort darauf gibt, wenn dies bei Ihnen ein ständiges Problem ist.)
- Was ist mein größtes sexuelles Hemmnis, und was kann ich dagegen tun?
- Was kann ich tun, um meine sexuelle Beziehung zu verbessern?
- Was kann ich tun, um meine Beziehung aufrechtzuerhalten oder wiederzubeleben?

Italiener und Franzosen haben ein wundervolles Sprichwort: *La notte porta consiglio* oder *La nuit porte conseil.* Das heißt: «Die Nacht bringt guten Rat.»

# Dritter Teil
# Kreative Leidenschaften

# 10 Wie hängen Kreativität und Sexualität zusammen?

Es gibt viele Definitionen für Kreativität, wir wollen hier über Kreativität als Ausdruck der Originalität des Denkens sprechen, die auf zahllose Arten in Erscheinung treten kann. Dazu gehören das Lösen von Problemen, das Erzeugen neuer Ideen und Anwendungen und die Produktion origineller Gegenstände, Geschichten, Berichte, Designs, Bewegungen, Musik und Ereignisse. Alle Menschen sind kreativ. Jede Nacht, wenn wir träumen, produzieren wir sorgfältig angelegte Dramen und Komödien. Das tägliche Leben erfordert, daß wir kreative Lösungen für Probleme im Beruf und zu Hause finden. Wirklich guter Sex verlangt Kreativität von beiden Partnern. Einige von uns scheinen leichteren Zugang zu kreativen Energien zu haben als andere. Und es gibt gewöhnlich unterschiedliche Perioden in unserem Leben, in denen wir mehr oder weniger kreativ sind.

Während Jahrtausenden haben verschiedene kulturelle Traditionen gelehrt, sexuelle Energie sei der Feind der Kreativität. Zwar haben gewisse hinduistische und buddhistische Traditionen Sex als Lustquelle akzeptiert und sogar als möglichen Pfad zu spiritueller Erleuchtung betrachtet, doch diese Lehren existierten zusammen mit dominanteren Schulen innerhalb der gleichen Traditionen, die lehrten, sexuelle Energie solle auf höhere kreative und spirituelle Ziele umgelenkt werden. Diese Lehren basieren auf der Annahme, daß es im Menschen nur eine begrenzte Lebensenergie gibt und diese Energie beeinträchtigt oder sogar beschmutzt werden kann, wenn sie in sexuelle Richtungen gelenkt wird. Strebt man Heiligkeit oder ein höheres Bewußtsein an, muß die Sexualität verboten oder stark eingeschränkt werden. Einige alte ägyptische Kulturen, Kulturen von Pazifikinseln und andere Stammeskulturen waren da anderer Ansicht, aber sie hatten keinen starken Einfluß auf unsere westlichen Traditionen.

Das Judentum verurteilte Inzest, Ehebruch und homosexuelle Handlungen, aber das Hohelied im Alten Testament stellte die Sexualität als lustvolle und kreative Kraft dar, die nicht auf die Fortpflanzung beschränkt war. Im Gegensatz zu traditionellen christlichen Auffassungen, die sogar den Sex zwischen Eheleuten in erster Linie als der Zeugung dienend ansehen, ist die Sexualität innerhalb der Ehe in der jüdischen Tradition immer als Quelle der Lust für beide Partner betrachtet worden; sie unterschied nicht zwischen physischer und spiritueller Liebe.

Das Christentum identifizierte Sex mit der Erbsünde und übernahm gewisse jüdische Verbote wie Inzest, Ehebruch und Homosexualität. Das Christentum machte sich auch die alte griechische Sichtweise zu eigen, die die Frau in erster Linie wegen ihrer Fähigkeit, Kinder zu gebären, als sexuell wertvoll einschätzte. Der heilige Paulus fügte den Gedanken hinzu, daß Ehefrauen auch sexuell nützlich seien, weil sie den Männern schlimmere Sünden ersparten, indem sie ihnen einen Ort zur Verfügung stellten, wo sie ihre «niedrigen» sexuellen Energien loswerden konnten. Im vierten Jahrhundert bestimmte der heilige Augustinus den Kurs der Kirche und verdammte sexuelle Stimulation als sündig; er billigte nur eheliche Sexualität mit dem Ziel, Nachwuchs zu zeugen. Diese dunkle Sicht der Sexualität und die Behandlung der Frau als Besitz führte zu den Keuschheitsgürteln des Mittelalters, deren Schlüssel häufig die Ehemänner in Verwahrung hatten. Doch selbst zu dieser Zeit wurde die stark einschränkende und negative offizielle Einstellung zur Sexualität, die in Kirche und Zivilrecht zum Ausdruck kam, häufig durch unverhohlenen oder auch heimlichen Sex in Kreisen der Oberklasse und der Kirche unterlaufen.

Die Renaissance führte humanistische Werte wieder ein und brachte eine leichte Lockerung der sexuellen Beschränkungen, als die klassische griechische Wertschätzung von Humanismus und menschlicher Gestalt in den Künsten und den Beziehungen zwischen Männern und Frauen in künstlerischen und hochgestellten Kreisen ihren Ausdruck fand. Diese Liberalisierung wäre vielleicht noch stärker geworden, wenn nicht zur gleichen Zeit eine massive Syphilisepidemie in Europa gewütet hätte. Im Zuge der Reformation werteten Protestanten wie Martin Luther und Johann Calvin die Sexualität als nicht von Natur aus sündig. Bis auf eine kurze Periode größerer sexueller Toleranz in England und Frankreich im achtzehnten Jahrhundert wurde der Sex von den Puritanern der Zeit weiterhin als sündig und oft gesundheitsschädlich beschrieben, und später taten die prüden Viktorianer dasselbe.[1]

Sigmund Freud betonte mehr als irgend jemand vor ihm die natürliche, vitale Bedeutung von Sexualität während des ganzen Lebens eines Menschen. Er erforschte auch den dynamischen Zusammenhang zwischen Sexualität und Kreativität. Freud beschrieb Kreativität als sublimierten (ab- oder umgelenkten) Ausdruck libidinöser sexueller Strebungen, gerichtet auf sozial akzeptable und ausgleichende Formen wie Malerei, Musik, Dichtung und Wissenschaft. Auf diese Weise äußerte er in psychologischer Sprache frühere religiöse Überzeugungen, daß Sexualität eine niedrigere Art von Energie sei, die in höhere Arten umgewandelt werden müsse. Im Gegensatz zum religiösen Ziel engerer Vereinigung oder Harmonie mit Gott oder dem Universum sah Freud das Ziel dieser Sublimierung in der Verringerung intrapsychischer (innerer) Spannung und größerer Harmonie des Individuums mit seiner Gesellschaft. Wenn sie nicht sublimiert würde, so würde libidinöse Energie sich in verbotenen sexuellen und aggressiven Verhaltensweisen äußern wie Mord, Vatermord, Inzest und Ehebruch, die das Gewebe der Gesellschaft schwächen.

Der Psychiater Carl Gustav Jung betrachtete psychische Energie oder Libido als wesentliche Lebenskraft, die in eine Vielfalt von Richtungen kanalisiert werden kann, von denen die Sexualität nur eine ist. Jung nahm an, daß die Introversion sexueller Libido und nicht ihr äußerer Ausdruck in exzessiver Sexualität eine innere Konzentration psychischer Energie erzeugt, die wahrscheinlich zur Bildung von Symbolen der Spiritualität und Kreativität im Unbewußten führt, welche psychische Phantasie und Reflektion entstehen lassen.[2] Jung war überzeugt, daß aus dem Unbewußten aufsteigende Symbole dem Individuum eine Bilderwelt (psychische Phantasie) liefern, die auf bewußter und unbewußter Ebene einsichtsvolle Reflektion auslösen könne.

## *Die Verbindung zwischen Sexualität und Kreativität*

Bei manchen Menschen scheinen Sexualität und Kreativität nicht eng verbunden zu sein. Bei anderen sind sie stark verknüpft. Es ist mir nicht gelungen, systematische Forschungsarbeiten über das Sexleben kreativer Menschen zu finden. Allerdings gibt es zahllose Anekdoten über Künstler wie Leonardo da Vinci und Liszt, die ein sehr aktives Sexleben führten. Picasso hatte mit neunzig eine Ehefrau, die vierzig Jahre jünger war als er. William Blake, Lord Byron, Keats und Shelley verfochten im neunzehnten Jahrhundert die freie Liebe. Henry Miller, George Sand und Anaïs Nin assoziierten ein überschäumendes Sexleben mit dem Gefühl, lebendig und kreativ zu sein. Doch es gab auch Künstler, deren Sexleben durch ihre Zeit, ihr Umfeld und/oder ihre Persönlichkeit stark eingeschränkt war. Zu dieser Gruppe können wir wohl die meisten westlichen Künstlerinnen zählen, einschließlich der Schwestern Brontë, der einsiedlerischen und unverheirateten Christina Rossetti und Emily Dickinson und der invaliden Elizabeth Barrett Browning, deren besitzergreifender Vater sie gefangenhielt, bis sie im Alter von vierzig Jahren mit Robert floh. Der Dichter John Milton, der den Geschlechtsverkehr mit seiner Ehefrau als «brutalen Verbund» von «zwei unnatürlich aneinandergeketteten Kadavern» beschrieb, und der Maler Vincent van Gogh, dessen emotionale Stürme sein Leben beherrschten, sind lebhafte

Beispiele dafür, wie künstlerischer Ausdruck Seite an Seite mit sexueller Hemmung und Konflikt gedeihen kann.

Mit der Frage, wie Kreativität und Sexualität zusammenhängen, erforschen wir eine Beziehung, bei der letzteres Element in der Geschichte regelmäßig gefürchtet, verurteilt, flüchtig und unter Schuldgefühlen genossen oder aber gefesselt und im Keller versteckt wurde. Dieses Verneinen einer natürlichen, gesunden Sexualität gibt es noch immer; Symptome dafür sind unsere eigene oft zweifelhafte oder schlecht informierte Einstellung zur Sexualität und unsere häufig unterentwickelten sexuellen Fertigkeiten.

Beispiele, wie kreative Menschen ihr Sexleben gestalten, können uns nur eine begrenzte Vorstellung davon vermitteln, in welcher Weise Kreativität mit Sexualität zusammenhängt. Die meisten Künstler lebten in Gesellschaften, in denen das Thema Sexualität mit einem sozialen und religiösen Tabu belegt war. Dazu kommt die Tatsache, daß sexuelle Tabus für beide Geschlechter höchst unterschiedlich sind und daß Frauen oft als Quelle männlicher Versuchung und als Gefäße für die physische Erleichterung der Männer diskreditiert werden. Traditionell wurden Frauen kaum je als verlangende sexuelle Wesen betrachtet, deren Sexualität ein Zeichen von Stärke und Vitalität ist. Selbst wenn die Frauen dieselben sexuellen Freiheiten gehabt hätten, derer sich die Männer während der ganzen Geschichte erfreuten, wären wir noch immer mit der Tatsache konfrontiert, daß viele kreative Frauen niemals berühmt wurden oder ihre eigenen Fähigkeiten nie entwickelten, weil sie als Mütter und Ehefrauen viel zu beschäftigt waren.

Heute besitzen wir wirksame Mittel zur Empfängnisverhütung, Frauen erhalten sozial und vor dem Gesetz einen gleichwertigeren Status, die Sexualerziehung wird besser, sexueller Aberglaube geht zurück, und viele von uns in den industrialisierten Ländern erleben den Luxus von mehr freier Zeit, um ihre Selbstverwirklichung und sexuelle Kreativität auszuleben.

Wie können wir mit unseren heutigen Möglichkeiten in diesen Bereichen das Beste machen? Viele Menschen haben das Gefühl, kreativer zu sein, wenn sie nicht in einer aktiven sexuellen Beziehung stehen. Wenn man sie nach dem Grund fragt, sagen einige, sie müßten ihre Energie einteilen und bräuchten den größten Teil davon für ihre kreative Arbeit. Die meisten Menschen, die mir dies sagen, sind Frauen, und anschließend erklären sie, andernfalls würden sie sich in ihren sexuellen Beziehungen verlieren. Sie tendieren dazu, nicht mehr ihrem eigenen kreativen Antrieb zu folgen, sondern sich dem ihres Partners anzuschließen. Frauen finden seltener als Männer einen Sexpartner, der *sowohl* guten Sex *als auch* praktische und emotionale Unterstützung bei ihren kreativen Aufgaben bieten kann. In einer intensiven sexuellen Beziehung haben viele Frauen Schwierigkeiten, die zeitliche und räumliche Abgrenzung zu wahren, die ihre Kreativität schützt. Wie die Psychoanalytikerin Jessica Benjamin schreibt, werden Frauen, solange sie sich nicht ihrer eigenen Wünsche, sexuell und anderweitig, bewußter sind, dazu neigen, das Eingehen einer sexuellen Beziehung als Akt der Auslieferung und Selbstverleugnung zu erleben.[3] Indem eine Frau sich auf die Wünsche eines Partners konzentriert, fällt sie in eine unterwürfige Rolle, die es ihr schwermacht, ihre eigene Weltsicht bewußt aufrechtzuerhalten und auch auszudrücken. Ich glaube, daß dies keine Frage von *sexuellem* Energieverlust ist, sondern eher ein zwischenmenschliches Problem, das ganz allgemein Zeit und Energie raubt. Wir sollten auch nicht vergessen, daß Beziehungen auch als kreative Projekte angesehen werden können, die generell Arbeit, Zeit und manchmal sehr viel Energie erfordern. Je nach ihrer Natur und Qualität kann eine Beziehung ein Beispiel für kreative Arbeit oder für die Vergeudung von kreativer Energie sein.

Eine Reihe von Männern haben mir gesagt, das Junggesellendasein sei schädlich für ihre Kreativität, weil sie einen so großen Teil ihrer Zeit damit zubrächten, nach Frauen Ausschau zu halten und sie zu umwerben. Diese Männer erklären, eine feste Beziehung verschaffe ihnen die Freiheit, sich ihrer kreativen Arbeit zu widmen. Die Hauptbeziehung liefert dem Mann Sicherheit, Stabilität und Unterstützung. Wenn sie nicht genügend interessanten

Sex bietet, können andere, begrenzte Beziehungen dies ausgleichen, ohne daß dadurch unbedingt das Grundgleichgewicht gestört wird.

Viele von uns haben schon erfahren, daß wir, wenn wir einen Liebhaber verlassen oder verlieren, geschieden werden oder sonst eine persönliche Tragödie erleben, manchmal kreativer werden, da wir uns in unsere Arbeit vergraben und wenig oder gar kein sexuelles Verlangen empfinden. Zu solchen Zeiten kann das Bedürfnis, schmerzlichen Gefühlen zu entfliehen, enorme Energien in eine kreative Aufgabe fließen lassen. In diesen Situationen bewirken gewöhnlich die Tragödie und der Schmerz – nicht das Ausüben von Kreativität – eine Minderung des sexuellen Verlangens. Eine weitere Art, auf fast unerträglichen Schmerz zu reagieren, ist das Ausleben dieser Gefühle in vielfältigen künstlerischen Formen wie Gedichten, Geschichten, Gemälden oder die Gründung von Organisationen, die der Erinnerung an den Verlust oder der Bekämpfung der Krankheit oder Verhaltensweise gewidmet sind, die diesen auslöste. Hier haben wir eine Situation, in der das Bedürfnis, den Schmerz zu bewältigen, und nicht ein Mangel an Sexualität, zu einem Aufwallen von Kreativität führt.

Ein paar Frauen und viele Männer haben mir gesagt, wenn die kreativen Säfte fließen, fließen auch die sexuellen. Und umgekehrt. Menschen, die ein sexuelles Erwachen und/oder eine signifikante Verringerung sexueller Hemmungen erlebt haben, beschreiben manchmal ebenso aufregende Durchbrüche in ihrer kreativen Energie.

Wann fühlen Sie sich am kreativsten? Wann sind Sie am *produktivsten* kreativ? Erinnern Sie sich an Perioden in Ihrem Leben, in denen Sie *mit Freude* kreativ waren? Wann hatten Sie das Gefühl, daß die Vorbereitung und Verwirklichung Ihres kreativen Projekts durch Ihren Enthusiasmus fast magisch vorangetrieben und geleistet wurde?

- Beschreiben Sie in Ihrem Tagebuch kurz die kreativen Höhepunkte Ihres Lebens – als Sie intensiv etwas Neues studierten oder etwa Gemälde, Gedichte, Programme schufen, schöne Inneneinrichtungen, Kleider oder geschäftliche Unternehmungen.

- Wie alt waren Sie, und was geschah in Ihrem Leben zur Zeit jeder kreativen Episode?
- Was geschah bei der Arbeit, in Ihren wichtigsten Beziehungen sowie in Ihren sexuellen Beziehungen und Entwicklungen?

Nehmen Sie sich Zeit. Zuerst meinen Sie vielleicht, Sie hätten wenig zu schreiben, aber lesen Sie die Fragen noch einmal durch und beginnen Sie mit ein paar kurzen Antworten. Wie kleine Fragmente eines größtenteils vergessenen Traumes werden sich Ihre Antworten bei gelassenem Nachdenken entfalten.

## *Neueste wissenschaftliche Erkenntnisse*

Die verführerische Hypothese, daß verringerte Hemmungen und größere Offenheit in einem Bereich Ihres Lebens auch zu größerer Offenheit in anderen Bereichen führen, ist nicht einfach zu belegen. Die meisten Menschen ziehen es noch immer vor, die Details ihres Sexlebens für sich zu behalten, und die Aufgabe, sexuelle und kreative Befriedigung exakt zu messen, ist kompliziert.

Noch heute, in den neunziger Jahren, müssen Forscher Samthandschuhe anlegen, wenn sie Experimente durchführen und veröffentlichen, um ihre Geldgeber und die Öffentlichkeit nicht zu verprellen. Ein kühner Versuch, geleitet von Russell Eisenman an der Temple University, untersuchte die Auswirkungen von zwei Maßnahmen auf das sexuelle Verhalten von achtzig männlichen und weiblichen College-Studenten.[4] Aufbauend auf dem Prinzip, daß kreative Menschen im allgemeinen offener für neue Erfahrungen sind, benutzte Eisenman zwei Methoden zur Steigerung von Offenheit und Kreativität, um zu prüfen, ob eine oder beide zu größerer Offenheit im sexuellen Verhalten der Studenten führen würden. Eine Methode erhöhte erfolgreich die Kreativität (durch standardisierte Tests gemessen), indem sie die Verringerung von rigiden, autoritären Einstellungen durch Gruppenmodelle und Gruppendruck förderte. Die zweite Methode zielte auf erhöhte Offenheit gegenüber Sexualität durch Phantasie ab. Sie bestand darin, den Studenten mitzuteilen, sexuelle Phantasien hätten eine gesunde Wirkung auf die sexuelle Entwicklung, ihnen als Modell eine Phantasie vorzulesen und sie dann zu bitten, binnen zwanzig Minuten so viele sexuelle Phantasien niederzuschreiben, wie ihnen einfielen. Eine Woche nach der Teilnahme an einer oder beiden oder aber keiner dieser Übungen wurden die Studenten aufgefordert, Fragebogen über ihr sexuelles Verhalten in der letzten Woche auszufüllen.

Die Resultate waren beeindruckend. Sowohl die Phantasieübung als auch die Verringerung rigider, autoritärer Einstellungen führte zu verstärktem Sexualverhalten. Eisenman stellte die Hypothese auf, daß beide Vorgehensweisen die Studenten veranlaßten, zumindest zeitweilig den Glauben an größere Offenheit durch Kreativität oder Phantasie zu verinnerlichen, und daß dies zu der Verhaltensänderung führte. Da vermutlich alle Studenten ein gewisses Maß an Verschlossenheit oder Gehemmtheit in bezug auf Sexualität hatten, kann man sich leicht vorstellen, daß gesteigerte Kreativität und Offenheit sich auch auf Hemmungen und Rigiditäten in diesem Bereich auswirkten.[5]

Im Laufe der Lebensspanne eines normalen Menschen müssen sich die Rollen von Sexualität und Kreativität sowie das Zusammenspiel zwischen beiden zwangsläufig stark verändern. Sexuelle, intellektuelle und kreative Reifung folgen ihren eigenen Wegen. Aufgrund physiologischer Veränderungen und sozialer und zwischenmenschlicher Umstände kann uns unsere Sexualität zu manchen Zeiten überwältigen – und zu anderen Zeiten in den Hintergrund treten. So schwankt auch unsere Kreativität je nach unserer intellektuellen, kreativen, sozialen und interpersonalen Umgebung. Ich gehe von zwei Annahmen aus: daß eine gesündere, offenere Sexualität unsere Kreativität bereichert; und daß wir unsere Träume benutzen können, um eine wechselseitige Bereicherung unseres kreativen und unseres sexuellen Lebens zu fördern.

Viele Autoren haben untersucht, welchen reichen Beitrag Träume im Laufe der Geschichte zur kreativen Produktivität von Menschen geleistet haben.[6] Ingrid Sladeczek und George Domino haben an der University von Arizona festgestellt, daß kreative Probanden schneller einschlafen und durch ihre Träume mehr Probleme lösen als weniger kreative Versuchspersonen.[7] Zwei Jahrzehnte Arbeit mit den Träumen meiner Klienten haben mich zu der Annahme geführt, daß persönliche Kreativität Ausdruck der eigenen Persönlichkeit ist und sich am schönsten entfaltet, wenn die Sexualität des Individuums unverklemmt (also nicht stark konfliktgeladen) ist.

Haben wir, wenn wir unsere Träume benutzen, um sexuelle Wunden zu heilen und uns von starken und übermäßig einschränkenden Hemmungen zu befreien, auch leichteren Zugang zu unserer Kreativität, sowohl im Wachzustand wie auch im Traum? Wenn wir sexuelle Konflikte lösen und eine befriedigende sexuelle Beziehung herstellen, wird dann unsere Kreativität größer und/oder freudevoller?

Was glauben Sie? Wenn Sie sexuell gehemmt und unerfüllt sind, überträgt sich dann diese Hemmung auf Ihre Einstellung zum Eingehen kreativer Risiken und zur Entdeckung neuer Dinge? Vermeiden Sie intensive sexuelle Beziehungen, weil Sie dazu neigen, sich in einer Beziehung zu verlieren? Erforschen Sie Ihre Antworten, indem Sie in Ihrem Tagebuch darüber schreiben. Wenn Sie Ihre Träume benutzen möchten, um ein reicheres Sexleben und ein reicheres kreatives Leben zu führen, dann lesen Sie das folgende Kapitel.

# 11 Das Traumtagebuch hilft, kreatives Potential zu befreien

Wenn Ihre Einstellung zur Sexualität bewirkt, daß Sie Angst vor Intimität haben, sich Ihres Körpers oder Ihrer Wünsche schämen oder in Ihren Beziehungen streng dominierend oder unterwürfig sind, kann es durchaus sein, daß eine Veränderung dieser Einstellung nicht nur Ihre Sexualität lebendiger macht, sondern daß sich auch Ihr Selbstvertrauen verbessert und Ihre Offenheit für innere Antriebe, von denen viele ihrer Natur nach kreativ sind. Wenn Sie sich selbst besser akzeptieren, sich lebendiger und kühner fühlen, werden Sie zwangsläufig auch offener für Ihre kreativen Impulse.

Sie könnten einen Traum inkubieren, indem Sie fragen: «Wie ist meine Kreativität mit meiner Sexualität verbunden?» Oder: «In welcher Weise hemme ich mich in meiner Sexualität und Kreativität unnötig selbst?» Natürlich können Sie Ihre Träume jeweils auch nur auf Ihre Sexualität oder nur auf Ihre Kreativität richten. Wenn Sie jedoch speziell darauf abzielen, die Interaktionen zwischen beiden zu verstehen, werden Ihre Träume Ihnen helfen, an zwei wichtigen Lebensthemen gleichzeitig zu arbeiten.

Sollten Sie feststellen, daß Sie einengende oder selbstschädigende Einstellungen haben wie «Ich kann mich nicht intensiver sexueller Lust hingeben und gleichzeitig mit meiner Arbeit zurechtkommen» oder «Wenn ich sexuell aktiv bin, habe ich keine Zeit für die höheren Dinge im Leben», können Sie Träume inkubieren, die hinterfragen, was die Wurzel Ihres Schwarzweißdenkens ist.

Sie können auch Träume herausfordern wie: «Was hält mich davon ab, kreativer zu sein?» Oder: «Welche Veränderungen könnte ich in meiner sexuellen Einstellung vornehmen, die sowohl meine Sexualität als auch meine Kreativität bereichern würden?»

Vielleicht ziehen Sie es vor, ein Thema nach dem anderen anzugehen und bei diesem Prozeß die wechselseitig förderlichen Aspekte der Erforschung Ihres kreativen und Ihres erotischen Lebens zu nutzen. Fragen zur Trauminkubation wie «Warum komme ich mit meinem Projekt nicht weiter?» und «Was hindert mich an einem erfüllten Sexualleben?» können Sie mit Traumantworten zu Einstellungen überraschen, die beide oder sogar alle Aspekte Ihres Lebens betreffen.

Ruth war siebenundzwanzig und hatte eine Beziehung zu einem Mann, den sie in der High School kennengelernt hatte, ihrem ersten und einzigen Liebhaber. Eines Nachts beglückte ihr Liebhaber Bruno sie mit einem wundervollen Cunnilingus, aber Ruth widersetzte sich dem Geschlechtsverkehr aus Gründen, die sie selbst für Ausflüchte hielt. In dieser Nacht inkubierte sie einen Traum, indem sie die Frage stellte: «Warum gibt mir Sex keine volle Befriedigung?» Hier der Traum, den sie damit auslöste:

Ich bin mit Bruno in einem überaus fortschrittlichen Raumschiff. Sie machen mit uns einen Demonstrationsflug. Wir starten und heben zuerst langsam ab. Ich habe Angst, daß sie zu schnell fliegen werden, den ganzen Weg bis zum Mond, während wir noch draußen auf dem Deck sind. Bruno versichert mir, das würden sie nicht tun, aber dann fliegen sie los. Nun sind wir im Inneren, in einem riesigen Raum, und beobachten, wie die Sterne am Fenster vorbeisausen – ich bin ganz benommen. Danach verlangsamt sich der Flug. Der Kapitän sagt, wir hätten den Mond umrundet, aber nicht die dunkle Seite überflogen, denn wir müßten uns vor den Spaniern hüten, die irgendwie einen Teil davon kontrollieren. Ich lache in mich hinein und denke, daß der Autor, als dieser Science-fiction-Roman geschrieben wurde, nicht wußte, daß in Wirklichkeit die Russen und nicht die Spanier unsere Hauptfeinde/Konkurrenten sind. (Der Gedanke, es seien die Spanier, hat etwas Lächerliches.)

Dann fliegen wir wieder los und schwenken in die entgegengesetzte Richtung. Mir ist schwindlig und ein bißchen übel – nichts Ernstes, aber ich frage Bruno, ob es nicht irgendwo in dem Raumschiff einen Raum mit einer Art Kraftfeld gibt, damit einem nicht schwindlig wird und man die Sterne nicht so schnell vorbeirasen sieht. Wir fragen den Kapitän, und er sagt, ja, aber er sei nicht sicher, ob es noch funktioniert. Er sieht traurig und bedauernd aus und sagt uns, wir könnten zu Multipod gehen.

Dann betreten wir durch zwei Türen einen verschlossenen Raum. Die erste ist mit einem Schlüssel zu öffnen, die zweite mit einem kleinen Knopf, auf den man mit dem Finger drückt, verborgen in der Mitte des Türknaufes. Ich bin froh, daß wir diesen geheimen Knopf kennen. Wir betreten den Raum. Der Kapitän ist fort. Wir sind die einzigen Menschen im Raumschiff, und wir müssen herausfinden, wie man dieses Zimmer bedient, das eigentlich ein riesiger Computer ist, sonst scheitert die ganze Mission, und wir stürzen ab.

Der Lichtschalter funktioniert nicht. Ich setze mich auf den Boden und spüre, wie er vibriert, ich spüre eine Welle von Kraft. Ich frage Bruno, ob er sie auch fühlt, aber er verneint. Ich sage, er müsse vielleicht die richtige Stelle finden. Das Raumschiff fliegt immer noch, und mir ist nicht schlecht, aber wir können noch immer nicht mit Multipod (dem Computer) kommunizieren, um ihm Befehle zu geben. Multipod beginnt außer Kontrolle zu geraten. (Dieser Teil ist irgendwie verschwommen.) Er möchte kommunizieren, aber er versteht nicht, wenn wir Kommandos rufen, «Hallo» sagen etc.

Da ist das Gefühl, er sei seit Generationen verlassen und verzweifelt. Er verliert die Kontrolle über das Raumschiff. Dann probiere ich plötzlich etwas aus – ich rufe laut: «Ich liebe dich.» Das rufe ich immer wieder. Bruno sieht verblüfft aus und sagt: «Ich vergaß, daß man das zu einer Maschine sagen kann.» Dann bemerke ich auf einmal das Telefon neben der Tür – so kann man mit dem Computer sprechen! Ich nehme den Hörer auf und sage: «Hallo?» Ein kurzes Durcheinander, die Maschine redet weiterhin Unsinn, doch dann wird sie langsamer, hält inne und antwortet mir: «Hallo?» Ich sage: «Wir wissen nicht, wie wir dich bedienen müssen. Kannst du uns sagen, welche Befehle wir geben müssen?» Der Computer sagt, daß es sich für Anfänger empfiehlt, mit einem einfachen Satz zu beginnen – und dann spricht er mir einen Satz in einer fremden Sprache vor, die sich wie Französisch anhört. Phonetisch beginnt er mit «Aluse nevyay» – er betont, daß es nicht «aluse yayyay» heißt –, und dann läutet der Wecker, und ich wache auf.

Ruth interviewte sich selbst schriftlich, was eine sehr wirksame Methode ist, Träume allein zu analysieren. Hier ist ihr Selbstinterview:

Das «sehr fortschrittliche Raumschiff» ist mein Körper/Geist. Der Flug repräsentiert Sex und auf einer breiteren Ebene auch mein ganzes Leben, meine Kreativität etc. Ich will nicht beim ersten Flug «den ganzen Weg» bis zum Mond fliegen, und sie sagen mir, das würde auch nicht geschehen, aber dann tun wir es doch. Das fühlt sich an wie die Art und Weise, wie ich mit Sex begonnen habe, mit Geschlechtsverkehr, ohne Vorbereitung, ohne Jahre langsamer Einführung oder ausgedehntes Vorspiel. In meiner Erinnerung an den Traum ist nicht ganz klar, ob Bruno oder jemand anderer in dem Raumschiff (irgendein Teil meiner selbst) für diese Entscheidung verantwortlich ist. Ähnlich war es im wachen Leben, wir waren beide dafür verantwortlich. Der Flug könnte aufregend und schön sein – die Sterne sausen am Fenster vorbei –, aber er verursacht mir Schwindel und Übelkeit, weil ich nicht dazu bereit bin.
Jetzt kommt ein Teil des Traumes, der mir nicht klar ist – die Sache mit der dunklen Seite des Mondes, die spanisch ist.
Was ist der Mond? Der Mond ist ein schöner, glänzender Ort, sehr weit entfernt und gefährlich, schwer zu erreichen. Ich denke, daß diese Reise für mich die Sexualität repräsentiert –

auch, weil ich, wenn ich richtig guten Sex hatte, hinterher oft bei mir sage, ich wäre «auf einem anderen Planeten» gewesen.
Was ist die dunkle Seite des Mondes? Sie ist sehr geheimnisvoll, verborgen, magisch, feminin – auch erschreckend und vielleicht gefährlich, denn wer weiß, was dort ist?
Wie sind die Spanier? Sie sind sehr sinnlich, romantisch, künstlerisch; auch faul und irgendwie unpraktisch.
Die Russen? Kalt, konkurrierend, berechnend, intellektuell, brillant. Der kalte Krieg.
Wer ist der Kapitän? Er ist verantwortlich, aber er kennt eigentlich nicht das ganze Bild – er hat diese Geschichte nicht geschrieben. Später im Traum verschwindet er. Er ist eine Art Überrest aus einer früheren Ära (mein Vater?), aber als der Traum beginnt, steuert er das Raumschiff noch.
Also: Wir schienen zum Mond zu reisen, aber tatsächlich schnitten wir uns von einem wichtigen Teil des Mondes ab – der geheimnisvollen, femininen, unbekannten Seite. Es gibt einen Teil von mir selbst, in den ich den Sex nicht hereingelassen habe, den ich nicht zu öffnen und zu erforschen gewagt habe, und er befindet sich irgendwie im Kern des sexuellen Erlebens. Ich hatte Angst davor, weil ich Angst vor den Spaniern hatte – dem sinnlichen, künstlerischen, kreativen Teil meiner selbst; vielleicht teilweise deshalb, weil ich ihn damit assoziiere, faul, unpraktisch und inkompetent zu sein. Aber tatsächlich hatte, wer immer diese Geschichte für mich schrieb, nicht alle Informationen. Die wirkliche Gefahr für mich ist der kalte, intellektuelle, abwehrende, achtsame Aspekt meiner selbst. Der hat mich im Grunde davon abgehalten, den ganzen Weg um den Mond zu fliegen. Der Kapitän – mein Ego? – hat sich in die Geschichte eingekauft und fliegt noch immer das Schiff. Zum Glück nimmt seine Wichtigkeit ab ... Wir fliegen also wieder los. Ich fühle Schwindel und Übelkeit und möchte im Schiff einen sicheren Raum suchen, der eine Art Kraftfeld hat, das mich beschützt. Der Kapitän sagt, es gäbe so etwas, aber er ist nicht einmal sicher, ob dieser Raum – Multipod – noch funktio-

niert; es ist so lange her, seit ich diesen Teil meiner selbst benutzt habe.
Warum heißt er Multipod? *Multi* bedeutet viele, vielfach. Was ist *pod* (engl. Wort für «Schote»)? Eine Schote ist eine Schutzhülle, die die Samenkörner schützt, bis sie zum Sprießen bereit sind. Interessant. (Ich hatte keine Ahnung, daß ich sie so beschreiben würde, bis ich das hinschrieb!) Ich habe viele Schutzschichten aufgerichtet, um gewisse empfindliche Teile meiner selbst, die voller Möglichkeiten stecken, vor der Zerstörung zu bewahren. Diesen Teil meiner selbst geschlossen zu halten, diente also ursprünglich als Schutz. Leider habe ich auch die Samenkörner vor mir selbst verschlossen. Da war ich noch so jung, daß ich all das vergessen habe und nicht einmal weiß, ob diese Teile von mir noch funktionieren.
Aber hurra! Im Traum gelangen Bruno und ich tatsächlich in den Raum. Dazu müssen wir zwei Türen durchschreiten – eine, die mit einem Schlüssel geöffnet wird (Verkehr), die andere mit einem versteckten «kleinen Knopf, auf den man mit dem Finger drückt» (Klitorisstimulierung). Ich bin froh, daß wir das Geheimnis dieses kleinen Knopfes kennen – allerdings bin ich das! (Klitorisstimulierung ist ein wichtiger Teil dieses Prozesses, und ich sollte ihre Bedeutung nicht herunterspielen.)
Jetzt sind wir auf uns selbst gestellt. Der Raum ist ein riesiger Computer (Assoziation mit «Multivac», einem Computer von Isaac Asimov), und der ganze Fußboden vibriert vor Kraft – einer Kraft, die speziell für mich da ist. Wir müssen lernen, wie man diesen Raum bedient – ich muß an diesen innersten kreativen, sexuellen Teil meiner selbst herankommen, oder die ganze Mission wird fehlschlagen. Ach, wie bekümmert dieser Teil von mir ist, weil er so ignoriert und vernachlässigt wurde! Er ist fast verrückt vor Trauer und Frustration, vermag sich aber nicht mitzuteilen. Ich habe ihn so lange weggesperrt. Er ist verzweifelt, und da er wirklich der Mittelpunkt der Schiffssteuerung ist, wird das Raumschiff abstürzen. Dieser kreative

Teil meiner selbst ist der *zentrale* Bereich dessen, was ich bin. Ich rufe Befehle, aber er versteht nicht.
Dann versuche ich es mit «Ich liebe dich». Ich gehe mit Liebe an diesen weggesperrten, verängstigten Teil meiner selbst heran. Bruno fährt verblüfft zusammen – ich glaube, in diesem Fall repräsentiert er den Teil von mir, der vergessen hatte, daß ich das kann, und als ich mit Liebe herangehe, wird plötzlich das Mittel der Kommunikation sichtbar – ein Telefon, das schon die ganze Zeit dagewesen ist.
Warum klappt es mit einem Telefon, wo es mit Reden allein nicht klappte? Inwiefern ist es mit einem Telefon anders, als wenn man einfach mit jemandem spricht? Ein Telefon ist etwas, das man benutzt, wenn jemand weit weg ist. Ein Telefon dient dazu, von einer Person zur anderen zu sprechen – es ist konzentriert und spezifisch, nicht diffus, eine direkte Verbindung im Gegensatz zu einem Mikrofon oder einem Kassettendeck. Außerdem sind Telefone in meinen Träumen wohl ein Symbol für Kommunikation – für die Wichtigkeit von Reden und Mitteilen. Das Telefon repräsentiert also, wie wichtig es ist, direkt und spezifisch darüber zu reden.
Ich frage das Wesen, wie man mit ihm kommuniziert, und es fängt an, mir das zu erklären.
Was bedeuten diese Worte? Phonetisch lauteten sie: «Aluse nevyay». Im Traum halte ich das allerdings für Französisch – als ob man es «allieuse nevier» oder «alleus nevier» sprechen würde – in der High School habe ich Französisch gelernt, aber ich erinnere mich nicht an solche Wörter. Vielleicht ist die Idee, daß ein Teil von mir eine *andere Sprache* spricht. Ich muß lernen, seine Sprache zu sprechen.
Dann läutet der Wecker.
Ich verstehe eigentlich nicht, was dieser ausgegrenzte Teil von mir sagt, und wir werden unterbrochen, aber das Gefühl ist, daß der Prozeß begonnen hat, wir haben Kontakt hergestellt, und jetzt werden wir miteinander auskommen.
Der Traum bezieht sich noch auf etwas anderes, über das ich

viel nachgedacht habe. Ich bin es müde, in meinem rationalen, intellektuellen Oberflächenbewußtsein zu leben. Ich möchte tiefer gehen, tiefer, Zugang zu den ungeheuren geheimnisvollen Tiefen haben – ich möchte mystisch sein, magisch, intuitiv, nicht rational und linear und analytisch. Das ist einer der Gründe, warum ich nicht in mein Tagebuch geschrieben habe – das kommt mir vor, als seien es bloß lauter Worte, Worte, Worte! Ich fühle mich gefangen in diesem endlosen, ziellosen Vernunftgeplapper, als sei das bloß geistige Gymnastik, abgeschnitten von der Erfahrung von Geheimnis und mystischer Vereinigung, über die ich dauernd lese und *nachdenke*, die ich aber nicht *erlebe.* Ich wünsche mir so sehr, sie zu erleben, dort zu leben, und bin anscheinend nicht einmal in der Lage, sie für eine Sekunde zu berühren.
Meine neue Identität – die Hexe, der Mond, das Wasser. Magie. Kreativität. *Nicht* die Gelehrte, die brillante, trockene Analytikerin ... nicht die Asketin – aber mit der ganzen Einheit mit dem Absoluten, die der asketische Yogi erreichen kann.

Ruth war entzückt über die Ergebnisse ihres Interviews. Hätte sie sich nicht die Zeit genommen, es niederzuschreiben, so wäre es sehr schwer gewesen, diesen komplexen Traum allein durchzuarbeiten. Sie werden bemerkt haben, daß Ruth glaubte, eine Brücke zu einer Reihe von Elementen in ihrem Traum schlagen zu können, ohne vorher eine Beschreibung festzuhalten. Dies kann zu voreiligen und unrichtigen Brücken führen, wenn man nicht sorgfältig prüft, ob das Traumbild gut zur Interpretation paßt und ob alle Brücken am Ende der Traumarbeit ein kohärentes Ganzes ergeben.

## *Wer Spaß hat, hat mehr vom Sex*

Wenn Sie die Konflikte durcharbeiten, die Sie an größerer sexueller und kreativer Entfaltung hindern, so halten Sie ein wachsames Auge auf eine oft übersehene Quelle der Erfüllung, nämlich die, Spaß an etwas zu haben. Ihre Träume werden Sie von Zeit zu Zeit an die heilende und inspirierende Bedeutung von Verspieltheit erinnern. Vielleicht träumen Sie davon, daß Sie mit großer Hingabe fliegen, daß Sie mit Ihrem Liebhaber den Clown spielen oder sonstwie einfach Spaß an etwas haben. Nehmen Sie diese Träume ebenso ernst wie alle anderen. Sie werden Ihnen Auftrieb geben und Sie vielleicht auf Quellen fröhlicher Energie aufmerksam machen, die Ihnen helfen, die dunkleren und schmerzlicheren Aspekte Ihres Lebens zu bestehen.

Wenige Tage nachdem Simone mit einiger Verlegenheit einen Vibrator gekauft und insgeheim damit experimentiert hatte, träumte sie:

> Ich hatte soeben einen phantastischen Orgasmus mit meinem neuen Vibrator in der Vagina gehabt. Danach stehe ich auf, ziehe ihn aus mir heraus und halte ihn hoch, um ihn zu zeigen. Er sieht aus wie eine Truthahnkeule. Ich verkünde allen, die es hören wollen, diese Dinger seien wunderbar und sehr praktisch. Ich sage, wie Truthahnfleisch seien sie sehr gut für die Gesundheit und könnten bei jeder guten Diät eine wichtige Rolle spielen. Die ganze Szene kam mir sehr lustig vor, und ich war erstaunt, weil ich gar keine Peinlichkeit oder auch nur Verlegenheit empfand.

Simone sprach mit ein paar engen Freundinnen über den Traum und entdeckte, daß sie nicht die einzige war, die einen Vibrator benutzte. Tatsächlich half das Reden über die Komik des Traums Simone dabei, leichter und mit größerem Nutzen mit ihren Freundinnen und ihrem Freund über Sex zu sprechen.

Gespräche über ein wenig peinliche sexuelle Träume wie die, in denen ein Elternteil in Ihr Zimmer spaziert, während Sie gerade Sex haben, können auch einen gewissen Sinn für Humor in Ihre Diskussion sexueller Gefühle einführen, der möglicherweise Verlegenheit und Angst bei Ihnen und Ihrem Partner erheblich entschärft.

Übrigens – da die meisten Leute sagen, Spaß zu haben, sei eine große Hilfe zur Förderung von kreativem Sex und kreativer Arbeit, könnten Sie sich vielleicht vornehmen, auch im wachen Leben mehr Spaß zu haben. Warum nicht jeden Tag etwas tun, das Spaß macht? Selbst wenn Sie sich nur fünf Minuten nehmen, um Musik zu hören, die Sie mögen, ein Lied zu singen oder einen Spaziergang zu machen, könnte es sein, daß es mehr Spaß macht, in Ihrer Gesellschaft zu sein. Wenn Sie mehr Energie darauf verwenden, Lust zu genießen, sich etwa ein luxuriöses Bad oder eine Massage gönnen oder sich mit Ihrem Partner toll anziehen, um eine ins Haus gelieferte Pizza zu verzehren, werden Sie vielleicht feststellen, daß sich das vorteilhaft auf Ihr Sexleben und Ihren kreativen Unternehmungsgeist auswirkt. Sexhandbücher sind voll mit Vorschlägen für Spaß und dramatische Überraschungen, die ein Partner dem anderen bieten kann. Ob Sie mit einfachen oder raffinierten Überraschungen experimentieren, spielt keine Rolle. Was zählt, ist, daß Sie eine aktive Rolle zur Vermeidung der lähmenden Gewohnheiten spielen, die Sie in langweiligen und unkreativen Denk- und Handlungsmustern festhalten. Wie Sam Keen in «Die Lust an der Liebe» schrieb: «Das Spiel der Sinne oder der Phantasie ist der Zauber, die Anmut und das Elixier, ohne die Rollen zu Gewohnheiten werden, Persönlichkeit zur Fassade, Charakter zum Charakterpanzer, Kultur zu einem Gefängnis.»[1]

## *Schönheit und Sex*

Risiken eingehen und Ausflüge wagen zu neuer emotionaler und sexueller Selbsterkundung und zwischenmenschlichen Intimitäten, das fordert uns heraus, läßt uns wachsen und kann uns mit gesteigertem sensorischen, emotionalen und spirituellen Bewußtsein belohnen. Das ist die Entschädigung für das Durchqueren der emotionalen Sümpfe unserer Vergangenheit – wir finden neue, reifere Arten von Wahrnehmung, Reaktion und Interaktion. Unsere Reise in ein volleres, freieres erwachsenes Leben ist mitunter auch beschwerlich, aber einen Teil der Strecke können wir auf einem besonderen Pfad gehen, nämlich dem der Schönheit.

Plato schrieb, man solle in der Jugend schon beginnen, schöne Formen zu betrachten und lernen, Schönheit in einer Form zu sehen, bis man in der Lage sei, die Schönheit in allen Formen, Einrichtungen und Wissenschaften zu sehen. Dann solle man fortfahren, Schönheit zu betrachten, bis man die göttliche, unveränderliche Schönheit wahrzunehmen vermöge. Die Psychologen haben die potentiell motivierende Rolle von Schönheit in Träumen und im wachen Leben von Menschen noch nicht voll erkannt.[2] Wenn Schmerz der Stachel ist, der uns antreibt, uns unseren ungelösten Ängsten und Konflikten zu stellen, so kann Schönheit uns dazu verlocken, die Vergangenheit loszulassen und uns einer liebevolleren, offeneren und fröhlicheren Gegenwart zu öffnen.

Manche Menschen finden Schönheit in einem Garten, einem menschlichen Gesicht oder einer Gestalt, in einem Gebäude, in Musik oder einem Akt der Großzügigkeit. Wo sehen Sie Schönheit? Wann empfinden Sie sie? Wir wollen nicht wählerisch sein in bezug auf die Art der Schönheit, ihre Unwandelbarkeit oder Göttlichkeit, sondern offen für ihre zahlreichen Formen.

Betrachten Sie Ihr Leben und identifizieren Sie einige Ihrer Erfahrungen mit Schönheit. Beschreiben Sie sie in Ihrem Tagebuch, falls Sie eines führen. Wenn Ihnen im Augenblick kein spezieller

Anlaß einfällt, nehmen Sie sich ein paar Minuten Zeit und hören Sie eine Aufnahme des schönsten Musikstückes an, das Sie besitzen. Dann beschreiben Sie, wie Sie sich dabei fühlten.

Wenn wir uns der Schönheit hingeben, lassen wir Angst, Wut, Groll und Zerstreuungen hinter uns. Alles, was uns dazu bewegen kann, hat mit Sicherheit das Potential, unsere Kreativität und unsere sexuelle Erfüllung zu steigern. Indem wir darauf achten, häufig in das einzutauchen, was für uns Schönheit ist, verstärken wir Seinszustände, die zu Offenheit, Anmut und Wonnen aller Art führen. Wenn Sie Ihre tägliche Kontemplation von Schönheit mit Ihrer Sexualität in Verbindung bringen, werden Sie feststellen, wie kreativ sich das auf Ihr erotisches Leben und Ihre erotische Phantasie auswirkt.

So vieles von dem, was wir über Sex hören und sehen, ist entweder schrecklich klinisch und praktisch oder aber schlicht vulgär. Unseren Assoziationen zur Sexualität fehlt oft das Magische, das Wunderbare.

Was können Sie tun, um positivere und schönere Assoziationen in Ihre Vorstellungen und Gefühle über Sexualität einbringen? Marco Anands spektakuläres Buch «Tantra oder Die Kunst der sexuellen Ekstase» schlägt vor, wir sollten für unsere Liebhaber tanzen, eine schöne Umgebung schaffen, schöne Musik hören, wenn wir darangehen, einander Lust zu bereiten. Indem wir uns die Zeit nehmen, den Liebesakt mit der Schönheit von Poesie, Musik oder reizvollen visuellen und sensorischen Erfahrungen zu würzen, lassen wir die Macht der Schönheit auf unsere überlebten, aber noch nicht ganz überwundenen Hemmungen und Ängste einwirken. Manche Menschen trinken Wein, um mehr Offenheit und Intimität wagen zu können, aber Sie können wesentlich ekstatischere Zustände erreichen, indem Sie Schönheit inszenieren und genießen.

Nick zum Beispiel entdeckte erst spät im Leben seine Leidenschaft für italienische Opern. Er begann die Opern als Tonikum zu benutzen, wenn er sich im Alltagsleben niedergeschlagen oder lustlos fühlte. Eines Abends beschloß er, seine Freundin in die Schönheit seiner Lieblingsoper einzuführen, indem er ein italienisches Abendessen für sie zubereitete, ihr die Handlung der Oper erzählte und sorgfältig ausgewählte Auszüge vorspielte. Sie war begeistert von der Musik und den Stimmen. Später ließ Nick sie zum ersten Mal die ganze Oper hören, während sie sich liebten, und die Schönheit der Musik ließ sie miteinander verschmelzen und verstärkte auf magische Weise ihr gemeinsames Erleben.

## *Träume von kreativer und sexueller Leidenschaft*

Einige meiner Klienten, die Künstler sind oder sich täglich mit Kunst oder Musik umgeben, scheinen mehr Träume von Schönheit zu haben als Menschen, die ihren täglichen Minimalbedarf an ästhetischen Erfahrungen nicht erkennen oder befriedigen. Selbst wenn Künstler oder Kunstliebhaber unter Konflikten leiden, wird ihre innere Landschaft hin und wieder durch Schönheitsträume ausgeschmückt.

Hier ein erstaunlicher Traum, in dem Viktoria, eine Musikerin, das Bild einer angenehmen sexuellen Begegnung mit ihrem überaus kreativen Bruder verwendete und sich dadurch bewußt wurde, wie überaus wichtig ihr ihre eigene Kreativität und Sexualität im Innersten war. Viktoria hatte diesen Traum nach einer intensiven Meisterklasse für Pianisten und unmittelbar vor Antritt einer Konzertreise. Sie beschrieb ihn als «monumentalen Traum meines Lebens. Der erste, in dem ich mich an einen vollen Orgasmus erinnere.» Ich werde Schlüsselbeschreibungen aus ihrer Deutung in Klammern hinzufügen, damit Sie sie beim Lesen besser verstehen.

> Ich soll meinen Bruder Michael (ein kreatives Genie, das ich beneidet und mit dem ich gerungen habe, mein kreatives Selbst) und meinen Vater (streng und rigide) auf irgendeinem Flugha-

fen treffen. Ich fahre in einem Zug und weiß nicht genau, was ich mit einem Korb voller Sachen anfangen soll, den ich mit mir herumschleppe (mein altes emotionales Gepäck aus Groll und Eifersucht auf meinen Bruder und aus künstlerischer Unsicherheit meinem Vater gegenüber). Im Traum wird mir klar, daß ich das Zeug einfach zurücklassen sollte.
Plötzlich bin ich in dem engen Flur im ersten Stock meines Geburtshauses. Ich gehe in Michaels Zimmer, und da ist Ben (mein lieber, hilfreicher, verspielter, aber sexuell nicht anziehender Ehemann), der die Fertigstellung seiner Dissertation feiert. Michaels Bett ist ein Tisch, auf dem viele Blumen arrangiert sind, Vasen mit Blumen. Es ist ein Altar für die Schönheit in ihren vielen Stadien. In einer Vase stehen Blüten, die noch geschlossen sind, sich öffnen, entfalten und dann abfallen. In einer anderen sind Irisblüten an gladiolenähnlichen Stengeln in einem pastellenen, purpurnen Blau (Michael versteht eine Menge von Schönheit und Schöpfung).
Auf dem Tisch sind auch Blumen von tiefem und hellem Rosa arrangiert. Ich muß mehrmals hinschauen, bis ich bemerke, daß große, gewölbte Blütenblätter um irgendein zentrales Objekt herum angeordnet sind. Dann sehe ich auf dem Fußboden ein Durcheinander – Taschen und Bücher, leere und volle Schminkkoffer, Kleider und Windjacken –, das in scharfem Kontrast zu der geordneten und ungeordneten Schönheit auf dem Tisch steht, wo jedes Element von freiem Raum umgeben ist. (Das Durcheinander meines Lebens, das mich so dahinvegetieren läßt, statt etwas zu entwerfen und zu schaffen.)
Innerlich mache ich mir Vorwürfe, weil ich vergessen habe, Ben Blumen zu schicken an seinem großen Tag nach Beendigung seiner Dissertation. Ich beschließe, ihm ein Geschenk zu machen. Ich suche in meiner Tasche nach dem Gegenstand, den ich ganz bestimmt für ihn gekauft habe. Statt dessen finde ich mein hübsches neues Schminkkästchen aus rosafarbenem Quarz und ein Buch, das meine Aufmerksamkeit erregt. (Mein kreatives Leben ist mir jetzt viel wichtiger als meine Ehe.)

Ich setze mich in meinen Sessel, um zu lesen, bis ich durch die Rückkehr von jemandem unterbrochen werde. Einen Augenblick weiß ich nicht, ob es Ben oder Michael ist. Ich hatte Ben erwartet, aber es ist Michael in neuer Kleidung im Safarilook. Die Farben sind lauter Grün: Ledermantel, Khakihemd, dunkle Hose. Er kommt lässig herein und geht um den Tisch herum, damit ich seine neuen Klamotten besser betrachten kann. Ich wundere mich über diese drastische Veränderung seines Stils; früher kleidete er sich unauffällig, jetzt läuft er herum wie ein Weltenbummler, sehr, sehr sexy und lässig. (Mein eigener Stil wandelt sich in die gleiche Richtung.)

«So habe ich mich immer angezogen», sagt er. «Schau doch nach.»

Ich bemerke, daß seine Schuhe zwar gleich sind, aber verschiedene Farben haben – einer beige, einer dunkelbraun; es sind Sandalen, die bis zur Hälfte der Wade reichen. (Er ist ein Freigeist, und es macht ihm nichts aus, daß sie nicht zusammenpassen.) Sein Ledermantel hat Fransen an den Ärmeln. Er trägt auch eine grüne Maske mit Fransen, die fest um seinen Schädel sitzt (geheimnisvoll, furchtlos, er stimmt mit den Lebenszyklen und dem Instinkt überein). Er fragt mich, ob sein Aussehen mir gefällt.

Als er näherkommt, mich neckt und sexuell erregt, sagt eine innere Stimme wieder und wieder: «Ich mag es nicht, ich mag es nicht.» Das ist die Antwort auf seine Frage nach der Wirkung seines Verhaltens und seiner Erscheinung auf mich. Mein Körper jedoch schaukelt im Sessel, mit angezogenen Knien, zukkend, als würde ich gekitzelt, obwohl Michael, der grüne Mann, mich nicht berührt. Ich kichere. Als ich meine physischen Reaktionen bemerke, sagt eine leisere, weniger beharrliche Stimme: «Es gefällt mir.»

Der grüne Mann ist gegangen. Mutter, Vater und andere kommen geräuschvoll ins Haus. Ich bin berauscht und mache mich hektisch daran, Michaels Zimmer aufzuräumen. Mutter ist nach oben gekommen, um nachzusehen, was ich mache. Ich eile aus

dem Zimmer, um sie zu grüßen, und bin offensichtlich in einem veränderten Zustand. Ich merke, wie ich laut rede, als versuchte ich, «normal zu sein», trotz der berauschten Atmosphäre, die mich umgibt. (Im letzten Jahr habe ich angefangen, mir weniger Sorgen darum zu machen, ob ich normal erscheine, ich möchte die Freiheit haben, wirklich anders zu sein.)
Ich treffe Mutter auf halber Treppe, drehe sie um, spreche mit Paps. Sie stellen mich einem weißen Mann mit hängenden Augenlidern vor, der für eine Firma arbeitet, der ich nicht traue. (Langweiliger, konventioneller Typ von einem gewissen Status, wie meine Eltern ihn gern für mich hätten.)
Es ist, als halle jedes Wort und jede Bewegung in einer Atmosphäre wider, die nur ich wahrnehme, und als müsse ich besondere Anstrengungen unternehmen, um diese Atmosphäre zu durchdringen und mit den Leuten zu kommunizieren, die nicht darin sind. Mutter folgt mir nach oben, will mir nachgehen in Michaels Zimmer, aber da kommt er zurück und lenkt sie ab. Er erklärt die Seltsamkeit – die sie bemerkt, als sie mich von der Seite ansieht – als Ergebnis eines kreativen Projekts, das beinahe abgeschlossen ist. Er ist fröhlich und effizient. Er ist sowohl innerhalb als auch außerhalb der dichten, Wasser/Luftähnlichen Umgebung, in der ich schwebe. Die Atmosphäre hat sowohl Licht als auch Gewicht, wie wenn ihre Substanz mich so definierte, als lebte und bewegte ich mich jenseits meines Körpers darin. Mama kommt nicht näher an mich heran als an dieses erweiterte Selbst, empfindet es als Grenze, die sie nicht durchdringen kann. (Diese Atmosphäre um mich herum hat mich vor Mutters Aufdringlichkeiten bewahrt, aber es ist traurig, daß sie diesen leidenschaftlichen, kreativen Teil von mir gar nicht richtig kennenlernen kann.)
Michael führt mich in sein Zimmer, wo der Altar der Schönheit jetzt sein Bett ist, und er führt mich an den Bettrand vor seinen mannshohen Spiegel und sagt: «Vollenden wir dich.» Dann trinkt er den Saft zwischen meinen Schenkeln, so geschickt, seine Zunge, seine Zähne und Lippen lecken, saugen, ziehen.

Ohne Bewußtsein für den Übergang gehe ich zum Orgasmus in einen Garten hinaus. Ich bin nackt und steige eine Steintreppe hinunter. Es ist Nacht. Treppe und Garten des Traumhauses sind die eines gotischen Schlosses. Die Nacht ist indigoblau.
Im Schloß streiten sich Mama und Paps. Mama sagt: «Bloß, weil du ein gefallener Vogel warst (was verlassen und unerwünscht bedeutet), bist du wütend auf die Welt.» Oder vielleicht sagt Paps: «Bloß, weil ich ein gefallener Vogel war, hältst du mir das vor.» Diese Vergangenheit, diese Vergangenheit. (Diese ganze Wut ist ihr Leben, nicht meines.)
Ich hocke auf der Erde gleich unter der Treppe. Ich masturbiere. Oder? Irgend etwas hält eine konstante, Ekstase erregende Aufmerksamkeit auf meiner Klitoris und meiner Vulva. Meine Blüte ist der Erde sowohl räumlich als auch in der Farbe so nahe, daß beide kaum zu unterscheiden sind. Stimmen links von mir und hinter mir singen: «Ekstase, Ekstase, Ekstase.» Es klingt wie Dankbarkeit und Verkündigung gleichzeitig.
Hier wechsle ich rasch zwischen Traum und realer Zeit hin und her und versuche festzustellen, ob ich tatsächlich masturbiere. Die Spaltung der Aufmerksamkeit vergeht, als ich mich dem orgasmischen Pochen und Verströmen des Augenblicks hingebe. Das ist die Vollendung. Ich erwache von meinem eigenen, leisen zufriedenen Murmeln und merke jetzt erst, daß meine Finger während des ganzen Traumes brav unter meinem Ohr gefaltet waren. Ich danke der Ekstase für ihren Besuch und widme meine Öffnung meiner weiteren kreativen Entfaltung.

Viktorias Traum markierte einen Wendepunkt in ihrem Leben. Sie ließ ihr Bedürfnis hinter sich, «normal» zu sein und die Billigung ihrer Eltern zu erringen. Sie begann sich mit ihrem kreativen Bruder zu identifizieren, statt ihn zu beneiden, und seine Stimulierung war kreativ und bestätigend. Viktoria empfand den Traum sowohl als kreative wie auch als sexuelle Öffnung zu Schönheit und Freiheit. Der Wert eines solchen Traumes wächst mit der Zeit, wenn der Träumer sich daran erinnert, die Gefühle auskostet und die Bilder benutzt, um sich anregen zu lassen und auf sein Ziel konzentriert zu bleiben.

Ausgelöst wurde Viktorias Traum durch ihr psychologisches und künstlerisches Wachstum, nicht durch ihr Sexleben. Sie war glücklich, mit ihrem Mann verheiratet zu bleiben, nur hatte sie das Gefühl, sie müsse einen Teil ihrer Energien verschieben und auf ihre Karriere richten.

Nick, der Chorsänger, hatte dagegen einen bewegenden Traum von Schönheit, Sexualität und Kreativität, als er eine neue sexuelle Beziehung zu Silvia einging, die in ihm den Wunsch erregte, leidenschaftlich zu leben und sich intensiv zu freuen. Zu Anfang der Beziehung träumte Nick:

> Ich bin auf dem Olymp oder so – irgendwo in den Wolken, so nahe Sterbliche den Unsterblichen kommen können. Der Wind treibt über und unter mir die Wolken dahin. Ich fühle mich unglaublich erhoben. Das erinnert mich an meine Gefühle mit Silvia. Die Geräumigkeit, die Frische und die Handlung der Szene geben mir das Gefühl, mutig, leicht und intensiv und leidenschaftlich lebendig zu sein.
>
> Ich bin hier, um mein Gelübde abzulegen. Ich nähere mich einem Altar aus Wolken. Die Götter sind irgendwo im Wind und im Dunst versammelt. Die faszinierendste, schönste Musik, die ich je gehört habe, begleitet die ganze elegante Zeremonie. Ich rufe den Göttern meinen mutigen Eid zu: «Ich schwöre, mich nie wieder vom Leben der Leidenschaft abzuwenden.» Während ich das tue, wird mir klar, daß Sterbliche ein solches Versprechen selten halten und daß ich es zeitweise schrecklich schmerzhaft finden werde, meinem Gelübde treu zu bleiben. Aber die Alternative, nämlich ein Leben in ruhiger Sicherheit, erscheint mir nicht länger erstrebenswert. Die Lebendigkeit ist zu schön, zu passend, zu richtig, um sie je wieder aufzugeben. Ich erwache mit der Frage, ob ich in der Lage sein werde, mein Gelübde zu halten.

Michael vermochte nicht, jede Minute seines Lebens entsprechend seinem mutigen Eid zu leben, aber er weigerte sich, den Kampf aufzugeben und in sein früheres Leben zurückzufallen, als er zu sehr an Sicherheit und Ruhe interessiert war, um sich selbst auf die Probe zu stellen und die Erregung eines kühneren Lebens zu erleben. Fünf Jahre nach diesem Traum bezeichnet er ihn noch immer als wichtigsten seines sexuellen, persönlichen und beruflichen Lebens. Er sagt, daß er als Signalfeuer wirkt, wenn er Entscheidungen trifft und sich Ziele setzt. Seine Traumvision hilft ihm, seinen schüchternen, selbstbeschränkenden Tendenzen entgegenzuwirken.

## *Das Leben voll leben – alle Möglichkeiten ausschöpfen*

Sorgfältige Traumarbeit kann dazu beitragen, uns von Ängsten, Hemmungen und überholten Einstellungen und Traditionen zu befreien, die uns davon abhalten, ein leidenschaftliches Leben zu leben. Träume sind mächtige Werkzeuge zum Verarbeiten konfliktbeladener Eltern- und aktueller Beziehungen, weil sie uns zeigen, wie wir unwissentlich die ungesunden Muster, die wir in der Kindheit erlernt haben, wiedererschaffen oder überkompensieren. Wir können unsere Träume benutzen, um die Dynamik von Problemen zu erkennen und zu verstehen, die uns in diesen repetitiven Mustern festhalten. Dann haben wir die Möglichkeit, uns unseren Weg in neue Arten des Sehens und In-der-Welt-Seins zu erträumen. Insgesamt bieten die Früchte guter Traumarbeit jedem von uns eine Chance, uns selbst aus unseren Fesseln zu lösen und einander und das Leben selbst leidenschaftlich zu umarmen.

Träume fordern uns heraus, über unsere Ängste, unsere einengenden ererbten elterlichen und sozialen Einstellungen hinauszuwachsen und den Schritt in ein aufregenderes, überraschenderes Leben zu tun. Ein Leben, in dem wir wagen, tiefer zu fühlen, und in dem wir weniger Angst haben, zu weinen oder vor Freude in die Luft zu springen. Ein Leben, in dem wir uns mutig Hemmungen stellen können, die uns daran hindern, die Fülle unserer Erfahrung von Liebe und Einsamkeit, von Begeisterung und Enttäuschung intensiv zu empfinden. Wie oft haben wir uns selbst verwehrt, vor Freude zu tanzen, in der Hoffnung, dafür einen bestimmten Partner, einen Job oder einen Preis zu gewinnen, oder aus Angst, später enttäuscht zu werden?

Während wir träumen, locken und verführen wir uns selbst, ein intensives Leben zu wagen, Intimität zu riskieren, unserem eigenen Rhythmus zu folgen und «ja» zum Leben zu sagen statt «nein» oder «vielleicht» oder «eines Tages».

# Anmerkungen

## *Einleitung*

1 Diese Träumer haben mir sämtlich gestattet, über ihre Träume zu schreiben, und ich habe allen einen Decknamen gegeben.

## *1. Kapitel*

1 Calvin S. Hall und Robert L. Van de Castle, *The Content Analysis of Dreams* (Appleton-Century-Crofts, 1966). Eine Nachfolgeuntersuchung, die den Trauminhalt von Studenten dreißig Jahre später mit dem von Hall und Van de Castle gesammelten verglich, stellte auch fest, daß die Männer von mehr manifest sexuellen Bildern berichteten als die Frauen: Calvin S. Hall, G. William Domhoff, Kenneth A. Blick und Kathryn E. Weesner, «The Dreams of College Men and Women in 1950 and 1980: A Comparison of Dream Contents and Sex Differences», *Sleep* 5 (2) 1982, S. 188–94. Wie in der früheren Studie wurden die Traumberichte männlichen Instruktoren gegeben (persönliche Mitteilung von W. Domhoff).

2 Ross B. Kremsdorf, Lucy J. Palladino, Douglas D. Polenz und Barbara J. Anista, «Effects of the Sex of Both Interviewer and Subject on Reported Manifest Dream Content», *Journal of Consulting and Clinical Psychology* 1978, Bd. 46, Nr. 5, S. 1166–67.

3 Paul R. Robbins, Roland H. Tank und Faraneh Houshi, «Anxiety and Dream Symbolism», *Journal of Personality* 53:1, März 1985, S. 17–22.

4 Diese Träume umfassen die meiner Klienten wie auch die von 140 Personen, die bei Vorträgen über Träume Fragebogen ausfüllten, in denen sie gebeten wurden, ihre liebsten und ihre unangenehmsten sexuellen Träume zu beschreiben. Die 110 Frauen, die meinen Fragebogen für «Vortragspublikum» ausfüllten, waren zwischen fünfundzwanzig und siebzig Jahre alt, die meisten in den Dreißigern und Vierzigern. Fast alle waren heterosexuell. Etwa 90 Prozent waren außer Haus berufstätig. Sie füllten den Fragebogen vor einem Vortrag über Problemlösungen im Traum binnen fünfzehn Minuten aus.

5 Dr. Domhoff hat kürzlich Informationen über die sexuellen Träume von 273 Studenten gesammelt, von denen 172 weiblich waren. Großzügigerweise hat er mir die ausgefüllten Fragebogen zur Verfügung gestellt, so daß ich einiges Material in das vorliegende Buch aufnehmen konnte.

6 Loma Flowers, M.D., hat hier den Begriff *Vorarbeit* vorgeschlagen. Zuerst die Arbeit, dann das Spiel!

7 June M. Reinisch mit Ruth Beasley, *The Kinsey Institute New Report on Sex: What You Must Know to be Sexually Literate* (St. Martin's Press, 1990), S. 88–91.

## *2. Kapitel*

1 Bei Domhoffs Umfrage schrieben mehrere Männer und Frauen Anmerkungen, in denen es hieß, daß es besser wäre, wenn die Probanden die Fragebogen in einer privaten Umgebung ausfüllten. Ich bin überzeugt, daß die Aussagebereitschaft von sehr vielen dadurch eingeschränkt wurde.

2 Es kann sein, daß solche Träume von Männern, die sie peinlich finden, zurückgehalten oder vergessen werden. Es kann auch sein, daß sie einfach nicht oft vorkommen in einer Kultur, welche Männer hervorbringt, die keine Zwangsszenarios brauchen, um sich von sexuellen Hemmungen zu befreien.

3 William H. Masters, Virginia E. Johnson und Robert C. Kolodny, «Das verdrängte Risiko». Sexualverhalten im Aidszeitalter (Econ, 1988), S. 347 (der am. Ausgabe).

4 Allan Hobson, *The Dreaming Brain* (New York: Basic Books, 1988), S. 294–95.

5 Martin Cole, «Socio-sexual Characteristics of Men with Sexual Problems», *Sexual and Marital Therapy*, Bd. 1, Nr. 1, 1986, S. 100.

6 June M. Reinisch mit Ruth Beasley, *The Kinsey Institute New Report on Sex: What You Must Know to be Sexually Literate*, S. 88–91.

7 A. Estin Comarr, Jeffery M. Cressy und Michael Letch, «Sleep Dreams of Sex Among Traumatic Paraplegics and Quadriplegics», *Sexuality and Disability*, Bd. 6, Nr. 1, Frühjahr 1983, S. 25–29. Siehe auch John Money, «Phantom Orgasm in Paraplegics», *Medical Aspects of Human Sexuality*, Bd. 4, 1970, S. 90–97.

8 Masters, Johnson, Kolodny, «Das verdrängte Risiko», S. 196 (der am. Ausgabe).

9 Calvin Hall und Robert L. Van de Castle, *The Content Analysis of Dreams* (Appleton-Century-Crofts, 1966).

## *3. Kapitel*

1 Ross Campbell und Robert Hoffman, «Variables Affecting Frequency of Dream Recall», unveröffentlicht.

2 Raymond F. Martinetti, «Sex Differences in Dream Recall and Components of Imaginal Life», *Journal of Perceptual and Motor Skills*, Okt. 1989, Bd. 69 (2), S. 643–49.

3 Paul R. Robbins und Roland H. Tanck, «Interest in Dreams and Dream Recall», *Journal of Perceptual and Motor Skills,* Febr. 1988, B. 66 (1), S. 291–94.

4 Carl P. Browman, Rosalind D. Cartwright, «The Influence of Evening Activity and Psychological State on Dream Life», *Journal of Psychiatric Treatment and Evaluation*, 1982, Bd. 4 (3), S. 307–11. In L. J. G. Gooren, «Human Male Sexual Functions Do Not Require Aromatization of Testosterone: A Study Using Tamofixen, Testolactone, and Dihydrotestosterone», *Archives of Sexual*

Behavior, Bd. 14, Nr. 6, 1985, S. 539–48, hat L. Gooren, ein niederländischer Endokrinologe, geschrieben: «Die Gabe von Dihydrotestosteron an eugonodale Männer führte zu einem vorübergehenden Anstieg von nächtlichen sexuellen Träumen, Erektionen und Reizbarkeit, der nach 3- bis 4wöchiger Gabe von Dihydrotestosteron wieder schwand.» Es mag zwar eine Vielfalt von Drogen geben, die die Häufigkeit und/oder das Erinnern sexueller Träume steigern, doch die Herbeiführung erotischer Träume mittels Chemikalien ist ein Weg, den wir hier nicht untersuchen werden.

## *4. Kapitel*

1 Ähnliche Versionen dieser Hinweise im Traum wurden veröffentlicht in: Gayle Delaney, «Lebe deine Träume. Anleitung zum aktiven Träumen» (mvg, 1988).

## *5. Kapitel*

1 Alexander N. Leavy und Joseph Weissberg, «The Role of Dreams in Sex Therapy», *Journal of Sex and Marital Therapy*, Bd. 5, Nr. 4, Winter 1979, S. 335.

2 Ausführliche Anleitungen zur Inkubation von Träumen und viele Beispiele finden Sie in: Gayle Delaney, «Lebe deine Träume» (mvg, 1988).

## *6. Kapitel*

1 Jessica Benjamin, Die Fesseln der Liebe. Psychoanalyse, Feminismus und das Problem der Macht (Stroemfeld/Roter Stern, $^{2}$1991), S. 53 (der am. Ausgabe).

2 Ibid., S. 126.

3 Ibid., S. 29.

## *7. Kapitel*

1 Für eine gute Einführung in die Vielfalt der Ko-Abhängigkeiten siehe Melody Beattie (Unabhängig sein; jenseits der Sucht, gebraucht zu werden. Heyne, 1990).

2 Alexander N. Leavy und Joseph Weissberg, «The Role of Dreams in Sex Therapy», *Journal of Sex and Marital Therapy,* Bd. 5, Nr. 4, Winter 1979, S. 334–39.

3 Ibid., S. 337.

4 William Masters, Virginia E. Johnson und Robert C. Kolodny, «Das verdrängte Risiko», S. 347 (der am. Ausgabe).

## *8. Kapitel*

1 Mavis Tsai und Nathaniel Wagner, «Women Who Were Sexually Molested as Children», *Medical Aspects of Human Sexuality* 12 (August 1979), S. 55–56; und Joseph Briere und Martin Runtz, «Symptomatology Associated with Childhood Sexual Victimization in a Non-Clinical Adult Sample», *Child Abuse and Neglect* 1988, Bd. 12, Nr. 1, S. 51–59.

2 Marion A. Cuddy und Kathryn Belicki, «Nightmare Frequency and Related Sleep Disturbances as Indicators of a History of Sexual Abuse», *Dreaming*, Bd. 2, Nr. 1, 1992, S. 15–22.
3 Susan Rachael Brown, *The Dreams of Women Molested as Children*, Dissertation, The Wright Institute, 1988; Order Number DA 8904699, Dissertation Abstracts International, Bd. 49, Nr. 12, Juni 1989.
4 Johanna King, persönliche Mitteilung.
5 Jill Blake-White und Christine Madeline Kline, «Treating the Dissociative Process in Adult Victims of Childhood Incest», *Social Casework: The Journal of Contemporary Social Work,* September 1985, S. 394–402.
6 William H. Masters, Virginia E. Johnson und Robert Kolodny, «Das verdrängte Risiko», S. 462 (der am. Ausgabe).
7 Ibid.
8 James W. Pennebaker und Joan R. Susman, «Disclosure of Traumas and Psychosomatic Processes», *Social Science Medicine*, Bd. 26, Nr. 3 (1988), S. 327–32.
9 Ibid.
10 James W. Pennebaker, «Confession, Inhibition, and Disease», in *Advances in Experimental Social Psychology,* Bd. 22 (Academic Press, 1989), S. 222–23.
11 Ibid., S. 229.
12 Elaine Westerlund, «Freud on Sexual Trauma: A Historical Review of Seduction and Betrayal», *Psychology of Women Quarterly* 10 (1986), S. 297–310.
13 Ich habe zum Beispiel mit einer Bulimie-Patientin gearbeitet, die von Erbrechen träumte und Beschreibungen und Brücken wütender Abscheugefühle dagegen lieferte, daß ihr Vater sie mißbraucht haben könnte. Eine andere Patientin vereinte in ihren Träumen bulimische und inzestuöse Bilder. Beide benutzten ihre Träume, um sich den Zusammenhang zwischen ihrem Inzest und ihrer Bulimie anzusehen. Eine nicht-bulimische Patientin oder eine, die nicht mißbraucht worden ist, könnte in unterschiedlichen Traumkontexten ähnliche Bilder verwenden, sie aber mit anderen Gefühlen umgeben. Siehe auch: Harold E. Levitan, «Implications of Certain Dreams Reported by Patients in a Bulimic Phase of Anorexia Nervosa», *Canadian Journal of Psychiatry*, Bd. 26, Juni 1981, S. 228–31.
14 Johanna King und Jacqueline Sheehan, «Dreamwork: A Therapeutic Modality for the Treatment of Incest Survivors», Workshop bei der Organization of Counseling Center Directors in Higher Education, 1991 (unveröffentlicht).

## *10. Kapitel*

1 William H. Masters, Virginia E. Johnson und Robert C. Kolodny, «Das verdrängte Risiko», S. 8–12 (der am. Ausgabe).
2 James Hillman, «On Psychological Creativity», in *The Myth of Analysis* (Northwestern University Press, 1972), S. 65.
3 Benjamin, «Die Fesseln der Liebe», S. 89 (der am. Ausgabe).
4 Russell Eisenman, «Sexual Behavior as Related to Sex Fantasies and Experimental Manipulation of Authoritarianism and Creativity», *Journal of Personality and Social Psychology* (1982), Bd. 43, Nr. 4, S. 853–60.

5 Psychotherapeuten haben festgestellt, daß gewisse Erkrankungen, etwa die Depression, sowohl Kreativität als auch Sexualität kurzschließen können. Einige Therapeuten glauben, daß gewisse sexuelle Traumata in der Kindheit zu Formen der Sublimierung und der Umwandlung von emotionalem Schmerz und Frustration führen können, die erhöhte kreative Antriebe zur Folge haben. In diesem Kapitel möchte ich jedoch das weniger häufig diskutierte, breitere Spektrum von Sexualität und Kreativität in den Mittelpunkt stellen, das nicht die Rolle sexueller und kreativer Störungen betont.

6 Roy Dreistadt, «An Analysis of How Dreams Are Used in Creative Behavior», *Psychology*, Bd. 8, Nr. 1, Februar 1971, S. 24–50; und Delaney, «Lebe deine Träume», S. 139–55 (der am. Ausgabe).

7 Ingrid Sladeczek und George Domino, «Creativity, Sleep, a Primary Process Thinking in Dreams», *Journal of Creative Behavior* (1985), Bd. 19 (1), S. 38–46.

## *11. Kapitel*

1 Sam Keen, «Die Lust an der Liebe» (Heyne, 1992).

2 Sigmund Freud schrieb kurz über die Glückssuche durch den Genuß von Schönheit, die eine besondere, mild berauschende Empfindung schaffe. Er bemerkte, daß die Zivilisation zwar nicht ohne sie auskommen könne, daß es aber keine offenkundige Verwendung oder Notwendigkeit für sie gebe. Er schrieb, die Wissenschaft der Ästhetik sei nicht in der Lage, eine Erklärung für die Natur oder den Ursprung von Schönheit abzugeben, und auch die Psychoanalyse habe über Schönheit weniger zu sagen als über die meisten anderen Dinge. Sicher scheine nur, daß sie aus den Bereichen sexuellen Empfindens abgeleitet sei. Die Liebe zur Schönheit sei ein perfektes Beispiel für ein zielgehemmtes Gefühl. Vor allem seien Schönheit und Anziehungskraft die Eigenschaften eines Sexualobjekts. (Sigmund Freud, «Das Unbehagen in der Kultur», in *Great Books of the Western World*, hrsg. von Robert M. Hutchins, Bd. 54 (Chicago: Encyclopedia Britannica, 1952, S. 775).

# Literaturhinweise


## *Empfehlenswerte Bücher über Träume*

Boss, Medard, *Es träumte mir vergangene Nacht...* Huber, [2]1991.

Cartwright, Rosalind D., *Schlafen und träumen: Eine Einführung in die experimentelle Schlafforschung.* Kindler, 1982.

Delaney, Gayle, *Lebe deine Träume.* mvg, 1988.

Faraday, Ann, *Deine Träume – Schlüssel zur Selbsterkenntnis.* Fischer TB, [14]1992.

Faraday, Ann, *Die positive Kraft der Träume.* Droemer Knaur, 1984.

Garfield, Patricia, *Frauen träumen anders.* Über die Wechselwirkung zwischen Körper und Traum. Scherz, 1989.

Ullman, Montague, und Zimmerman, Nan, *Mit Träumen arbeiten.* Klett-Cotta, 1986.

Windsor, Joan, *Richtig träumen, besser leben.* Wie Sie Ihre Träume steuern und nutzen können. Ariston, 1991.

## *Empfehlenswerte Bücher über Beziehungen*

Barbach, Lonnie, *Für einander: Das gemeinsame Erleben der Liebe.* Dt. Bücherbund, 1988.

Beattie, Melody, *Die Sucht, gebraucht zu werden.* Heyne, 1990.

Beattie, Melody, *Unabhängig sein: jenseits der Sucht, gebraucht zu werden.* München: Heyne, 1990.

Beattie, Melody, *Mut zur Unabhängigkeit: Wege zur Selbstfindung und inneren Heilung.* München: Heyne, 1992.

Benjamin, Jessica, *Die Fesseln der Liebe.* Psychoanalyse, Feminismus und das Problem der Macht. Stroemfeld/Roter Stern, 1991.

Cowan, Connell, *Vergötterte Männer – kleine Prinzen: Wenn Erfolgsfrauen den falschen Mann wählen.* Heyne, 1988.

Delis, Dean, *Ich lieb dich nicht, wenn du mich liebst.* Nähe und Distanz in Liebesbeziehungen. Econ, 1991.

Forward, Susan, *Liebe als Leid. Warum Männer ihre Frauen hassen und Frauen gerade diese Männer lieben.* Goldmann, 1989.

Hendricks, Gay, *Liebe macht stark. Von der Abhängigkeit zur engagierten Partnerschaft.* Mosaik-Verlag, 1990.

Kaplan, Louise, *Weibliche Perversionen: Von befleckter Unschuld und verweigerter Unterwerfung.* Hoffmann und Campe, 1991.

Paglia, Camille, *Die Masken der Sexualität.* Byblos-Verlag, 1992.

Scarf, Maggie, *Autonomie und Nähe: Grundkonflikte in der Partnerschaft.* Heyne, 1988.

## Empfehlenswerte Bücher über Mißbrauch

Bruder, Klaus/Richter-Unger, Sigrid, *Monster oder liebe Eltern?* Sexueller Mißbrauch in der Familie. Aufbau, 1993.
Petry, Siegfried, *Stell dich nicht so an.* Geschichte und Therapie eines sexuellen Mißbrauchs. Beltz, 1993.
Pope, Kenneth, *Ich habe mit einem Gott geschlafen.* Sexuelle Beziehungen zwischen Therapeuten und Patienten. Goldmann, 1994.

## Empfehlenswerte Bücher über Sexualität

Anand, Marco, *Tantra oder Die Kunst der sexuellen Ekstase.* Goldmann, 1990.
Barbach, Lonnie, *Mehr Lust. Gemeinsame Freude an der Liebe (zu zweit).* Rowohlt, 1990.
Botwin, Carol, *Sex in der Ehe. Für eine lust- und liebevolle Partnerschaft.* mvg, 1988.
Carter, Stephen, *Was wirklich im Bett passiert: offene Antworten auf unterdrückte Fragen.* Diana-Verlag, 1990.
O'Connor, Dagmar, *Sex mit Herz – Lust auf Liebe.* Für eine sinnliche und zärtliche Partnerschaft. Ullstein, 1992.
Reinisch, June, *Der neue Kinsey-Institut-Report.* Die neuesten Erkenntnisse über das Sexualverhalten von Mann und Frau. Heyne, 1991.
Tannahill, Reay, *Kulturgeschichte der Erotik.* Zsolnay, 1982.
Yaffé, Maurice/Fenwick, Elizabeth, *Happy Sex.* Spaß am Sex. Heyne, [5]1991.